ANA MARIA MATUTE

ANA MARIA MATUTE

OBRA ESCOGIDA

Edición de
JOSE L. MARTI
The Lawrenceville School
Lawrenceville
New Jersey

y

ANGEL RUBIO-MAROTO
Phillips Academy
Andover
Massachusetts

Longman

Longman, 10 Bank Street, White Plains, N.Y. 10606

© Longman 1982

PRINTED IN THE UNITED STATES OF AMERICA.

0–883–34162–X

22 23 CRS 0201

PREFACIO DE LOS EDITORES

Al emprender la tarea de editar esta selecta muestra de la obra de Ana María Matute, una ha sido nuestra mayor preocupación: ofrecer a los estudiantes de Literatura Española, en general, y a los de Advanced Placement Spanish Literature, en particular, una selección de textos en los que los temas reiteradamente tratados por la autora y las características más destacadas de su inimitable estilo aparezcan de la manera más clara posible.

Hemos incluido siete cuentos -presentados en orden de dificultad- y una novela. (Sobre ellos hablamos ampliamente en la Introducción). En las páginas finales incluimos Ejercicios y un extenso Vocabulario. Los Ejercicios consisten en un cuestionario, dividido en dos partes, y unos temas a desarrollar por escrito o para ser usados en la clase como base de la discusión oral. La primera parte del cuestionario consta de preguntas de tipo meramente comprensivo. En la segunda, bajo el epígrafe COMENTARIO DEL TEXTO, al formular la pregunta o presentar la idea que el estudiante debe comentar, hemos intentado centrarnos en los aspectos formales del texto más significativos que, naturalmente, deberán ser explicados en su relación con el tema.

Queremos expresar nuestro agradecido testimonio a Ana María Matute por su generosidad al permitirnos relacionarnos con su obra.

Gracias también a Ediciones Destino por la concesión de su permiso para esta reimpresión.

J.L.M.
A.R.M.

Tabla de Materias

ANA MARIA MATUTE

ANA MARIA MATUTE: Resumen Biográfico

Ana María Matute nace en Barcelona el 26 de junio de 1926. Es la segunda de cinco hijos -tres hembras y dos varones-. Su padre era un industrial catalán propietario de una fábrica de paraguas. Durante los primeros años de la vida de nuestra autora, por imperativos del negocio, los Matute tuvieron que alternar su lugar de residencia entre Barcelona y Madrid.

Como era tradicional y casi obligado en la España de la época, Ana María fue enviada a un colegio religioso en el que empezó a recibir una educación que ella siempre consideró deformante y clasista.

En 1930, Ana María está a punto de morir a causa de una enfermedad de riñón. Cuatro años más tarde, con motivo de otra seria enfermedad, debe trasladarse a vivir con sus abuelos maternos a Mansilla de la Sierra (Logroño), donde pasará un año de convalecencia. Es en este pueblo riojano -hoy desaparecido bajo las aguas de un pantano- donde la pequeña Ana María entra en contacto con otra realidad española hasta ahora por ella desconocida. Sus ojos todavía infantiles empiezan a entrever un mundo de sufrimiento y de injusticias, de víctimas y de opresores, que lógicamente todavía no entiende. Mansilla de la Sierra, más adelante, se transformará, por arte de la literatura, en las Artámilas y Hegroz, escenarios de varios cuentos y novelas matuteanos. Fue en Mansilla donde la autora conoció íntimamente a esos niños enfermos, desilusionados, condenados desde antes de su nacimiento, crueles a veces . . . y todavía capaces de soñar; a esos campesinos castellanos sombríos, taciturnos, resignados, escépticos, graves y violentos; a sus mujeres duras, tristes, prematuramente envejecidas, enlutadas por fuera y por dentro. Todos esos personajes -o la mayoría de ellos-, a quienes vemos vivir y sufrir en los libros de Ana María Matute, no son inventados: ella conoció muy de cerca a sus modelos.

Dos años más tarde, con la familia de nuevo asentada en Barcelona, estalla la Guerra Civil.

Este trágico confrontamiento, que de una manera u otra tanto influyó en los escritores de varias generaciones, marcará de una manera decisiva el mundo literario, la temática y aún el estilo de Ana María Matute. El 18 de julio de 1936 Ana María está a punto de cumplir diez años. Hasta ahora, como la mayoría de los niños de su

1

misma edad y clase social, ha vivido "en una urna de cristal"[1], protegida y aislada de un mundo en crisis del que nada conoce. La guerra la obligará a un brutal y prematuro enfrentamiento con la realidad antes de estar preparada para ello. Todo su pequeño mundo burgués se derrumba. No tiene más remedio que mirar a la realidad con distintos ojos. "El mundo era odio. Era también deseo de justicia; y era egoísmo, miedo, horror, crueldad y muerte"[2]. Esa descorazonadora concepción del mundo -como veremos en seguida- prevalecerá a través de su obra. Ahora ya sabe que la realidad exterior es amarga, es hostil, es incomprensible y cruelmente injusta. Y el mundo está poblado de víctimas, de hombres que, como ella y los otros niños de su generación, no podrán escapar del horror circundante. (En sus libros escritos en la segunda parte de la década de los setenta, su concepto del mundo se ha dulcificado un poco).

Durante los años de la guerra, confecciona la revista *Shibyl*, que ella misma ilustra, y que le ayuda a evadirse del mundo exterior de la mano de su fantasía creadora.

Ana María Matute se recuerda a sí misma en sus años infantiles como una niña solitaria.

Al terminar la guerra, vuelve al colegio y continúa con sus estudios de música y pintura. Pero pronto abandonará toda educación formal para dedicarse de lleno a escribir.

En 1943, cuando tenía diecisiete años, escribe su primera novela, *Pequeño teatro*. A Ignacio Agustí, director de la editorial Destino, le gustó tanto que compró inmediatamente los derechos de publicación. A pesar de ello la novela no se imprimiría hasta 1954, al ganar el Premio Planeta.

Durante los dificilísimos años de la posguerra, continúa viviendo y escribiendo en Barcelona. Aunque culturalmente España está atravesando uno de los períodos más oscuros de su historia, Ana María Matute tiene la suerte de disfrutar del apoyo de un grupo de escritores jóvenes que, como ella, están luchando contra los casi insalvables obstáculos de tipo político, social y cultural con los que se tienen que enfrentar los intelectuales españoles bajo el régimen franquista. Juan Goytisolo y Carlos Barral formaban parte de aquel grupo barcelonés, compuesto por jóvenes a los que Ana María Matute, con juicio retrospectivo y solidario, considera "implacables".

---

[1] Conversación mantenida con Ana María Matute y grabada en cinta magnetofónica el 8 de julio de 1981, en Alicante. En citas posteriores la denominamos CINTA.
[2] Janet Díaz, *Ana María Matute* (New York: Twayne, 1971).

En 1952 contrae matrimonio con el escritor Ramón Eugenio de Goicoechea. En 1954 nace su único hijo: Juan Pablo. Nueve años más tarde el matrimonio se separó.

El mismo año de su boda, recibe el premio Café Gijón, por *Fiesta al Noroeste*. En 1954, como ya hemos dicho, consigue el Planeta, y a partir de ahí los éxitos y premios se suceden casi ininterrumpidamente. (Premio de la Crítica, 1958, por *Los hijos muertos*; Premio Nacional de Literatura, 1959, por *Los hijos muertos*; Premio Nadal, 1959, por *Primera memoria*; Premio Lazarillo, 1965, por *El polizón del Ulises* (Literatura Infantil); Mención "Autor especialmente recomendado", Premio Andersen 1972).

Sus obras han sido traducidas a veintitrés idiomas, y el hecho de que Ana María Matute pueda ser leída en lenguas como el lituano, el japonés, el eslovaco o el esperanto -además del inglés, alemán, francés, ruso, italiano, etc.-, nos da una clara idea de su universalidad.

Ha dado conferencias en casi todo el mundo. En los Estados Unidos, entre 1964 y 1969, pronunció cincuenta y dos conferencias en las más importantes universidades del país.

En los primeros seis años de la década de los setenta, por motivos de salud, su actividad como escritora así como sus apariciones públicas se vieron sensiblemente reducidas.

En los últimos años ha escrito dos novelas (*Gnomo* y *Olvidado rey Gudú*) que serán editadas antes de la publicación de este libro.

Ana María Matute ha sido propuesta para el Premio Nobel y, según Arthur Lundkvist, miembro del Comité Nobel de la Academia de Suecia, en 1976 su candidatura fue considerada con méritos comparables a los de Vicente Aleixandre.

BIBLIOGRAFIA
Obras de la autora

NOVELA

Los Abel. Barcelona: Destino, 1948.
Fiesta al noroeste. Madrid: Afrodisio Aguado, 1953.
Pequeño teatro. Barcelona: Planeta, 1954.
En esta tierra. Barcelona: Exito, 1955.
Los hijos muertos. Barcelona: Planeta, 1958.
Primera memoria. Barcelona: Destino, 1960.
Los soldados lloran de noche. Barcelona: Destino, 1964.
La trampa. Barcelona: Destino, 1969.
La torre vigía. Barcelona: Lumen, 1971.

NARRACIONES CORTAS

Los niños tontos. Madrid: Arión, 1956.
El tiempo. Barcelona: Mateu, 1957.
Historias de la Artámila. Barcelona: Destino, 1961.
El arrepentido y otras narraciones. Barcelona: Rocas, 1961.
El río. Barcelona: Agros, 1963.
Algunos muchachos. Barcelona: Destino, 1968.
Tres y un sueño. Barcelona: Destino, 1961.

CUENTOS INFANTILES

El país de la pizarra. Barcelona: Molino, 1956.
Paulina, el mundo y las estrellas. Barcelona: Garbo, 1960.
El saltamontes verde. Barcelona: Lumen, 1961.
El aprendiz. Barcelona: Lumen, 1961.
Caballito Loco. Barcelona: Lumen, 1961.
Carnavalito. Barcelona: Lumen, 1961.
El polizón del Ulises. Barcelona: Lumen, 1964.

Estudios críticos

Díaz, Janet. *Ana María Matute*. New York: Twayne, 1971.
Díaz Winecoff, Janet. "Autobiographical Elements in the Works of Ana María Matute". Kentucky Romance Quarterly, 1970.
Jones, Margaret E. *The Literary World of Ana María Matute*. Lexington: University Press of Kentucky, 1970.
Mas, José. Edición crítica de *Fiesta al noroeste*. Madrid: Cátedra, 1978.
Perez Minik, Domingo. *Novelistas españoles de los siglos XIX-XX*. Madrid: Guadarrama, 1957.
Roma, Rosa. *Ana María Matute*. Madrid: Espasa, 1971.

SOBRE SU OBRA

La producción literaria de Ana María Matute incluye la novela, el cuento y las narraciones infantiles. Aunque la misma autora -extremadamente modesta y dura crítica de sí misma- dice que lo que de verdad le "salen bien son los cuentos para niños"[3], nos vamos a ocupar aquí solamente de sus narraciones para adultos.

Una de las características de la prosa de Ana María Matute es la continuada aparición y repetición de ciertas constantes temáticas y estilísticas que dan al conjunto de su obra un distintivo sello personal. Esto es particularmente cierto hasta un momento de su producción en el que, sin perder su impronta propia, inicia el que nosotros nos atreveremos a llamar segundo estilo matuteano. Esta nueva manera de narrar ya aparece en algunos de los cuentos de la colección *Algunos muchachos*, y, de una manera más definida, en *La torre vigía*. Esperamos con gran interés la inminente publicación de sus dos últimas novelas para poder seguir estudiando el rumbo de su evolución. De todas formas -exceptuando los cuentos y la novela que acabamos de mencionar, y de los que volveremos a hablar en seguida-, en la casi totalidad de su obra encontramos una serie de elementos peculiares y exclusivos del estilo inconfundible de Ana María Matute. Basándonos en la selección de textos que ofrecemos, vamos a dedicar nuestra atención al estudio de ese estilo y del mundo literario creado por Ana María Matute.

En la bibliografía que incluímos en la página 5 hay una relación cronológica de la totalidad de sus obras. Nosotros haremos una breve presentación de las más importantes, deteniéndonos en los detalles más significativos para una mejor comprensión de la autora a través de nuestra antología. Sobre los cuentos y la novela por nosotros seleccionados hablaremos más ampliamente.

Aunque su primera novela, *Pequeño teatro*, fue escrita en 1943, no se publicó hasta 1954. Este retraso es la causa de que *Los Abel*, escrita en 1945, marque el punto de partida de la carrera literaria de Ana María Matute al ser publicada en 1948. La autora tenía sólo diecinueve años cuando la escribió, y en ella ya encontramos todos los ingredientes necesarios para conseguir una gran novela, aunque la falta de experiencia de la joven escritora se deja notar. La novela

[3] Cinta.

7

arranca con el hallazgo por un pariente de unas memorias escritas por
Valba, la hija mayor de los Abel. Este recurso, si no original (ha sido
empleado en innumerables ocasiones, desde Cervantes a Borges,
pasando por Unamuno y una larguísima lista de ilustres), es muy
efectivo por cuanto añade de credibilidad a lo narrado. La historia que
se nos presenta es una versión del mito cainita que Ana María Matute
volverá a usar en varias ocasiones.

El conflicto entre Aldo-Caín y Tito-Abel surge por el amor ue
Jacqueline, quien, aunque ama a Tito, se casará con Aldo. El desa-
rrollo de la trama -con el traslado de Aldo y Jacqueline, y de la misma
Valba, a la ciudad; el fracaso de las relaciones sentimentales de esta
última; el abandono de Aldo por Jacqueline; el retorno al pueblo de
los dos hermanos - tiene inevitable y fatalmente que terminar, y
termina, con la muerte de Tito a manos de Aldo.

Ya en esta obra juvenil encontramos varios de los temas y
situaciones que volverán a aparecer en su obra posterior, y que de una
manera bastante clara se manifiestan en los textos ofrecidos en esta
edición: los temas bíblicos; la soledad; la imposible adecuación entre
el idealismo y la realidad; la huída de dicha realidad . . . y el retorno a
ella; la pérdida de la inocencia al pasar del mundo de la adolescencia
al de los adultos; la hurañez y hostilidad del paisaje que, como un
enemigo más, acosa a los personajes empujándolos hacia su trágico
destino.

Mención especial merece su tratamiento del tiempo. En *Los
Abel*, aunque de una manera menos compleja que en su obra posterior, ya aparece esa preocupación obsesiva de la autora por desen-
trañar el misterio del tiempo. (El tiempo en sí será uno de los
elementos básicos en *La torre vigía*). En *Los Abel* encontramos tres
distintos tiempos narrativos que, aunque a veces se yuxtaponen,
todavía son claramente diferenciables: el presente del lector, que
coincide con el del descubridor del manuscrito de Valba; el pasado,
usado para contar la historia en sí; y el presente de Valba en el
momento de escribir su memoria.

De *Fiesta al noroeste* (1952) nos ocupamos ampliamente al final
de esta introducción.

En 1958, Ana María Matute recibió el Premio Nacional de
Literatura por *Los hijos muertos*. Con sus 557 páginas, es su novela
más extensa hasta el momento. (Parece ser que *Olvidado rey Gudú*
tendrá cerca de mil trescientas). Con la historia de los Corvo, y
siguiendo las tribulaciones de varias generaciones de miembros de
esta familia, la autora nos presenta una imagen viva del enfrentamiento de las dos Españas: "la de la opulencia y la intolerancia,

cómodamente instalada en su fe inmovilista y deshumanizada, y la popular, siempre reprimida y olvidada, marcada por siglos de humillante espera, de desilusión y de infortunio. Al final, como era de esperar, vencen los de siempre, los detentadores del poder y de las armas".[4]

El protagonista de la novela, Daniel Corvo, tiene que abandonar Hegroz y establecerse en Barcelona a causa del problema que se crea al enamorarse de él sus dos primas, Isabel y Verónica. Esta última se reunirá con él más tarde en la ciudad. Al estallar la Guerra Civil, Daniel une su destino al de la España oprimida que, como sabemos, resultará vencida. Los terribles momentos que siguen al fin de la guerra con los largos éxodos de los derrotados sin destino conocido; la dureza de la vida en los campos de concentración; el inhumano exilio; los trabajos forzados; la desesperanza, están desgarradoramente captados por Ana María Matute.

Verónica, que esperaba un hijo de Daniel, murió en un bombardeo, y Daniel, de vuelta después de cumplir condena, decide regresar a Hegroz. La muerte del hijo de Daniel antes de nacer es una de las señaladas en el título. Pero éste no alude exclusivamente a tantas víctimas inocentes que cayeron durante la guerra; incluso los niños de aquella misma generación que llegaron a vivir (los "españolitos" a quienes compadece Machado), nacieron ya muertos. Las nuevas generaciones, tanto del bando vencedor como del de los vencidos, nacieron vacíos de futuro, y Miguel Fernández es su prototipo. Miguel, producto de una sociedad cimentada en el odio, con sólo metas materiales por las que luchar, se dedica a la venta de drogas, y termina en un penal que hay cerca de Hegroz. La historia empieza a repetirse. Otra hermana de Isabel, también producto de la nueva generación, se enamora de Miguel. Este mata a un guardián para escapar del presidio. Daniel, que vive alejado de todo trabajando como guardabosques, le da cobijo en su casa. Finalmente, cambia de opinión y obliga a Miguel a seguir huyendo. Al día siguiente, en el mismo instante en que Daniel mata un lobo, se oye otro disparo simultáneo que terminará con la vida de Miguel, dejando en el aire una pluralidad de simbólicas connotaciones.

En 1959 Ana María Matute recibe 50.000 pts. de la Fundación March para escribir su trilogía *Los mercaderes*. La primera de estas tres novelas, *Primera memoria*, ganó el Premio Nadal en 1960. La segunda, *Los soldados lloran de noche*, aparece en 1964; y tendremos que esperar hasta 1969, fecha de publicación de *La trampa*, para ver terminada la trilogía.

---

[4] José Mas, Edición crítica de *Fiesta al noroeste* (Madrid: Cátedra, 1978), p.18.

Los críticos coinciden en destacar a *Primera memoria* como la mejor de la trilogía, y de acuerdo con Margaret E. W. Jones, "must rank, along with *Fiesta al nororeste* y los *Hijos muertos*, as A. M. Matute's best work"[5]. De *Los soldados lloran de noche* y *La trampa* dice su autora que son dos novelas que no es que esté descontenta de ellas, pero que "si tuviera que volver a escribirlas ahora, no lo haría"[6]. Del mundo de los mercaderes dice Janet Díaz: "(It) is not strictly the business world, but is found wherever someone takes advantage of the misfortunes, weaknesses, ignorance, or the very existence of others. In a deeper sense, it includes all who live without idealism, reducing human values to merchandise bought and sold. The 'merchants', the materialists, are the majority, with only a few exalted idealists"[7].

En *Primera memoria*, la acción está situada en una isla de las Baleares (cualquiera de ellas, excepto Menorca; ésta permaneció fiel a la República, y la isla en cuestión está en control de los nacionalistas) durante la Guerra Civil. La protagonista, Matia, es una niña huérfana de madre que se ve obligada a vivir con su abuela, una mujer perteneciente a la clase dominante, que es autoritaria y despótica hasta la injusticia. Su padre, persona evidentemente no grata a la familia por sus "ideas infernales"[8], ha tenido que abandonar a Matia.

La guerra en sí no llega a la isla, pero el odio que la desencadenó está latente en los dos grupos bien definidos que viven en ella. Matia, en su soledad, sólo tiene como compañero de juegos a su repulsivo primo Borja, simbólico delfín de toda una clase social. También están en la isla "los otros"; niños como ellos, ya enemigos, con los que les está prohibido hablar. Y entre los dos grupos, solitario, independiente y puro, aparece Manuel. Manuel es el hijo natural de Jorge de Son Major y una mujer del pueblo. El todopoderoso señor obligó a uno de sus aparceleros a casarse con la madre de Manuel. Cuando más adelante -ya en *Los soldados lloran de noche*-, al ser nombrado heredero del de Son Major, Manuel tenga la oportunidad de decidir con cual de los dos bandos se siente realmente ligado, su idealismo le unirá al de su padre adoptivo, al de los vencidos, y, en último término, a la muerte.

Como muy bien ha visto José Mas, uno de los grandes aciertos de Ana María Matute al escribir esta novela reside en la elección del

---

[5] Margaret Jones, *The Literary World of Ana María Matute* (Lexington: University Press of Kentucky, 1970), p.23.
[6] Cinta.
[7] Janet Díaz, p.132.
[8] Ana María Matute, *Primera memoria* (Barcelona: Destino, 1960), p.13.

escenario, que de una manera muy efectiva hace resaltar la idea de aislamiento, consustancial a muchos aspectos de la novela: "En la isla no existe la guerra (. . .), es, pues, como un reducto de paz soñada (. . .). Isleña es también la condición del personaje, niña solitaria (. . .). Y, por fin, una isla también es la adolescencia, época situada al borde de los sueños plácidos y frente al acantilado del sufrimiento que se avecina"[9]. A esto nosotros añadimos que todos los personajes son islas: la abuela, confinada en su caserón; Borja, con su padre ausente en el frente y su madre (también aislada) ensimismada en sus sueños; el propio Jorge de Son Major, recluido y anclado en su yate que ya no navega; Manuel; su madre; José Taronjí; el Chino . . . Todos irremisiblemente aislados.

Y en este ambiente, desde su confusa adolescencia, a través de sus conversaciones con Manuel, con Borja, con el Chino . . ., Matia empieza a conocer el mundo de los adultos; ese mundo del que en un día no muy lejano formará parte, pero con el que no quiere tener nada que ver. "En la hora de la duermevela la imaginaba (la cama) como una barca flotando en un mar de niebla, en ruta hacia algún lugar al que no deseaba ir"[10].

Los temas, el estilo y el mundo literario de Ana María Matute están claramente definidos en el conjunto de su producción, y nosotros vamos a estudiarlos inmediatamente basándonos en nuestra selección de textos. Sin embargo, en su última novela aparece una Ana María Matute muy distinta a la conocida, y creemos que esta edición quedaría incompleta si no dijéramos al menos unas palabras sobre este sesgo en su manera de novelar.

En su última novela publicada -*La torre vigía*-, nuestra autora ha superado la problemática social para adentrarse en una búsqueda literaria de lo metafísico. La acción transcurre en un tiempo remoto; remoto hacia el pasado . . . o hacia el futuro; fuera o al margen del tiempo. El protagonista es un joven distinto a todos los otros jóvenes matuteanos; es una especie de cruzado rastreador de lo absoluto. La torre vigía, mezcla del Aleph, de Borges, la Ciudad y la Zona de Cortázar, en *62 Modelo para armar*, y el Punto Omega de Teilhard de Chardin, es el lugar desde el que se puede ver la realidad desprovista de toda apariencia. El vigía que habita la torre posee un estado de conciencia superior -estado de alerta-. Y nuestro protagonista asediará esa torre en una incansable persecución de la verdad absoluta, en busca de un estado de conciencia objetiva que le permita percibir la Realidad Total más allá del espacio y del tiempo, del Bien

[9] José Mas, p.21.
[10] *Primera memoria*, p.74.

y del Mal. "El Mal ha muerto . . . El Bien ha muerto . . . Y grité,
espada en alto, que estaba dispuesto a partir en dos el mundo; el
mundo negro y el mundo blanco; puesto que ni el Bien ni el Mal han
satisfecho, que yo sepa, a hombre alguno"[11].

Fascinante y apasionante novela que nos hace esperar con
inusitado interés la inminente aparición de sus dos últimas
creaciones.

Ana María Matute ha publicado varias colecciones de cuentos: *Los niños tontos, El tiempo, El arrepentido, Historias de la
Artámila, Tres y un sueño, El río, Algunos muchachos.* De los siete
cuentos por nosotros seleccionados, "El incendio", "El río", "La
conciencia" y "La rama seca" pertenecen a *Historias de la Artámila*;
"El maestro", a *El arrepentido*; y "Muy contento" y "No tocar" están
incluidos en *Algunos muchachos.* De todos ellos volveremos a hablar.

[11] Ana María Matute, *La torre vigía* (Barcelona: Lumen, 1973), p.237.

Temas, Personajes, Situaciones Y Características Estilísticas En La Narrativa De Ana María Matute

Al estudiar en su totalidad la obra de Ana María Matute, lo primero que sorprende es que desde las más tempranas de sus producciones ya se manifiesta claramente una preocupación por la forma, una voluntad de estilo que raramente se da en autores tan jóvenes. Su prosa, desde el principio, se nos muestra con unas características muy personales. Cuando leemos cualquiera de sus novelas o cuentos, cuando entramos en contacto con los personajes y empezamos a conocer su ambiente y a movernos en esa atmósfera especial en la que ellos están envueltos, es evidente que nos estamos adentrando en un mundo literario totalmente distinto a los otros conocidos.

EL MUNDO CREADO POR ANA MARÍA MATUTE

Si hablamos en términos generales, es obvio que cada autor tiene su propio mundo literario, pero nadie, desde Pérez Galdós hasta ahora, ha conseguido crear un mundo tan específico, completo y suficiente en sí mismo como el de Ana María Matute. Como ocurría en el Madrid de don Benito, cuando -ahora en las calles, las plazas, las casas de la Artámila o de Hegroz, o en los campos que las circundan, o, incluso, en la ciudad- nos encontramos con los personajes matuteanos por primera vez, tenemos la impresión de que ya los conocemos, de que los hemos visto antes; a ellos o a alguien relacionado con ellos. Personajes secundarios, a quienes Ana María Matute nos introduce por unos instantes en una novela o en un cuento, podrían volver a aparecer ante nosotros con categoría de protagonistas en una próxima narración. Y viceversa. Son los Corvos, los Manueles, las Matias, los Toronjí, los Medinao . . ., con quienes nos encontramos al volver una esquina cualquiera en cualquier novela . . . o con los que podríamos encontrarnos. Son caracteres que -al margen de que reaparezcan o no en una subsiguiente obra- están integrados en una misma realidad, en un mundo que les es propio.

EL HOMBRE QUE HABITA ESE MUNDO

Como ya hemos apuntado, su temprano enfrentamiento con la terrible realidad de la Guerra Civil llevó a Ana María Matute a una concepción del mundo y del hombre totalmente negativa. Y esa visión de un mundo marcado por el odio, el egoísmo, el miedo, el horror, la injusticia, la violencia y la muerte ha prevalecido. El hombre es una víctima que tiene que sufrir un destino trágico al que ha sido previamente condenado. La autora enfatiza en la naturaleza humana su aspecto de naturaleza caída. El hombre, de alguna manera, ha perdido el favor de Dios (o de los Dioses) y ha sido castigado antes de nacer. (De ahí la abundancia de referencias bíblicas, la mayoría de ellas del Génesis). Así, no nos debe extrañar que la autora nos presente el inicio del sufriente peregrinar del hombre por el mundo –el nacimiento– como algo negativo, violento e indeseable. La madre de Juan Medinao le habla a éste de "aquella tarde de carnaval en que lo arrojó al mundo.

–Yo veía el cielo desde la cama. Lo veía volverse verde, igual que un hombre cuando va a vomitar" (p.112)

Y en el producto de ese vómito del cielo –no solamente en Juan Medinao, sino en casi la totalidad de los hombres venidos a este mundo– predominarán los atributos más negativos: egoísmo, envidia, hipocresía, crueldad, odio, violencia ... Un elevadísimo porcentaje de las situaciones creadas por Ana María Matute tienen lugar en enclaves geográficos imaginarios (Artámilas, Hegroz . . .), pero que son la fiel reproducción de una realidad concreta: Castilla. Los campesinos que vemos sufrir bajo el peso de su destino son los mismos castellanos que durante siglos han tenido que padecer un sistema social, unas estructuras injustas; y luchar contra una naturaleza huraña, pobre y hostil. Cuando los personajes miran el paisaje que los circunda ("no fue por estos campos el bíblico jardín")[13], no tienen más remedio que percibirlo como un enemigo más, alarmante y amenazador, confabulado con Dios y con el resto de los hombres en contra suya. En "El incendio", el narrador, usando el punto de vista del maestrín, describe así el pueblo natal de este último: "Pedrería era una aldea de piedra rojiza, en las estribaciones de la sierra, más allá de los pinares: al pie de las grandes rocas horadadas por cuevas de grajos y cuervos, con extraños gritos repitiéndose en las horas calmas de la siesta; como aplastada por un cielo espeso (. . .) Pedrerías aparecía entonces a sus ojos como una tierra sorda, sembrada de muelas". (p.37)

---

[13] Antonio Machado, *Poesías* (Buenos Aires: Losada, 1968), p.90.

EL NIÑO

El personaje que más abunda en la obra de Ana María Matute es el niño, y quizás el mayor acierto de la autora resida en su magistral modo de entender el mundo de la infancia y de la adolescencia, y, sobre todo, en haber conseguido crear un tipo literario de niño fundamentalmente distinto del de sus innumerables predecesores. Centrándonos exclusivamente en la literatura española, desde la picaresca a nuestros días, haciendo parada obligatoria en la novela del XIX, encontramos una variada gama de este tipo de personaje. Los niños de Ana María Matute tienen algo en común con nuestros pícaros o los golfillos resabiados de la novela realista: la vida les ha obligado a crecer rápidamente, sin tiempo para quemar etapas. Pero mientras los Lázaros y los Gabrielillos aprovechan su aprendizaje para luchar contra la vida y por la vida, el niño matuteano parece conocer de antemano el fin al que está predestinado y ha renunciado a su futuro. Está, ya a los diez, doce, catorce años, de vuelta de todo, desengañado. Son niños marcados desde su nacimiento; "podríamos conocerlos por un signo, una cifra, o una estrella en la piel"[14]. En "El maestro", el protagonista nos dice: "Llegué aquí creyendo encontrar niños: sólo había larvas de hombre, malignas larvas, cansadas y desengañadas antes del uso de razón" (p.71). Lo único que les queda asociable a su edad es una cierta capacidad para la ilusión, la fantasía, el sueño. Y también una voluntad de no madurar, de no querer entrar en el mundo de los adultos, de conservar esa infancia que, aunque no deseada en sí misma, siempre será mejor que ese aterrador futuro al que se saben destinados.

LA HUIDA

Para unos personajes atrapados en un medio que les es hostil, que se sienten de antemano injustamente condenados y castigados (abundan los niños que ya nacieron enfermos o con defectos físicos), incapacitados para conseguir la felicidad o, al menos, la paz en su estado presente, la huída se presenta como deseable solución. Y Ana María Matute nos ofrece diversos tipos de huída, diferentes maneras de intentar evadirse de la realidad; todas ellas igualmente inútiles puesto que, después del intento, el personaje vuelve inexorablemente al punto de partida que pretendió eludir. Pero ahora, agravada por la experiencia del fracaso, la realidad le espera todavía

---

[14] Ana María Matute, *Algunos muchachos* (Barcelona: Destino, 1968), Cita que precede a toda la colección de cuentos.

más amarga y cruel que antes de la partida. Entre los posibles medios de evasión utilizados por Ana María Matute, encontramos:

a) La huída física.

Es la que intentan los Dingo, Pablo, Manuel, Aldo, Jacqueline, Valba, etc. marchándose a otro lugar con la esperanza de eludir su destino.

b) La huída fantástica.

Para otros personajes, por limitaciones de edad, económicas, familiares o sociales, la huída física es imposible. Pero nadie les puede impedir que sueñen con otras latitudes, con lugares amables en la lejanía, donde podrían liberarse de padres crueles, enfermedades injustas, miseria física o moral . . . Y de todo ello se evaden a través de la fantasía, la imaginación, el sueño.

c) La no aceptación de la realidad.

Una manera de huir de la realidad es no aceptando la parte de ella que no nos gusta. En la obra de Ana María Matute es frecuente este tipo de reacción. El caso más ilustrativo será el de Filomena, la madre en "La felicidad", quien, después de la muerte de su único hijo, continúa viviendo y sacrificándose por él, como si estuviera vivo.

d) La locura.

Otro modo de eludir el mundo y el destino que nos ha sido impuesto es la locura. Y es significativo que entre los pocos personajes felices con quien nos encontramos, entre los pocos que han conseguido algún grado de liberación, la mayoría son locos.

e) La muerte.

La muerte —elemento importantísimo en toda la obra de Ana María Matute, y especialmente, como veremos, en *Fiesta al noroeste*— será la última y definitiva huída. De ahí que muchas veces se nos presente como algo deseable.

También podríamos incluir en este apartado la religión, como escapismo hacia otra realidad superior. Y, por la abundancia de personajes alcoholizados, hemos de deducir que la autora considera el alcoholismo no solamente como una consecuencia de la degradación del individuo, sino también como el único escape asequible para determinadas personas.

Se podría pensar que uno de los medios al alcance del hombre para determinar su propio destino y superar sus circunstancias sería la cultura, la educación formal. Así parecen sentir, en un principio, esos maestros y médicos rurales que henchidos de idealismo pululan por el mundo de Ana María Matute. Pero pronto vemos como, con el paso del tiempo, su desprendimiento generoso va perdiendo consistencia al entrar en contacto con la cruda realidad, y terminan vencidos, atrapados y degradados como todos los demás.

EL MUNDO COMO TEATRO (ACTORES-MASCARAS)

En este mundo hostil, insolidario y receloso que estamos viendo, los individuos que lo habitan sienten la necesidad de protegerse los unos de los otros. El fingimiento será una de sus armas. Cada uno representará de la mejor manera que pueda el papel que le ha tocado –o que él mismo ha elegido; esta es una variante importante del concepto calderoniano– en el drama de la vida. La idea del mundo como un teatro ya aparece en la primera obra de Ana María Matute, *Pequeño Teatro.* Posteriormente, en cuentos y novelas, encontramos la figura clásica y familiar del actor ambulante. Esos comediantes, titiriteros, acróbatas, que llevan su mentira –como Dingo– de pueblo en pueblo, despertando fantasías y dejando a su paso un reguero de ilusiones insatisfechas. Los cómicos que, escondidos detrás de sus máscaras, creen vivir una tragedia diferente a la suya propia.

Al leer las descripciones de estos saltimbanquis, nos vienen a la memoria las conocidas figuras del período azul –y aún el rosa– de Picasso. Son los mismos personajes débiles, frágiles, que intentan cubrir la miseria de sus vidas con un barniz de color. Pero la melancólica tonalidad de los tintes sólo consigue acentuar su desamparo. "Tal vez vestían harapos: pero eran unos harapos de colores, unos jirones de tela que sabían flotar al compás de sus movimientos (. . .) Volvió los ojos hacia el cuerpecillo de los niños, hacia sus brazos y piernas flacas, donde sus músculos aparecían monstruosamente maduros, resecos. El cuerpo de los niños recordaba esas ramitas de agosto que el sol ha quemado demasiado pronto y se quiebran bajo los pies (. . .) Sus jirones de colores eran andrajos, y su delgadez, hambre." (p.142)

LA PREOCUPACION SOCIAL

La posición de Ana María Matute en cuestiones sociopolíticas nunca ha ofrecido lugar a dudas: siempre ha estado del lado del pueblo, del oprimido, en firme oposición a una sección de la sociedad española –la monopolizadora del poder político, económico y social– a la que hace responsable de los males que durante siglos aquejan al país. Esa facción despótica, egoísta e insensible está representada por los innumerables caciques locales –de los que Juan Medinao es un excelente ejemplo– que abundan en su obra, y a los que su autora carga con todos los defectos de la España que censura.

"Eramos (ella y sus compañeros del grupo de Barcelona) implacables con aquella parte de la realidad española que no nos gustaba."[15] Esta decidida postura, como era de suponer, le creó serios problemas con el gobierno franquista.

Pero su compromiso social en nada interfiere con su compromiso estético, lo que redundará en beneficio de su obra. En cada página, casi en cada línea escrita por Ana María Matute, encontramos latente un ansia de justicia, un anhelo –desesperanzado, si se quiere, pero vehemente– de que de alguna manera la situación se repare, la tragedia se mitigue. La autora escribe como si quisiera ofrecer su testimonio de solidaridad para con el que sufre. Pero su gran acierto estriba en que, aunque ideológicamente tiene sus preferencias y animadversiones, a la hora de crear personajes vivos es totalmente imparcial. Si impresiona a los lectores con la sobrecogedora e inadmisible situación en la que el pueblo español tiene que vivir, también, al presentarnos de cerca a los obviamente tratados como responsables –al margen de lo que representan como símbolos, y de su propia responsabilidad como individuos–, nos conmueve al descubrir en ellos, como seres humanos que son, su categoría de víctimas.

Los asesinatos, las tropelías, la crueldad innecesaria, la brutalidad, la animalidad desatada, las venganzas y revanchas personales, todo el cúmulo de atrocidades que se desencadenaron durante la Guerra Civil, por uno u otro bando, son presentados con la misma ecuánime objetividad. En este sentido, su postura estética es legítimamente comparable con la de Goya en sus *Desastres de la guerra*: el artista presenta un horrorizado testimonio del atroz y degradante comportamiento del hombre –francés o español; azul o rojo– empujado a la situación límite de la guerra.

En resumen, diremos que la obra de Ana María Matute, en general, es marcadamente social, de denuncia, de compromiso. Pero su compromiso es con la humanidad en su totalidad, y no con una sección de ella.

SOLEDAD

En su lucha contra su propio destino, contra la sociedad, contra sí mismo, el hombre siempre está absoluta y fundamentalmente solo. Esos son los hombres que nos presenta Matute: hombres solitarios que, aunque a veces la necesidad o las circunstancias los pongan en contacto con su prójimo, el tiempo se encargará de evidenciar la irremediabilidad de su aislamiento. Y esa soledad es

---

[15] Cinta.

especialmente desgarradora y difícil de admitir en el mundo de los niños. En sus cuentos y novelas se prodigan los niños huérfanos, que tienen que crecer al cuidado de personas extrañas; los enfermos, que viven en reclusión sin poder participar en los juegos de los que podrían haber sido sus compañeros; los incomprendidos por sus familiares, necesariamente ensimismados; los niños que tienen que trabajar desde muy pronto en lugares apartados. Para todos ellos, la fantasía será el único antídoto contra la soledad. Y la autora nos ha deleitado y emocionado con las entrañables relaciones que se crean entre estos niños solitarios y el producto de su fantasía (Gorogó, "Pipa", etc.).

EL ESTILO

Como ya hemos dicho, desde sus tempranos inicios como escritora, Ana María Matute demuestra un inusitado interés por la forma, una preocupación por el estilo. Y, en nuestra opinión, lo que la ha llevado –de una manera más o menos reconocida– a ocupar un lugar de privilegio en la narrativa española es la conquista del objetivo por todo artista buscado: la consecución de una forma expresiva que estéticamente sea la más adecuada para transmitir su mensaje.

En la bibliografía que ofrecemos (y, en cuanto a estética se refiere, recomendamos las opiniones de Janet Díaz y José Mas), los críticos hablan de los recursos estilísticos usados por la autora. Nosotros vamos a intentar explicar porqué el uso de esos recursos representa, en la obra que nos ocupa, la mejor elección posible en cada caso.

Al leer por primera vez cualquier texto de Ana María Matute, lo primero que salta a la vista es la extremada riqueza poética de su prosa. (Esto es tan cierto que recomendamos a los estudiantes de sus textos los aborden como si de poemas se tratasen). En un párrafo normal, podemos encontrar todo tipo de figuras del lenguaje, símbolos, asociaciones poéticas, e incluso ritmo y musicalidad. Y todo eso sin traspasar la barrera que llevaría de la prosa a la prosa poética.

Para presentar al hombre y al mundo con toda la negatividad con que la autora los concibe, el uso de una prosa con tintes marcadamente poéticos es un gran acierto. El destino ha obligado al hombre a vivir en un medio inhóspito y cruel, y Ana María Matute no ha cambiado esa realidad; pero sí la ha suavizado situando a sus personajes en una atmósfera, en un medio poético. La poesía, que todo lo impregna y por todas partes se respira, será el antídoto contra tanto horror circundante. Al igual que el hombre –según Teilhard de Chardin– no podría vivir fuera de su propio medio: el Medio Divino; los personajes de Ana María Matute perecerían –perderían lo que tienen de humanos– fuera de un medio poético. Es la poesía la que dulcifica la tragedia del hombre; es el contexto poético el que permite atisbar un pretexto de remota esperanza.

Sobre la polémica de si Ana María Matute es una escritora realista o no, nosotros creemos que es realista hasta donde su estética se lo permite. Es realista, crudamente realista, al plantear las situaciones. Esos padres azotando a sus hijos, los niños tirando de los arados en el campo, los miembros de "la chusma" marcados por la tuberculosis, son parte de una realidad viva. Ahora bien, el narrador, al mostrarnos esa realidad, no es objetivo; no puede ser objetivo. En un mundo como el que tantas veces hemos descrito, en el que los individuos viven aislados, retraídos en su intimidad, ensimismados, la visión del mundo exterior tiene necesariamente que ser subjetiva. Por eso la adopción del punto de vista del personaje para la narración es tan efectiva en esos casos. Cuando éste, el personaje, mira a su entorno, lo ve todo –paisaje e individuos– mediatizado por su estado de ánimo. La realidad sicológica del personaje distorsiona la realidad exterior. Cuando, por ejemplo, Dingo vuelve a la Artámila y mira el camino que desciende hacia el pueblo, lo que el narrador nos describe es claramente la proyección de los sentimientos del comediante en el paisaje: "se detuvo precisamente al borde de la empinada loma, sobre aquel ancho camino que, como un sino irreparable, descendía hasta la primera de las tres aldeas. Un camino precipitado y violento, hecho para tragar". (p.101)*

La autora emplea aquellas técnicas que son más apropiadas para alejarnos de la realidad o aproximarnos a ella. Usa mucho de la selección de detalles, del impresionismo. Y este fijar su atención en un aspecto a veces nimio de la realidad funciona en las dos direcciones.En "El incendio", "el maestrín" (el narrador con su punto de vista) muestra su grado de relación emotiva con la actriz ambulante por la diferente impresión que un detalle concreto de su vestimenta –la diadema– le produce. Y, a lo largo del cuento, esa percepción variará desde las cimas más altas del idealismo (la diadema es una corona de luz), hasta ir acercándose en escala descendente a la realidad (estrellas, diamantes, diadema sin adjetivos) y volver a alejarse de ella, ahora en dirección opuesta, hacia la desilusión (diadema de estrellas falsas).

Con el empleo de las repeticiones –además de producir un ritmo que dará a su prosa una calidad musical, poética– consigue admirables efectos a la hora de crear un carácter o para resaltar algún aspecto injusto de la situación social. En "El río", conocemos la terrible opinión que Donato tiene de su maestro –opinión que será la causa del desenlace trágico del cuento– a través de la repetición:
"... está él, allí dentro, en la escuela, para matarnos.

---

*(En este párrafo concreto, también hay un presagio de la tragedia que va a tener lugar al final de aquella pendiente).

–No, mataros no –protesté, llena de miedo.

El sonrió.

–¡Matarnos! –repitió –¡Matarnos!" (p.48)

Uno de los encantos de su prosa reside en el acertado uso de la adjetivación, de los epítetos, y en el empleo de los colores. "Cuando miro a una persona, lo primero que veo en ella son los colores"[16], nos dijo. Así percibe Dingo a su víctima, en *Fiesta al noroeste*, después del mortal accidente: "era un niño de gris, con una sola alpargata. Y estaba muy quieto, como sorprendido de amapolas". (p.103)*

El personaje está tan interdependientemente relacionado con el mundo exterior y tan hipersensibilizado con respecto a él, que necesitará, a veces, de una superposición de varias sensaciones distintas –sinestesia– para percibir en su totalidad el fenómeno, la parte de la realidad que le impresionó. Será difícil encontrar un ejemplo más bello y conciso de sinestesia que el que transcribimos: "el carro del titiritero rumoreaba sus once mil ruidos quemados"(p.101).El titiritero, Dingo, capta una sensación meramente auditiva (la del ruido producido por las ruedas de su carro) a través de una diversidad de conductos: el oído, por supuesto; pero al calificar el sustantivo ruido con el epíteto quemado, una reacción de polisentido se desencadena, y el olfato, y aún la vista, se alertan para percibir esa quemazón. Con el uso de rumorear como único verbo, la autora nos obliga a imaginar a Dingo, no sólo percibiendo las sensaciones producidas por el ruido, sino también tratando de descifrar el significado de un posible mensaje que se le está transmitiendo oralmente.

Dejamos para el lector la no difícil tarea de rastrear las numerosas ocasiones en que la autora usa de la introspección –para mejor expresar el continuo proceso de ensimismación en que viven sus criaturas de ficción–; de la prosopopeya y su inversa, la despersonificación; de la cosificación, y pasamos a un concepto un poco más complicado y que requiere más atención: el tiempo.

Es cierto, como la mayoría de los críticos han notado, que Ana María Matute, con su continuo volver al pasado y del pasado, con el uso persistente del flash-back, está indicando el anhelo de sus personajes de volver a un tiempo pretérito mejor, a una infancia perdida e imposible de recuperar. También lo es que la retrospección está usada, a veces, como un medio de escape hacia el pasado; y que, con la superposición de dos tiempos distintos en un mismo espacio, nos está transmitiendo la noción del tiempo circular, de la repetición.

---

[16] Ibid.

*(La sangre como una flor es una imagen ya empleada por García Lorca, quien la llama "flor de cuchillo").

Esto último estaría en la línea del tratamiento del tiempo por los escritores hispanoamericanos actuales (Borges, Cortázar, Carpentier, García Márquez, etc.) Nosotros creemos que, hasta *La torre vigía*, el tiempo en Ana María Matute tiene unas características especiales que no podemos pasar por alto. Cuando los personajes matuteanos bucean en sus recuerdos rememorando el pasado, lo que encuentran no es una fiel reproducción de la experiencia vivida en aquel punto pretérito; lo que traen al presente es la recreación de un hecho ya imposible de reproducir con exacta fidelidad; es la vivencia de un sentimiento creada por la evocación de otro sentimiento, parecido, si se quiere, pero fundamentalmente distinto. Es un concepto del tiempo que se acerca al de Antonio Machado. Recordar el pasado —soñar el pasado, para don Antonio— es recrear lo que de maleable tiene el recuerdo. Cuando pensamos en algo ocurrido hace veinte años, por ejemplo, no podemos evitar agregar a ese recuerdo algo de nuestras vivencias posteriores, suplir fragmentos olvidados, inmiscuir nuestro estado de ánimo presente. Lo que los personajes de Ana María Matute traen con sus recuerdos es un pasado emocionalmente moldeable; un pasado recreado. Cuando Ramoncito, en "Y muy contento", intenta evocar la sensación que le produjo el primer beso que recibió de Elisa, no puede recordarla. Sin embargo, la visión de un ramillete que aparece en una foto reciente de su prometida, unida al recuerdo de los repugnantes besos de su tía Amelia, le hacen reproducir una sensación que en realidad es la superposición de varias sensaciones percibidas en tiempos distintos: "(Elisa) me espetó un par de sonoros ósculos. No puedo detallar con exactitud la sensación que eso me produjo entonces. Pero a la vista del ramillete exhibido en el escote de la mujer que se colgaba tan injustamente de mi brazo, comprendí mi sufrida y amenazada irritación" (p.86).

En *La torre vigía*, la autora da un paso más en su lucha por la comprensión del tiempo. Busca un estado en el que se pueda percibir todo, presente, pasado y porvenir, a un mismo tiempo: "aquel tiempo a menudo acechaba mi existencia: sucedido y futuro a la vez (. . .) Ya no veo el tiempo —negó tristemente (el vigía)—. Sólo de tarde en tarde llego a descubrir, muy lejos, la memoria de lo que aún ha de suceder."[17]

---

[17] *La torre vigía*, p.199.

Nuestra Selección

LOS CUENTOS

De entre las varias colecciones de cuentos de Ana María Matute, nosotros nos hemos centrado en *Historia de la Artámila, El arrepentido* y *Algunos muchachos* por considerar que los textos incluídos ofrecen una visión global del universo de la autora y, al mismo tiempo, muestran significativas diferencias en la evolución de su estilo.

Historias de la Artámila fue publicado en 1961. El libro consta de veintidós cuentos breves relacionados entre sí por compartir el mismo escenario: la región que circunda la Artámila, que es una recreación literaria de Mansilla de la Sierra y sus alrededores.

Aunque las historias narradas son de diferentes tipos, hay una unidad temática y de estilo que da cohesión a la colección. En la mayoría de los cuentos, el lenguaje ha sido premeditadamente despojado, en parte, de la abundancia poética observada en textos anteriores. (En el primer cuento del tomo, "El incendio" –incluído en nuestra selección– todavía mantiene dicha riqueza expresiva). Hay, sin embargo, mayor ternura y emotividad, y un solidario acercamiento hacia los personajes. Esto es especialmente apreciable en once de las historias en las que la narradora es una niña. Por coincidencia de edad y sexo, porque esta niña vive con sus abuelos y hermanos en el pueblo, no es descabellado identificar a la narradora con Ana María Matute niña, aunque la autora no acepta tal identificación. De cualquier manera, al ser una niña la que nos presenta los hechos, hay un contraste entre la inocencia, la ternura y el infantil asombro con que son percibidos y la crudeza de la realidad. En cada uno de los cuentos asistimos a la consumación de una tragedia o a la destrucción de un sueño.

En "El incendio", el protagonista es un muchacho enfermizo, hijo de un maestro rural, que ni sirve para los estudios, ni se siente labrador, ni parte de la comunidad que vive en Pedrerías. Su oportunidad de acercamiento a un mundo diferente se presenta con la llegada de un teatrillo ambulante. Su fantasía le hace idealizar a una de las actrices, con la que tendrá una experiencia sexual. La realidad termina por imponerse, destruyendo su sueño. A esta destrucción

–como ocurre con frecuencia en Ana María Matute– seguirá una destrucción real: el incendio.

"El río" es el gran amigo de un grupo de niños; es algo misterioso, atractivo y preocupante a la vez, donde "las insólitas flores amarillas y blancas, azules o rojas, como soles diminutos, crecían (. . .) con nombres extraños llenos de misterio, con venenos ocultos en el tallo" (p.46). Río de vida y muerte. Donato, que cree en el maleficio de estas flores, se las mezcla en el vino a su odioso maestro. Cuando éste muere de causa natural, el niño cree que él lo mató, y se suicida. Su cuerpo aparecerá más tarde flotando en el río. Aquí nos encontramos, una vez más, con el poder destructor de la fantasía.

En "La conciencia", un viejo vagabundo, excelente conocedor de la naturaleza humana, hace creer a Mariana que conoce algo inconfesable que ella ha hecho. Ante el temor de que el viejo lo diga a su esposo, la posadera mantiene gratis al vagabundo durante una temporada. Al final, el viejo confiesa que no sabía nada de ella, pero su experiencia le dice que "nadie hay en el mundo con la conciencia pura, ni siquiera los niños" (p.57). Ana María Matute en este cuento nos ofrece una originalísima innovación: un texto humorístico sin ningún elemento formal en que sostener el humor. No hay ni una sóla palabra que no refleje la gravedad del asunto; sin embargo, la situación es totalmente humorística. Cuando, al final del cuento, el viejo se aleja después de revelar su estratagema a la posadera, el lector, al considerar la sagacidad del vagabundo, no tendrá más remedio que sonreír viéndolo partir. Es un cuento con sabor añejo, de corte renacentista. Incluso la acción se desarrolla en un tiempo irreconocible que tanto podría situarse en la época actual como en el siglo XV.

En "La rama seca", la hija de los Mediavilla –a quien la autora ha evitado dar un nombre propio– tiene que quedarse sola en casa mientras su familia trabaja en el campo. En la casa de al lado, doña Clementina, la esposa del médico, también vive en soledad. La niña depositará su afecto en "Pipa", una muñeca hecha por ella misma con una ramita seca, envuelta en un trocito de tela. Paralelamente, doña Clementina eludirá su propia soledad proyectando su interés hacia la niña. Cuanda ésta pierde a su "Pipa", doña Clementina intenta reemplazarla comprándole una muñeca de verdad, y fabricando, con otras ramas, una serie de repetidas "Pipas". Todo en vano, puesto que la "Pipa" verdadera, la creación personal, el sueño de la niña, es irrepetible. Después de morir la niña, doña Clementina, definitivamente sola, descubre el irremplazable valor de "Pipa".

De "El arrepentido", publicado en 1961, siguiendo las preferencias de la autora, hemos elegido "El maestro". En este cuento se nos presenta la degradación total de don Valeriano, otro maestro rural. En su juventud, llegó a aquel pueblo pequeño cargado de ilusiones, con una misión que cumplir. Ahora, con el paso de los años, rememora con cinismo despectivo su juvenil idealismo; "Creía que había venido al mundo para la abnegación y la eficacia, por ejemplo. Para redimir alguna cosa, acaso. Para defender alguna causa perdida, quizá" (p.70). Aquellos primeros tiempos en los que se ganó la admiración del pueblo con la nitidez de su aspecto –siempre bien peinado, con zapatos y corbata– y por su total entrega a la enseñanza, han dado paso a un presente ruinoso en el que su relación con los niños sobrepasa los límites de la crueldad para llegar al sadismo. La ruptura total con cualquier vestigio de idealismo está simbolizada en su corbata, ahora definitivamente "ahorcada" a los pies de la cama.

Todo su odio y resentimiento se traduce en violencia al estallar la guerra, llevándole hasta el crimen. Desde su llegada al pueblo, sintió una especial fascinación por un cuadro del Divino Maestro que estaba en el Palacio del Duque. Todavía queda algún rescoldo en su alma que le lleva a identificarse con aquel maestro ideal que le hubiera gustado ser. Cuando sus compañeros saquean el palacio y uno de ellos destroza el lienzo, don Valeriano, en un tardío y fútil gesto de respeto por el ideal perdido, dispara matando a los que están cerca de él.

Desde el punto de vista estilístico, es interesante notar que la autora ha llevado el uso del punto de vista del personaje hasta tal extremo que, en varias ocasiones, don Valeriano entabla con el narrador un diálogo que, en realidad, es un soliloquio:

"El tiempo, el maldito, cochino tiempo, le había vuelto así.
–¿Cómo así? ¿Qué hay de malo?– risoteó.
(. . .) Antes había sido un exaltado defensor de los hombres.
–¿Qué hombres?" (p.71)
"ni el mal olor, que tanto le ofendiera en un tiempo, notaba ahora.

¿Me ofendía? ¿Ofensas? ¿Qué cosa son las ofensas?" (p.71)

En 1968, Ana María Matute publica *Algunos muchachos*, colección en la que, si bien todavía aparece algún cuento –como el primero, que da título al libro– con las características estilísticas y temáticas hasta ahora estudiadas, ya se manifiestan las nuevas preocupaciones de fondo y forma que la llevarán a escribir *La torre vigía*.

El tomo consta de siete cuentos, todos ellos introducidos por una cita (cuatro de Neruda; dos de Alberti; una de El Génesis). La colección entera está precedida de la siguiente cita de la propia autora:

"Tímidos, iracundos, silenciosos, cruzan a nuestro lado algunos muchachos. Podríamos conocerlos por un signo, una cifra, o una estrella en la piel."

En "Muy contento", Ramoncito, el hijo único dè un próspero fabricante de quesos, accediendo, como siempre, a los deseos de los demás, acepta dejarse hacer una foto de esas del minuto con su prometida Elisa. A medida que empieza a aparecer la imagen en el papel, la vaciedad de su programada existencia se le revela con toda nitidez. "Cuando nos dio la foto, ya terminada, casi seca, se me desveló todo esto que estoy contando. Era como si a mí me hubieran metido en un líquido misterioso y apareciera, por primera vez, tal y como soy, ante mis ojos" (p.84). Ramoncín hace un recuento de su vida y se da cuenta de que, hasta ahora, todo lo que ha hecho ha sido acatar mansa e inconscientemente "la bien planeada programación Paterna-Tía Amelia" (p.86). Al ver con claridad el futuro al que lo tienen destinado, se rebela contra él pegando fuego a su símbolo: Las Grandes Queserías Gutiérrez, que iba a heredar. Al final, en el manicomio, ya liberado, él se sabe normal en un mundo de anormales. Y está contento.

El cuento está narrado en primera persona, y esa alegría a que hace referencia el título está admirablemente plasmada en el modo desenfadado y jovial con que se expresa el protagonista, y en el humor –no frecuente en Ana María Matute– que en este caso es de mordiente sagacidad.

En el último cuento de nuestra selección –"No tocar"–, se nos relata la extraña y fascinante historia de Claudia. Ésta es una muchacha completamente distinta al resto de los mortales . . . o enfocada desde una panorámica distinta. Lo que sabemos de ella es que todo lo devora, todo lo consume –"Luis el tonto, Ricardo . . . Dos transistores. Veintitrés libros y un par de folletos turísticos . . ." (p.93)–, y, de alguna manera, lo transforma en proteínas, fosfatos, o glucosa. En su infancia, cuando no come, destruye objetos con singular habilidad. También asimila todo lo que la rodea a través de sus portentosos ojos: ". . . la única realidad visible de Claudia eran sus pupilas, súbitamente bellísimas, que parecían adueñarse del mundo; de todo los sonidos y destellos, de los rumores y los ecos más lejanos, de vacíos, ausencias y presencias" (p.94). Sabemos que parece no conocer ninguno de los sentimientos humanos; que nada pide y todo lo toma como si le perteneciera por derecho natural; que nada niega. Hay un hombre que la considera perfecta porque no llora ni ríe jamás, y se casa con ella. Cuando un día le confiesa su amor, Claudia, según palabras de su esposo, pierde la inocencia y escapa. Mucho más tarde, aparecerá convertida en un tótem al que adora una tribu de devoradores de hombres.

Quizás para comprender el significado de esta Claudia que "no conocía la amistad, ni el amor, ni parecía haber oído hablar jamás de estos humanos acontecimientos. Sólo la rodeaban abrasadores gritos, como fuegos fatuos, allí donde iba. Despertaba violencia, alguna amarga pasión, y en ocasiones odio. Pero a ella no le afectaba ninguna de estas cosas" (p.93); para conocer a esta Claudia, repito, quizás nos ayude lo que la autora, por boca del protagonista, nos dice en *La torre vigía* sobre el mundo convencional en el que todos vivimos, y contra el que Claudia parece estar inmunizada: "el mundo de allá abajo creía avanzar, y crecer, cuando en realidad permanecía atrapado en la maraña de sus dudas, odios y aún amor. Y supe que el mundo estaba enfermo de amor y de odio, de bien y de mal"[18]. Y el héroe de dicha novela luchará para liberarse de esa maraña de dudas, odios y amor que nos hace infelices. Quizás Claudia nació y vivió libre de esas emociones que nos esclavizan . . . hasta que perdió su inocencia.

También la cita de Neruda, apuntando hacia una transcendentalización de la materia, que cambia de forma pero prevalece en el tiempo —como Claudia y todo lo por ella asimilado se transforman y persisten en el tótem—, podría añadir algo a la comprensión de tan fascinante personaje.

18 Ibid., p.201.

FIESTA AL NOROESTE

Además de los temas ya conocidos de la muerte, la huída, la infancia y la soledad, en *Fiesta al noroeste* aparecen otros a los que debemos prestar especial atención porque en ellos se basará la autora para montar el armazón de su estructura: nos referimos, principalmente, a la vida como fiesta, y, también, al amor-odio, las dos Españas, el mito cainita y el concepto de "el otro".

Desde el título de la novela hasta su último capítulo, la idea de la vida concebida como una fiesta está siempre presente. Una fiesta con dos posibles acepciones: de vida y de muerte. Y para evidenciar esta doble significación, la autora, con gran acierto, ha elegido el carnaval. Esta fiesta representa la última explosión de alegría vital antes de entrar en el largo período de penitencia, austeridad y preparación para la muerte que es la cuaresma.*

El primer capítulo, que parece un pretexto para introducir el resto de la novela, es en realidad una parte muy significativa en la estructura de la misma: es la presentación de la fiesta de muerte que vamos a presenciar. Y ¿quién mejor que un actor, como Dingo, para levantar el telón ante los espectadores? "Dingo se llamaba Domingo, había nacido en domingo y pretendía hacer de su vida una continua fiesta" (p.101). Dingo pretendía llevar su fiesta —que él creía de vida— por todo el mundo. Pero su carromato de ilusión, al no poder evitar a aquel niño que apareció de improviso, nos lleva precipitada y bruscamente a la realidad de la muerte. Y esto ocurrió tres días antes del Miércoles de Ceniza, en pleno carnaval. La mirada de Dingo, como queriendo indicar al lector el lugar al que debe dirigir su atención, fija el punto hacia el que gravita toda la novela: "Contra su voluntad, Dingo miró hacia abajo, a un extremo del poblado (...) Era el Campo del Noroeste, con sus cruces caídas, donde los hombres de Artámila escondían a los muertos" (p.103).

En el segundo capítulo, la primera vez que aparece el protagonista, Juan Medinao, está preparándose para la cuaresma. "Aquel Domingo de Carnaval, cerca ya la noche, Juan Medinao rezaba. Desde niño sabía que eran días de expiación y santo desagravio" (p.106).Vienen a anunciarle la muerte del hijo de su pastor y a

---

*También, por el uso de máscaras y disfraces, el carnaval simboliza la hipocresía.

31

llamarlo de parte de Dingo. Promete ayuda a su amigo de la infancia, y va a visitar a la familia del niño muerto.

Mientras reza, en el Capítulo III, empieza a hacer recuento de su vida, desde aquel día en que su madre lo arrojó al mundo. Juan nació otro Domingo de Carnaval, por la tarde, cuando ya la fiesta de vida estaba a punto de terminar. Su futuro inmediato es la cuaresma, el sufrimiento, la preparación para la muerte. Recuerda su infancia, y la manera –mezcla de envidia, desprecio y atracción– en que percibía a los que, como su padre y Salomé, participaban de la alegría de vivir: "En el centro de la música, sobre el polvo de oro de las losas", está Salomé. Y, en torno a ella, "ni los tres cuerpos pesados de la casa, ni las altas montañas, ni la lluvia y las mariposas negras, ni los gritos del cuervo y el azotado viento del Noroeste, podían apagar el color verde y rosa y aquella música de los pendientes de plata" (p.115). La acumulación de tanto presagio de muerte es inefectiva ante la vitalidad desbordante de Salomé. Juan Niño, viendo bailar a aquella niña de quince años, sabe inmediatamente que hay algo de común y elemental alegría de vivir en ella y en su padre que, sin duda, los ha unido. Y él se sabe negado a ese gozo: "Él estaba como los muertos, taladrado y sordo a la alegría" (p.141).Ni siquiera en sus años infantiles, cuando, contagiado de la ilusión de Dingo, corre tras el carro de los titiriteros, puede participar del espontáneo entusiasmo de los otros niños. El carro multicolor aparece ante sus ojos como "un gran ataúd lleno de carcoma y gusanillos empolvados.(. . .) Había algo en toda la función que olía a muerte, a flores podridas." (p.142)

Sintiéndose separado del mundo de los vivos, empieza a desarrollar una atracción hacia la muerte. Cuando Salomé va a dar a luz a su medio hermano, "un violento deseo empezó entonces a roerlo: prender fuego a la barraca y morir junto al hermano no nacido. Morir los dos, y que el viento los barriera confundidos y los lanzara hacia el horizonte" (p.118).

Después del parto, la madre de Juan se suicida, y, cuando éste va a verla, la muerte –siguiendo en la línea de celebración festiva– es percibida por los ojos de Juan Medinao como un manjar que se ofrece en un banquete: "Rígida, con la cara tapada, estaba la muerte servida en el lecho" (p.122).

En el cortísimo Capítulo IV, aparece el sacerdote que viene a preparar el ceremonial del entierro. Juan Medinao aprovecha su presencia para confesarse. Y los siete pecados capitales, de los que se acusa, marcarán la estructura de los siguientes capítulos: la soberbia aparece en el V; la avaricia, en el VI; la lujuria, la ira, la envidia, la gula y la pereza, en el VII. En el último capítulo, con los niños danzando con caretas alrededor del féretro, empieza el cortejo fúnebre: "Él (Juan Medinao), ahora tras el niño de Pedro Cruz, volvía a vivir el entierro de la madre. Eran las mismas voces, las mismas pisadas, la misma fiesta al Noroeste" (p. 160). Con la celebración de la fiesta que se anuncia en el primer capítulo, la estructura queda cerrada: Carnaval –fiesta de vida y de muerte–, que precede a la Cuaresma –tiempo de preparación para la muerte, de penitencia (confesión de Juan)–; y muerte de una víctima inocente que se apellida Cruz.

Ana María Matute dice que una de sus intenciones al crear a Juan Medinao y a su hermano bastardo, Pablo, fue representar en ellos a las dos Españas[19]. En este sentido, los dos personajes se podrían comparar con Doña Perfecta y Pepe Rey, de Galdós. Pero mientras la intención, la división entre buenos y malos, en aquella temprana novela de don Benito, era muy evidente, en *Fiesta al noroeste* –debido a la complejidad del personaje central, así como a la importancia de otros subtemas– queda mucho más disimulada. Esto es cierto hasta el punto de que el aspecto socio-político de la novela pasa a un segundo término de interés para el lector desde el momento en que éste empieza a conocer la intrincada sicología de Juan Medinao. La más clara alusión a la encarnación de dos facetas distintas de la misma realidad española en Juan y Pablo la encontramos cuando Corvo, el viejo pastor, después de un preámbulo en el que habla de la historia de Artámila (España), profetiza a Juan la inevitable confrontación entre los dos bandos: "De repente, el viejo apoyó la punta de la navaja en el pecho del niño. Como si hubiera estado meditando hasta entonces todas sus palabras, y las soltara con violencia, dijo:
–Míralo . . . –y era como si lo explicara al lebrel–, ¿qué va a hacer con la Artámila éste? Yo vi como la ganó su abuelo, el barba de chivo (. . .) Bien: a él sólo le dieron un hijo, malo y estúpido. Y, de aquél, este otro, raquítico y cabezota. ¡Buen camino llevan, raza de uñas largas! Tú, pequeño, si no te pudres antes con la tierra entre los dientes, ¡quién sabe si ese que han dejado nacer (Pablo) no te dará guerra!" (p. 121).
Pero, al margen de su simbolismo, Juan Medinao es un personaje literario de primerísima categoría por la magistral creación de su personalidad. Ana María Matute ha conseguido un individuo producto natural del ambiente geográfico, social y político en el que nació. Sus pocas virtudes y muchos defectos de ningún modo son

[19] Cinta.

exagerados: están enraizados y surgen incontenibles de lo más profundo de la realidad y el alma españolas. Comparemos a Medinao con el prototipo del castellano –sin distinción de grupo social o filiación política– que nos describe don Antonio Machado:

"Abunda el hombre malo del campo y de la aldea,
capaz de insanos vicios y crímenes bestiales,
que bajo el pardo sayo esconde un alma fea,
esclava de los siete pecados capitales.

Los ojos siempre turbios de envidia o de tristeza
guarda su presa y llora la que el vecino alcanza;
ni para su infortunio ni goza su riqueza;
le hieren y acongojan fortuna y malandanza.

. . . .

Veréis llanuras bélicas y páramos de asceta
–no fue por estos campos el bíblico jardín–;
son tierras para el águila, un trozo de planeta
por donde cruza errante la sombra de Caín."[20]

Juan Medinao, sin caer en el prototipo, dentro de su propia y singular individualidad, es la encarnación viva de ese castellano. Por el contrario, Pablo no se mantiene como carácter. Es demasiado ideal. Es inhumano en su perfección (y ése es el único fallo de esta excelente novela).

La superposición y confusión de las tres pasiones (envidia-odio-amor) que Juan siente por Pablo las explica Ana María Matute en términos de las dos Españas. Aunque la parte que representa Juan odia a la otra, "al mismo tiempo había algo que envidiaba y quería"[21] de sus contrarios. Al margen de esta primera intención, lo que importa es que la coexistencia de los tres sentimientos agrega humana complejidad al personaje. La envidia que Juan siente por Pablo no es de ninguna manera ese sentimiento abyecto, solapado y rastrero que ha originado el dicho: "Se dejaría sacar un ojo con tal de que a su vecino le sacaran los dos". Juan no quiere el mal de Pablo. Hay un algo de elevación en su envidia. Es comparable a la que Joaquín Monegro siente por Abel en *Abel Sánchez*. Consiste esta envidia en

[20] Machado, p.90.
[21] Cinta.

querer, por deseo de superación, lo que descubrimos en otro que a
nosotros nos falta. Así siente Juan Medinao: "Tenía que obligarle (a
Pablo) a volver y enterrarle a su lado, dentro de la casa granate, para
beberle toda su fría pureza. Cercarle la vida con sus paredes y su sed
de hombre que sólo encuentra agua envenenada." (p.153). Al no
encontrar en sí mismo lo que más necesita, todo su interés, su vida
entera, se proyecta hacia el poseedor de lo que a él le falta, hacia "el
otro". Y este "otro" es su complementario. "El hermano y él debían
formar uno sólo" (p.153). "Ahora comprendía que Pablo era parte
de sí mismo. Él era el molde hueco de su hermano, y lo necesitaba,
deseaba su contenido más allá de toda razón" (p.152). Las dos
Españas que deben formar una sóla, por supuesto, pero también la
tragedia de un hombre que se sabe incompleto, imperfecto, vacío.

Quizá con más variantes que en ninguna otra obra de la
autora, aparece en *Fiesta al noroeste* el tema de la huída. Y Dingo es el
personaje que de manera más persistente e inútil la intenta. Cuando
aún era un niño, huyó con una "troupe" de titiriteros. El destino,
como siempre, le ha vuelto a traer a su punto de partida, aunque él
todavía no se ha dado cuenta de ello. Bajando la empinada loma que
lleva a Artámila, y antes de entrar en el pueblo, ya está soñando con
su segunda huída: "Se había precipitado vertiente abajo, con un gran
deseo de atravesar Artámila: de atravesarla toda entera como una
espada de desprecio y viejos agravios a su pesar no olvidados. Huir de
allí (. . .)" (p.102). La huída fantástica ya empezó a intentarla
cuando, siendo todavía muy niño, "se fabricó una careta de barro,
pegándosela al rostro, hasta que el sol se la seco y se le cayó a trozos"
(p.106). Pero el siguió insistiendo. Ahora iba arrastrando por el
mundo su fiesta, "su pantomima con diez personajes representados
por un solo farsante. Él, un hombre solo, con diez caretas diferentes,
diez razones diferentes" (p.102). Siempre se había negado a aceptar
la realidad tal y como es: "Dingo tenía las pupilas separadas, como si
anduviera por el mundo con los ojos en las sienes para no ver la vida
de frente" (p.102); pero después del accidente, la irremediable
muerte de aquel niño le lleva a desear la última forma de huída que la
queda por intentar, la definitiva: su propia muerte. "Qué día ese (. . .)
Con derecho, por fin, a diez muertes, al doblar las esquinas" (p.102).
Unos pocos minutos más tarde, se da cuenta de la futilidad del
intento: "Qué inútil resulta todo al fin. Los huídos, los que se quedan,
los que se pintan la cara: ¡Ah, si en aquel tiempo, cuando era niño y
descalzo, lo hubiera arrollado también un carro de colores . . .!"
(p.105).

También Juan Medinao es un hombre que huye. Con Dingo participaba de sus proyectos de escape, pero, en su interior, nunca creyó que llegaran a realizarse. Aún así, le gustaba oír a aquel farsante. "En realidad, la huída no le interesaba a él del mismo modo que a Dingo. Lo que deseaba era su amistad, los proyectos de su fantasía absurda, la confianza de sus secretos. Tenerlo allí o fuera de allí, le era indiferente. Había de sentir próximas sus caretas, sus mentiras, que le subían a la cabeza como vino y le adormecían para todo lo demás." (p. 140). Su huída, su separación de todo el mundo que le rodea y al que desprecia, la realizará a través de la religiosidad, y con el caparazón de su soberbia.

Incluso el perfecto Pablo, renunciando a la mujer que quiere, aceptando sin ofrecer resistencia la voluntad de Juan, optará por abandonar Artámila. Tal vez su extremado idealismo no es sino otra careta con la que eludir la realidad.

———————

(Para no alargarnos en demasía, aspectos de la novela de los que indirectamente ya hemos hablado en la introducción general, como el uso del punto de vista de los personajes en la narración, los temas de la soledad, la infancia, el mito cainita, la distorsión de la realidad, el tiempo, etc., serán vueltos a mencionar en los ejercicios relativos a esta novela.)

EL INCENDIO

Cuando apenas *contaba cinco años*° destinaron a su padre a Pedrerías, y allí continuaba aún. Pedrerías era una aldea de piedra rojiza, en las estribaciones de la sierra, más allá de los pinares: al pie de las grandes rocas horadadas por cuevas de grajos y cuervos, con extraños gritos repitiéndose en las horas calmas de la siesta; como aplastada por un cielo espeso, apenas sin nubes, de un azul cegador. Pedrerías era una tierra alejada, distinta, bajo los roquedales que a la tarde *cobraban un tono*° amedrentado, bañados de oro y luces que huían. En la lejanía del camino había unos chopos delgados y altos, que, a aquella hora, le hacían soñar. Pero su sueño era un sueño sobresaltado, como el lejano galope de los caballos o como el fragor del río en el deshielo, amanecida la primavera. Pedrerías aparecía entonces a sus ojos como una tierra sorda, sembrada de muelas. Y le venían los sueños como un dolor incontenible: hiriendo, levantándole terrones de carne con su arado brutal.

En Pedrerías le llamaban "el maestrín", porque su padre era el maestro. Pero ni él sería maestro ni nadie esperaba que lo fuese. Él era sólo un pobre muchacho inútil y desplazado: ni campesino ni de más allá de la tierra. Desde los ocho a los catorce años estuvo enfermo. Su enfermedad era mala y cara de remediar. El maestro no tenía dinero. *De tenerlo*° no andaría aún por Pedrerías, perdiéndose en aquella oscuridad. Y tenía un vicio terrible, que iba hundiéndole día a día: siempre estaba borracho. En Pedrerías decían que al principio no fue así; pero ya, al parecer, no tenía remedio. "El maestrín", en cambio, aborrecía el vino: solamente su olor le *daba vómitos*°. "El maestrín" amaba a su padre, porque aún estaban vivos sus recuerdos y no podía olvidar. A su memoria volvía el tiempo en que le sacaba en brazos afuera, al sol, y lo sentaba con infinito cuidado sobre la tierra cálida, y le enseñaba el vuelo lejano de los grajos en torno a los fingidos castillos de las rocas, entre gritos que el maestro le traducía, diciendo:

contaba cinco años   he was five

cobraban un tono   they were developing a shade

de tenerlo   had he had it

le daba vómitos   made him sick

37

–Piden agua, piden pan; no se lo dan. . .

El maestro se reía, le ponía las manos en los hombros y le contaba historias. O le enseñaba el río, allá abajo. El sol brillaba alto, aún, y empezaba la primavera. El maestro le descubría las piernas y le decía:

–Que te dé el sol° en las rodillas.

El sol bajaba hasta sus rodillas flacas y blancas, bruñidas y extrañas como pequeños cráneos de marfil. El sol le iba empapando, como un vino hermoso, hasta sus huesecillos de niño enfermo. Sí: el maestro no tenía dinero y sí el gran vicio de beber. Pero le sacaba al sol en brazos, con infinito cuidado, y le decía:

–Piden agua, piden pan; no se lo dan. . .

Los grajos se repetían, negros, lentos, con sus gritos espaciados y claros, en la mañana.

"El maestrín" no conoció a su madre, que, cuando llegaron a Pedrerías, ya había muerto. El maestro no tardó en amistanzarse con Olegaria, la de los Mangarota, que iba a asearles el cuarto y a encenderles la lumbre, y que acabó viviendo con ellos. Olegaria no era mala. Le contaba historias de brujas y le sacaba en brazos a la puerta trasera de la casa, contra el muro de piedras, cuando daba el sol. Y, con el líquido amarillo del frasco con un fraile pintado, le daba friegas en las piernas. Y cantaba, con su voz ronca:

–San Crispín, San Valentín, triste agonía la del "colibrín". . .

Pero el párroco de La Central se enteró, y la sacó de allí. Desde entonces, vivían solos padre e hijo, en el cuarto, con su ventanuco sobre el río. Olía mal, allí dentro, pero sólo lo notaba si salía al aire puro de la tarde, a mirar hacia los chopos del lejano sendero, con la luz huyendo hacia el otro lado de los roquedales.

Exactamente el día de su cumpleaños, por la tarde, los vio llegar. Estaba apoyado en la angarilla del huerto de los Mediavilla, cuando por el camino del puente aparecieron los dos carros. Sus ruedas se reflejaban con un brillo último, claro y extraño, en las aguas del río.

Al poco rato° ya chillaban los niños. Llegaban los cómicos. "El maestrín" temía siempre la llegada de los cómicos. Le dejaban una tristeza pesada, como de miel.

A las afueras° de Pedrerías se alzaba la casa de Maximiliano el Negro, que tenía mala fama de cuatrero, y a quien la Guardia Civil había *echado el ojo°*. Pero nunca se encontraron pruebas en contra, y

al poco rato   a short while later

a las afueras   on the outskirts

echado el ojo   kept an eye on

Maximiliano vivía tan tranquilo en su casa distante, con una vieja cuadra vacía, en la que se instalaba el "salón". En el "salón" se representaban las comedias, y, los domingos por la noche, se bailaba al son de una vieja guitarra. Como la luz era muy poca, colgaban grandes candiles de petróleo en las paredes.

Aquella noche, como de costumbre, "el maestrín" se sentó en la boca misma del escenario, simplemente urdido con unas colchas floreadas y pálidamente iluminado por el temblor de las luces llameando en la paredes. La comedia era extraña. Un teatro diminuto apareció tras el teatro grande, y unas pequeñas figuras de madera blanca o de cera, con largas pelucas muertas, representaban fragmentos de la Historia Sagrada. Adán y Eva, blancos como cadáveres, movían rígidamente sus brazos al hablar de la manzana y del pecado. Adán avanzaba hacia Eva, y, tras sus barbas de hombre muerto, decía con una rara voz de pesadilla:

–"Hermosa carne mía. . .".

"El maestrín" sintió un escalofrío en la espalda. Eva, desnuda y blanca, con su larga cabellera humana, atroz, se movía en el escenario como dentro de un mágico ataúd de niño recién nacido. Toda su blancura era del color blanco de los entierros de los niños.

Cuando aquello acabó se corrieron las cortinas, que de nuevo se abrieron para la rifa. Los objetos rifados eran una botella de coñac, un juego de copas, y alguna otra cosa que no pudo ver. Porque de pronto la vio a ella. Ella: que lo llenaba todo.

Era alta, delgada, con el cabello de un rubio cenic:ento sobre los hombros. Tenía la frente distinta. Algo raro había en su frente, que él no podía comprender, *por más que*° la miraba fascinado. Acabó la rifa, se corrieron las cortinas y empezó el baile. En lugar de marcharse, como acostumbraba, se quedó. Con la esperanza de verla de cerca. Y la vio. Ella también bailaba. Los mozos de Pedrerías la sacaban a bailar, torpes y rientes, colorados, debajo de sus boinas. Sentía un malestar agudo cada vez que veía las manazas de los campesinos sobre aquel cuerpo delgado. Una vez, pasó junto a él, y vio algo maravilloso: tenía la frente rodeada de estrellas.

Estuvo un rato quieto, apoyado en la pared. Llevaba el traje de los domingos, acababa de cumplir dieciséis años. Sentía un ahogo extraño, desconocido. No era de la tierra ni de la ciudad: era un ser aparente y desgraciado. Un enfermo. El hijo ignorante de un borracho. A veces leía libros, de los que había en un cajón debajo de la cama. Unos los entendía, a su modo. Otros, no los entendía, pero también le abrían puertas. Tal vez equivocadas, pero puertas. No

por más que   no matter how

entendía nada de la tierra ni de los árboles. Sólo sabía: *"Piden agua, piden pan; no les dan. . ."*.

El "salón" de Maximiliano el Negro estaba lleno del polvo levantado por los pies de los bailarines. De pronto, se fue ella. Y le pareció que temblaban más que nunca las llamas de petróleo:

—¿Favor. . .? —dijo, como oyó que pedían los otros.

Ella se volvió a mirarle, y sonrió. Luego, le tendió los brazos.

Danzaron unos minutos. Sintió que las manos le temblaban sobre aquel cuerpo fino, vestido de seda azul. Suponía que era seda, por lo suave. El cabello de ella, rubio, le cosquilleaba la mejilla. Ella volvió el rostro y le miró de frente. La luz iba y venía, no se estaba quieta ni un segundo. La guitarra no se oía. Apenas un raro compás, como un tambor sordo y lejano, marcaba un ritmo obsesivo, entre los empujones y las risas de los bailarines. Ella llevaba una diadema de brillantes que refulgían cegadores, como llamas, al vaivén de los pasos. También su voz era una voz irreal. Se le apretó la garganta y tuvo prisa. Una prisa atroz, irreprimible, de que ocurrieran cosas: todas las cosas del mundo. Entonces, inaplazablemente, sólo para ellos dos.

Ella lo facilitaba todo. Era sabia, antigua y reciente como el mundo.

—Tú no eres como esos zafios. . .

Sonreía, a los vaivenes de la luz del candil alto, clavado en la pared como un murciélago. Su mano, blanca y dura como una piedra del río, se había posado sobre su corbata de los domingos, grasienta y acartonada.

Salieron de allí. Un viento suave alegraba la noche. La taberna estaba abierta. A pesar de su repugnancia, bebieron unos vasos.

—Mañana te pago, Pedro. . .

Salieron de nuevo. El viento era caliente, ahora. Un viento dulce y arrobado, espeso, como tal vez es el viento de la muerte. Era la noche de todas las cosas.

Allí estaba la era de los Cibrianes, con su paja aún tendida en gavillas. No sabía si aquello era amor o era una venganza. Contra la tierra, contra los gritos de los cuervos, contra sus rodillas de niño enfermo. No podía saberlo, pero sucedía. Y él deseaba que sucediera. No tenía miedo. Era algo fatal y repetido, eterno. Como el tiempo. Eso sí lo sabía.

Luego, ella le abandonó. Se fue de prisa, aunque él deseaba poderosamente retenerla allí, a su lado. No sabía por qué. Quizá para mirar al cielo alto y grande, tendidos en la paja. Pero ella se iba, clavándose de nuevo la diadema entre su cabello.

–Que me tengo que ir, que mañana nos vamos y hay que ir recogiendo. . .

"Que mañana nos vamos". De pronto, despertó. La vio irse, entre las sombras. Irse. No podía ser. No podía marchase. Ahora, ya los días serían distintos. Ya conocía, ya sabía otra cosa. Ahora, el tiempo sería duro, dañino. Los sueños de la tarde serían unos sueños horribles, atroces.

Algo como un incendio se le subió dentro. Un infierno de rencor. De rebeldía. "El maestrín, pobrecillo, que está enfermo. . .". ¿Adónde iba "el maestrín" con sus estúpidos cumpleaños sin sentido?

Los cómicos dormían en la misma casa de Maximiliano el Negro. Afuera, junto al Puente del Cristo, estaban sus carros de ruedas grandes, que girarían al borde del río, otra vez, a la madrugada, para irse de allí. Para irse de aquel mundo que ni los cómicos podían soportar más de una noche. El incendio crecía y se le subía a los ojos, como ventanas lamidas por el fuego.

Igual que los zorros, traidores, conscientes de su maldad, se levantó. Por la puerta de atrás del "salón", se subía al cuartito de los aperos, en el que guardaba Maximiliano el bidón del petróleo. Como una lagartija, pegado a la pared, se fue a por él.

El incendio se alzó rozando las primeras luces del alba. Salieron todos gritando, como locos. Iban medio vestidos, con la ceniza del alba en las caras aún sin despintar, porque el cansancio y la miseria son enemigos de la higiene. Junto al Puente del Cristo, los carros ardían, y uno de ellos se despeñaba hacia el río, como una tormenta de fuego.

Él estaba en el centro del puente, impávido y blanco, como un álamo. Iban todos gritando, con los cubos. La campana del pueblo, allá, sonaba, sonaba. Estaban todos medio locos, menos él.

Entonces la vio. Gritaba como un cuervo espantoso. Graznaba como un cuervo, como un grajo: desmelenados los cabellos horriblemente amarillos; la diadema de estrellas falsas con un pálido centelleo; el camisón arrugado, sucio, bajo la chaqueta; las piernas como de palo, como de astilla. Aullaba al fuego, despavorida. La luz del alba era cruel, y le mostró sus años: sus terribles años de vagabunda reseca. Sus treinta, o cuarenta o cien años (quién podría ya saberlo). La terrible vejez de los caminos en las mejillas hundidas, en el carmín desportillado, como los muros del cementerio. Allí estaba: sin sueños, sin senderos de sueño, junto a los chopos de la lejanía. Se acercó a ella y le dijo:

–Para que no te fueras, lo hice. . .

Luego se quedó encogido, esperando. Esperando el grito que no llegaba. Sólo su mirada azul y opaca, y su boca abierta, como una

cueva, en el centro de aquella aurora llena de humos y rescoldos.
Estaba ya apagado el fuego, y ella, como las otras, con un largo palo
golpeaba las brasa. Se quedó con el palo levantado, mirándole
boquiabierta, vieja y triste como el sueño. En el suelo estaba el
cuerpecillo de Eva, entre la ceniza caliente. Calva la cabeza, como
una rodilla de niño enfermo. "No es combustible", pensó. Y se dio
media vuelta, a esconderse bajo el puente.

Acababa de sentarse allí, rodeado por el gran eco del agua,
cuando creyó oir los gritos de ella, arriba. A poco, unas piedras
rodaron. Miró y vio cómo bajaban hacia él dos guardias civiles, con el
tricornio brillando lívidamente.

Bajo las rocas, un cuervo volaba, extraño a aquella hora. Un
cuervo despacioso, lento, negro.

—*Piden agua, piden pan; no les dan. . .*

EL INCENDIO

Lectura comprensiva

1. ¿Desde cuándo vivía el protagonista en Pedrerías?
2. ¿Cómo le llamaban? ¿Cuál era su verdadero nombre?
3. ¿Qué vicio tenía el padre del maestrín?
4. ¿Quién era Olegaria?
5. ¿Por qué tuvo que marcharse Olegaria?
6. ¿Qué era "el salón" y qué se hacía en él?
7. ¿Qué era aquel teatro diminuto que apareció tras el teatro grande?
8. ¿Con quién bailó el maestrín?
9. ¿Qué le dijo ella, en la era de los Cibrianes, antes de abandonarlo?
10. ¿Qué hizo el maestrín para evitar que se fueran los cómicos?

Comentario del texto

1. Comente su impresión ante la descripción de Pedrerías.
2. ¿Cómo interpreta la siguiente frase?: "Pedrerías aparecía entonces a sus ojos como una tierra sorda, sembrada de muelas."
3. Explique esta cita: "Y le venían los sueños como un dolor incontenible: hiriendo, levantándole terrones de carne con su arado brutal."
4. ¿Cuántas veces aparece la idea de los chopos delgados y altos en el camino, y qué puede significar?
5. ¿Qué aves se mencionan en el cuento? ¿Cuál es su posible función en el mismo?
6. Compare los recuerdos que el maestrín tiene de su padre y de Olegaria?
7. ¿Podría la cultura haber sido una solución para el muchacho? ¿Por qué?
8. ¿Encuentra algun significado a la comedia representada por las marionetas?
9. La autora hace referencia en cinco ocasiones a la diadema que lleva la actriz. Localícelas y explique el porqué de las diferentes maneras de describirla.
10. En el cuento hay dos incendios: uno real y otro imaginario. Localícelos y explique cuál es el origen de ambos.
11. Compare las dos descripciones de la actriz: cuando el muchacho la ve por primera vez y cuando aparece al final intentando apagar el incendio.
12. ¿Qué efecto produce la última línea del cuento?

EL RIO

Para mi hermana María Pilar

Don Germán era un hombre bajo y grueso, de cara colorada y ojos encendidos. Hacía bastantes años que ejercía de maestro en el pueblo, y se decía de él que una vez mató a un muchacho de una paliza. Nos lo contaron los chicos en los días fríos del otoño, sentados junto al río, con el escalofrío de la tarde en la espalda, mirando hacia la montaña de Sagrado, por donde se ponía el sol.

Era ésa la hora de las historias tristes y miedosas, tras los bárbaros juegos de la tarde, del barro, de las piedras, de las persecuciones y las peleas. A medida que se acercaba el frío se acrecentaban los relatos tristes y las historias macabras. Nos habíamos hecho amigos de los hijos de Maximino Fernández, el aparcero mayor de los Bingos. Los hijos de Maximino Fernández acudían a la escuela en el invierno y a la tierra en el verano. Solamente en aquellos primeros días de octubre, o a finales del verano, tenían unas horas libres para pelearse o jugar con nosotros. Ellos fueron los que nos hablaron de don German y de sus perrerías. Sobre todo el segundo de ellos, llamado Donato era el que mayor delectación ponía en estas historias.

—Todo el día anda borracho don Germán —decía—. Se pasa la vida en la taberna, *dale que dale al vino°*. En la escuela todo se llena del olor del tinto, no se puede uno acercar a él. . . Y de repente se pone a pegar y a pegar a alguno. A mí me coge *tal que así°* —se cogía con la mano derecha un mechón de cabellos de la frente— y me levanta en el aire, como un pájaro.

Decían muchas más cosas de don Germán. Le tenían miedo y un odio muy grande, pero a través de todo esto también se les adivinaba una cierta admiración. Don Germán, según ellos, mató a un muchacho de la aldea, a palos. Esta idea les dejaba serios y pensativos.

Aquel año se prolongó nuestra estancia en el campo más que de costumbre. Estaba muy mediado el mes de octubre y aún nos

---

dale que dale al vino   drinking wine endlessly

tal que así   like this

encontrábamos allí. A nosotros nos gustaba la tierra oscura y húmeda, los gritos de los sembradores, bajo el brillo de un cielo como de aluminio. Amábamos la tierra y retrasar el regreso a la ciudad nos llenaba de alegría. Con todo ello, nuestra eventual amistad con los de las tierras de los Bingos se afianzó, y parecía, incluso, duradera.

Donato, a pesar de ser el segundón de los hermanos, tenía una extraña fuerza de captación, y todos le seguíamos. Era un muchacho de unos doce años, aunque por su altura apenas representaba diez. Era delgado, cetrino, con los ojos grises y penetrantes y la voz ronca, porque, según decían, tuvo de pequeño el "garrotillo". Donato solía silbarnos al atardecer, para que bajáramos al río. Nosotros salíamos en silencio, por la puerta de atrás: las escalerillas de la cocina iban a parar al huerto. Luego, saltábamos el muro de piedras y bajábamos corriendo el terraplén, hacia los juncos. Allí estaba el río, el gran amigo de nuestra infancia.

El río bajaba con una voz larga, constante, por detrás del muro de piedras. En el río había pozas hondas, oscuras, de un verde casi negro, entre las rocas salpicadas de líquenes. Los juncos de gitano, los chopos, las culebras, las insólitas flores amarillas y blancas, azules o rojas como soles diminutos, crecían a la orilla del río, con nombres extraños y llenos de misterio, con venenos ocultos en el tallo, según decía la voz ronca y baja de Donato:

—De ésta, si mordéis, moriréis con la fiebre metida en el estómago, como una piedra. . .

—De ésta, si la ponéis bajo la almohada, no despertaréis. . .

—De ésta, el primo Jacinto murió a la madrugada, por haberla olido con los pies descalzos. . .

Así decía Donato, agachado entre los juncos, los ojillos claros como dos redondas gotas de agua, verdes y doradas a la última claridad del sol. También en el lecho del río, decía Donato, crecían plantas mágicas de las que hacer ungüentos para heridas malignas y medicinas de perros, y esqueletos de barcos enanos, convertidos en piedra.

Una cosa del río, bella y horrible a un tiempo, era la pesca de las truchas. Donato y sus hermanos (y hasta nosotros, alguna vez) se dedicaban a esta tarea. Debo confesar que nunca pesqué ni un barbo, pero era emocionante ver a los hijos de Maximino Fernández desaparecer bajo el agua durante unos minutos inquietantes, y salir al cabo con una trucha entre los dientes o en las manos, brillando al sol y dando coletazos. Nunca comprendí aquella habilidad, que me angustiaba y me llenaba de admiración al mismo tiempo. Donato remataba las truchas degollándolas, metiendo sus dedos morenos y duros por entre las agallas. La sangre le tintaba las manos y le salpicaba la cara de motitas oscuras, y él sonreía. Luego, ponía las truchas entre hierbas, en un cestito tejido por él con los mimbres del río, e iba a vendérselas a nuestro abuelo. Nosotros no comíamos nunca truchas, sólo de verlas se nos ponía algo extraño en el estómago.

Una tarde muy fría, Donato nos llamó con su silbido habitual. Cuando nos encontramos vimos que había ido solo. Mi hermano le preguntó por los demás.

—No vinieron —dijo él—. están aún en la escuela.

Y era verdad, pues su silbido nos llamó más pronto que otras veces.

—A mí me ha echado don Germán —explicó, sonriendo de un modo un poco raro. Luego se sentó sobre las piedras. Como el tiempo estaba lluvioso y húmedo, llevaba una chaquetilla de abrigo, muy vieja, abrochada sobre el pecho con un gran imperdible.

—Cobarde, asqueroso —dijo, de pronto. Miraba al suelo y tenía los párpados oscuros y extraños, como untados de barro—. Me las pagará, me las pagará. . .,¿sabéis? Me pegó con la vara: me dio así y así. . .

Súbitamente se quitó la chaqueta y se arremangó la camisa rota que llevaba. Tenía la espalda cruzada por unas marcas rojas y largas. A mi hermano no le gustó aquello, y se apartó. (Ya me había dado cuenta de que Donato no era demasiado amigo de mi hermano. Pero a mí me fascinaba.)

Mientras mi hermano se alejaba, saltando sobre las piedras, Donato se puso a golpear el suelo con un palo.

—Ésta es la cabeza de don Germán —dijo—. ¿Ves tú? Ésta es la sesera, y se la dejo como engrudo. . .

Sí que estaba furioso: se le notaba en lo blanco que se le ponían los pómulos y los labios. Sentí un escalofrío muy grande y un irresistible deseo de escucharle:

—¿Sabes? —continuó—. Está todo lleno de vino, por dentro. Todos saben que está lleno de vino, y si le abrieran saldría un chorro grande de vinazo negro. . .

Yo había visto a don Germán, en la iglesia, los domingos por la mañana. Gracias a estas descripciones me inspiraba un gran pavor. Me acerqué a Donato, y le dije:

—No le queráis en el pueblo. . .

Él me miró de un modo profundo y sonrió:

—No le queremos —respondió. Y su voz ronca, de pronto, no era una voz de niño—. ¡Tú qué sabes de esas cosas! . . .Mira: de sol a sol ayudando en la tierra, todo el día. Y luego, cuando parece que va mejor, está él, allí dentro, en la escuela, para matarnos.

—No, mataros no —protesté, llena de miedo.

Él sonrió.

—¡Matarnos! —repitió—. ¡Matarnos! Tiene dentro de la barriga un cementerio lleno de niños muertos.

Como Donato siempre decía cosas así yo nunca sabía si era de cuento o de veras lo que contaba. Pero él debía de entenderse, dentro de sus oscuros pensamientos. Sobre todo en aquellos momentos en que se quedaba muy quieto, como de piedra, mirando al río.

Fue cosa de una semana después que don Germán se murió de una pulmonía. Nosotros le vimos enterrar. Pasó en hombros, camino arriba, hacia el cementerio nuevo. Los muchachos que él apaleó cantaban una larga letanía, en fila tras el cadáver, dando patadas a las piedras. El eco se llevaba sus voces de montaña a montaña. A la puerta del cementerio pacía un caballo blanco, viejo y huesudo, con mirada triste. Junto a él estaba Donato, apoyado contra el muro, con los ojos cerrados y muy pálido. Era Donato el único que no le cantó al maestro muerto. Mi hermano, al verlo, me dio con el codo. Y yo sentí un raro malestar.

Desde que el maestro murió, Donato no nos llamó con su silbido peculiar. Sus hermanos venían como siempre, y con ellos bajábamos al río, a guerrear. La escuela estaba cerrada y había un gran júbilo entre la chiquillería. Como si luciera el sol de otra manera.

El río creció, porque hubo tormentas, y bajaba el agua de un color rojo oscuro.

—¿Y Donato, no viene. . .? —preguntaba yo (a pesar de que mi hermano decía: "Mejor si ése no viene: es como un pájaro negro".)

—Está *desvaído* —contestaba Tano, el mayor de sus hermanos (*Desvaído* quería decir que no andaba bien del estómago.)

—No quiere comer —decía Juanita, la pequeña.

Hubo una gran tormenta. En tres días no pudimos salir de casa. Estaba el cielo como negro, de la mañana a la noche, cruzado por relámpagos. El río se desbordó, derribó parte del muro de piedras y entró el agua en los prados y el huerto del abuelo.

El último día de la tormenta, Donato se escapó, de noche, al río. Nadie le vio salir, y sólo al alba, Tano, el hermano mayor, oyó el golpe del postigo de la ventana, que Donato dejó abierta, chocando contra el muro. Vio entonces el hueco en la cama, en el lugar que correspondía a Donato. Tuvo un gran miedo y *se tapó con el embozo°*, sin decir nada, hasta que vio lucir el sol. (Eso contó después, temblando.)

A Donato no lo encontraron hasta dos días más tarde, hinchado y desnudo, en un pueblo de allá abajo, cerca de la Rioja, a

---

taparse con el embozo   to cover one's face with a sheet

donde lo llevó el río. Pero antes que su cuerpecillo negro y agorero se halló su carta, mal escrita en un sucio cuaderno de escuela: "Le maté yo a don Germán, le mezclé en el vino la flor encarnada de la fiebre dura, la flor amarilla de las llagas y la flor de la dormida eterna. Adiós, padre, que tengo remordimiento. Me perdone Dios, que soy el asesino".

EL RIO

Lectura comprensiva

1. ¿Qué contaban los chicos del pueblo de don Germán, el maestro?
2. ¿Qué clase de historias se solían contar entre los chicos después de los violentos juegos de la tarde?
3. ¿Quién era, entre los chicos, el que disfrutaba más al contar estas historias?
4. ¿De qué acusaban al maestro?
5. ¿Qué sentimientos expresaban hacia el maestro cuando los chicos hablaban de él?
6. ¿Qué les gustaba a la narradora y a sus hermanos de la aldea?
7. ¿Por qué seguían todos a Donato y que esperaba éste que los demás hicieran?
8. ¿Qué era el río para estos jóvenes? ¿Qué había en él?
9. ¿Qué le ocurrió a Donato un día, en la escuela?
10. ¿Qué sentía la narradora por Donato y que efecto le hizo al ver a éste tan furioso?
11. ¿De qué murió el maestro?
12. ¿Cómo reaccionó Donato ante la muerte del maestro?
13. ¿Cómo cambiaron las aguas del río y qué otros cambios ocurrieron en el pueblo?
14. ¿Cómo encontraron a Donato y qué decía su carta?
15. ¿Cree Ud. que Donato fue el asesino de don Germán?

Comentario del texto

a) En el cuento se habla de dos grupos de jóvenes: los hijos de Máximo Fernández, y la narradora y sus hermanos. ¿Qué diferencias observamos entre los dos grupos?
b) Señálense los presagios que anuncian el trágico fin de Donato.
c) Descríbase detalladamente el ambiente en que tiene lugar el cuento y el simbolismo del río.

LA CONCIENCIA

Ya no podía más. Estaba convencida de que no podría resistir más tiempo la presencia de aquel odioso vagabundo. Estaba decidida a terminar. Acabar de una vez, *por malo que fuera*°, antes que soportar su tiranía.

Llevaba cerca de quince días en aquella lucha. Lo que no comprendía era la tolerancia de Antonio para con aquel hombre. No: verdaderamente, era extraño.

El vagabundo pidió hospitalidad por una noche: la noche del Miércoles de ceniza, exactamente, cuando se batía el viento arrastrando un polvo negruzco, arremolinado, que azotaba los vidrios de las ventanas con un crujido reseco. Luego, el viento cesó. Llegó una calma extraña a la tierra, y ella pensó, mientras cerraba y ajustaba los postigos.

–No me gusta esta calma.

Efectivamente, no había echado aún el pasador de la puerta cuando llegó aquel hombre. Oyó su llamada sonando atrás, en la puertecilla de la cocina:

–Posadera. . .

Mariana tuvo un sobresalto. El hombre, viejo y andrajoso, estaba allí, con el sombrero en la mano, en actitud de mendigar.

–Dios le ampare. . . –empezó a decir. Pero los ojillos del vagabundo le miraban de un modo extraño. De un modo que le cortó las palabras.

Muchos hombres como él pedían la gracia del techo, en las noches de invierno. Pero algo había en aquel hombre que la atemorizó sin motivo.

El vagabundo empezó a recitar su cantinela: "Por una noche, que le dejaran dormir en la cuadra; un pedazo de pan y la cuadra: no pedía más. *Se anunciaba la tormenta*°. . .".

En efecto, allá afuera, Mariana oyó el redoble de la lluvia contra los maderos de la puerta. Una lluvia sorda, gruesa, anuncio de la tormenta próxima.

Estoy sola –dijo Mariana secamente–. Quiero decir. . . cuando

---

por malo que fuera   no matter how bad it might be

se anunciaba la tormenta   trouble was foreseen

mi marido está por los caminos no quiero gente desconocida en casa. Vete, y que Dios te ampare.

Pero el vagabundo se estaba quieto, mirándola. Lentamente, se puso su sombrero, y dijo:

—Soy un pobre viejo, posadera. Nunca hice mal a nadie. Pido bien poco: un pedazo de pan. . .

En aquel momento las dos criadas, Marcelina y Salomé, entraron corriendo. Venían de la huerta, con los delantales sobre la cabeza, gritando y riendo. Mariana sintió un raro alivio al verlas.

Bueno —dijo—. Está bien. . . Pero sólo por esta noche. Que mañana cuando me levante no te encuentre aquí. . .

El viejo se inclinó, sonriendo, y dijo un extraño romance de gracias.

Mariana subió la escalera y fue a acostarse. Durante la noche la tormenta azotó las ventanas de la alcoba y tuvo un mal dormir.

A la mañana siguiente, al bajar a la cocina, *daban° las ocho* en el reloj de sobre la cómoda. Sólo entrar se quedó sorprendida e irritada. Sentado a la mesa, tranquilo y reposado, el vagabundo desayunaba opíparamente: huevos fritos, un gran trozo de pan tierno, vino. . . Mariana sintió un coletazo de ira, tal vez entremezclado de temor, y se encaró con Salomé, que, tranquilamente se afanaba en el hogar:

—¡Salomé! —dijo, y su voz le sonó áspera, dura—. ¿Quién te ordenó dar a este hombre. . . y cómo no se ha marchado al alba?

Sus palabras se cortaban, se enredaban, por la rabia que la iba dominando. Salomé se quedó boquiabierta, con la espumadera en alto, que goteaba contra el suelo.

Pero yo. . . —dijo—. Él me dijo. . .

El vagabundo se había levantado y con lentitud se limpiaba los labios contra la manga.

—Señora —dijo—, señora, usted no recuerda. . . usted dijo anoche: "Que le den al pobre viejo una cama en el altillo, y que le den de comer cuanto pida".¿No lo dijo anoche la señora posadera? Yo lo oía bien claro. . .¿O está arrepentida ahora?

Mariana quiso decir algo, pero de pronto se le había helado la voz. El viejo la miraba intensamente, con sus ojillos negros y penetrantes. Dio media vuelta, y desasosegada salió por la puerta de la cocina, hacia el huerto.

El día amaneció gris, pero la lluvia había cesado. Mariana se estremeció de frío. La hierba estaba empapada, y allá lejos la carre-

daban las ocho   strike eight

tera se borraba en una neblina sutil. Oyó detrás de ella la voz del viejo, y sin querer, apretó las manos una contra otra.

—Quisiera hablarle algo, señora posadera. . . Algo sin importancia.

Mariana siguió inmóvil, mirando hacia la carretera.

—Yo soy un viejo vagabundo. . . pero a veces, los viejos vagabundos se enteran de las cosas. Sí: yo estaba *allí. Yo lo vi*, señora posadera. *Lo vi, con estos ojos. . .*

Mariana abrió la boca. Pero no pudo decir nada.

—¿Qué estás hablando ahí, perro? —dijo—. ¡Te advierto que mi marido llegará con el carro a las diez, y no *aguanta bromas*° de nadie!

—¡Ya lo sé, ya lo sé que no aguanta bromas de nadie! —dijo el vagabundo—. Por eso, no querrá que sepa nada. . . nada de lo que *yo vi* aquel día. ¿No es verdad?

Mariana se volvió rápidamente. La ira había desaparecido. Su corazón latía, confuso. "¿Qué dice? ¿Qué es lo que sabe. . .? ¿Qué es lo que vio?" Pero ató su lengua. Se limitó a mirarle, llena de odio y de miedo. El viejo sonreía con sus encías sucias y peladas.

—Me quedaré aquí un tiempo, buena posadera: sí, un tiempo, para reponer fuerzas, hasta que vuelva el sol. Porque ya soy viejo y tengo las piernas muy cansadas. Muy cansadas. . .

Mariana echó a correr. El viento, fino, le daba en la cara. Cuando llegó al borde del pozo se paró. El corazón parecía salírsele del pecho.

Aquél fue el primer día. Luego, llegó Antonio con el carro. Antonio subía mercancías de Palomar, cada semana. Además de posaderos, tenían el único comercio de la aldea. Su casa, ancha y grande, rodeada por el huerto, estaba a la entrada del pueblo. Vivían con desahogo, y en el pueblo Antonio tenía fama de rico. "Fama de rico", pensaba Mariana, desazonada. Desde la llegada del odioso vagabundo, estaba pálida, desganada. "Y si no lo fuera, ¿me habría casado con él, acaso?" No. No era difícil comprender por qué se había casado con aquel hombre brutal, que tenía catorce años más que ella. Un hombre hosco y temido, solitario. Ella era guapa. Sí: todo el pueblo lo sabía y decía que era guapa. También Constantino, que estaba enamorado de ella. Pero Constantino era un simple aparcero, como ella. Y ella estaba harta de pasar hambre, y trabajos, y tristezas. Sí; estaba harta. Por eso se casó con Antonio.

Mariana sentía un temblor extraño. Hacía cerca de quince días que el viejo entró en la posada. Dormía, comía y se despiojaba descaradamente al sol, en los ratos en que éste lucía, junto a la puerta

no aguanta bromas   he doesn't like jokes; he can't take a joke del huerto. El primer día Antonio preguntó:

–¿Y ése, que pinta ahí?

–Me dio lástima –dijo ella, apretando entre los dedos los flecos de su chal–. Es tan viejo. . . y hace tan mal tiempo. . .

Antonio no dijo nada. Le pareció que se iba hacia el viejo como para echarle de allí. Y ella corrió escaleras arriba. Tenía miedo. Sí: tenía mucho miedo. . . "Si el viejo vio a Constantino subir al castaño, bajo la ventana. Si le vio saltar a la habitación, las noches que iba Antonio con el carro, de camino. . .".¿Qué podía querer decir, si no, con aquello de *lo vi todo, si, lo vi con estos ojos?"*

Ya no podía más. No: ya no podía más. El viejo no se limitaba a vivir en la casa. Pedía dinero, ya. Había empezado a pedir dinero, también. Y lo extraño es que Antonio no volvió a hablar de él. Se limitaba a ignorarle. Sólo que, de cuando en cuando, la miraba a ella. Mariana sentía la fijeza de sus ojos grandes, negros y lucientes, y temblaba.

Aquella tarde Antonio se marchaba a Palomar. Estaba terminando de uncir los mulos al carro, y oía las voces del mozo mezcladas a las de Salomé, que le ayudaba. Mariana sentía frío. "No puedo más. Ya no puedo más. Vivir así es imposible. Le diré que se marche, que se vaya. La vida no es vida con esta amenaza". Se sentía enferma. Enferma de miedo. Lo de Constantino, por su miedo, había cesado. Ya no podía verlo. La sola idea le hacía castañetear los dientes. Sabía que Antonio la mataría. Estaba segura de que la mataría. Le conocía bien.

Cuando vio el carro perdiéndose por la carretera bajó a la cocina. El viejo dormitaba junto al fuego. Le contempló, y se dijo: "Si tuviera valor le mataría". Allí estaban las tenazas de hierro, a su alcance. Pero no lo haría. Sabía que no podía hacerlo. "Soy cobarde. Soy una gran cobarde y tengo amor a la vida". Esto la perdía: "Este amor a la vida. . .".

–Viejo –exclamó. Aunque habló en voz queda, el vagabundo abrió uno de sus ojillos maliciosos. "No dormía", se dijo Mariana. "No dormía. Es un viejo zorro".

–Ven conmigo –le dijo–. Te he de hablar.

El viejo la siguió hasta el pozo. Allí Mariana se volvió a mirarle.

–Puedes hacer lo que quieras, perro. Puedes decirlo todo a mi marido, si quieres. Pero tú te marchas. Te vas de esta casa, en seguida. . .

El viejo calló unos segundos. Luego, sonrió.

–¿Cuándo vuelve el señor posadero?

Mariana estaba blanca. El viejo observó su rostro hermoso,

—Vete —dijo Mariana—. Vete en seguida.

Estaba decidida. Sí: en sus ojos lo leía el vagabundo. Estaba decidida y desesperada. Él tenía experiencia y conocía esos ojos. "Ya no hay nada que hacer", se dijo, con filosofía. "Ha terminado el buen tiempo. Acabaron las comidas sustanciosas, el colchón, el abrigo. Adelante, viejo perro, adelante. Hay que seguir".

—Está bien —dijo—. Me iré. Pero él lo sabrá todo. . .

Mariana seguía en silencio. Quizás estaba aún más pálida. De pronto, el viejo tuvo un ligero temor: "Ésta es capaz de hacer algo gordo. Sí: es de esa clase de gente que se cuelga de un árbol o cosa así". Sintió piedad. Era joven, aún, y hermosa.

—Bueno —dijo—. Ha ganado la señora posadera. Me voy. . . ¿qué le vamos a hacer? La verdad, nunca me hice demasiadas ilusiones. . . Claro que pasé muy buen tiempo aquí. No olvidaré los guisos de Salomé ni el vinito del señor posadero. . . No lo olvidaré. Me voy.

—Ahora mismo —dijo ella, de prisa—. Ahora mismo, vete. . . ¡Y ya puedes correr, si quieres alcanzarle a él! Ya puedes correr, con tus cuentos sucios, viejo perro. . .

El vagabundo sonrió con dulzura. Recogió su cayado y su zurrón. Iba a salir, pero, ya en la empalizada, se volvió:

—Naturalmente, señora posadera, *yo no vi nada*. Vamos: ni siquiera sé si había algo que ver. Pero llevo muchos años de camino, ¡tantos años de camino! Nadie hay en el mundo con la conciencia pura, ni siquiera los niños. No: ni los niños siquiera, hermosa posadera. Mira a un niño a los ojos, y dile: "¡Lo sé todo! Anda con cuidado. . .". Y el niño temblará. Temblará como tú, hermosa posadera.

Mariana sintió algo extraño, como un crujido, en el corazón. No sabía si era amargo, o lleno de una violenta alegría. No lo sabía. Movió los labios y fue a decir algo. Pero el viejo vagabundo cerró la puerta de la empalizada tras él, y se volvió a mirarla. Su risa era maligna, al decir:

—Un consejo, posadera: vigila a tu Antonio. Sí: el señor posadero también tiene motivos para permitir la holganza en su casa a los viejos pordioseros. ¡Motivos muy buenos, juraría yo, por el modo como me miró!

La niebla, por el camino, se espesaba, se hacía baja. Mariana le vio partir, hasta perderse en la lejanía.

LA CONCIENCIA

Lectura comprensiva

1. ¿Qué es lo que no puede aguantar más tiempo Mariana, la posadera, y qué es lo que está dispuesta a hacer?
2. ¿Qué es lo que le sorprendía a Mariana de la conducta de Antonio, su marido?
3. ¿Cuánto tiempo llevaba el vagabundo en la casa?
4. ¿Cómo había anunciado la naturaleza la llegada del viejo?
5. ¿Cómo pasó la noche la posadera cuando accedió a que el vagabundo durmiera en su casa?
6. ¿Qué le sorprendió e irritó a Mariana a la mañana siguiente?
7. ¿Por qué se le heló la voz a la posadera al tratar de contestar a las mentiras del vagabundo?
8. ¿Cómo se presentó el viejo y qué aspecto tenía?
9. ¿Qué fue lo que le hizo a la posadera permitir que se quedara el vagabundo en la posada?
10. ¿Por qué logró quedarse más días el vagabundo?
11. ¿Cómo justificó Mariana la presencia del viejo en la casa?
12. ¿En qué consiste el secreto de la posadera?
13. ¿Cómo chantajeaba el viejo a Mariana?
14. ¿Por qué no se atrevió Mariana a matar al viejo?
15. ¿Por qué decidió irse el vagabundo?
16. ¿Qué es lo que en realidad sabía el viejo de la posadera?

Comentario del texto

Escriba sobre:
a) El papel de la naturaleza en el cuento y cómo aquella se hace eco de los momentos dramáticos.
b) El uso en la descripción de adjetivos aislados, en pares, o en grupos de tres. Señalar y comentar el efecto que logra la autora por medio del uso de los adjetivos.
c) El uso de gestos corporales para mostrar las emociones de los personajes.
d) Las razones de Mariana para casarse con Antonio. ¿Qué nos revelan estas razones en cuanto a la sociedad que pinta la autora en este cuento?

LA RAMA SECA

Apenas tenía seis años y aún no la llevaban al campo. Era por
el tiempo de la siega, con un calor grande, abrasador, sobre los
senderos. La dejaban en casa, cerrada con llave, y le decían:

—Que seas buena, que no alborotes: y si algo te pasara, asó-
mate a la ventana y llama a doña Clementina.

Ella decía que sí con la cabeza. Pero nunca le ocurría nada, y se
pasaba el día sentada al borde de la ventana, jugando con "Pipa".

Doña Clementina la veía desde el huertecillo. Sus casas estaban pegadas la una a la otra, aunque la de doña Clementina era
mucho más grande, y tenía, además, un huerto con un peral y dos
ciruelos. Al otro lado del muro se abría la ventanuca tras la cual la
niña se sentaba siempre. A veces, doña Clementina levantaba los ojos
de su costura y la miraba.

—¿Qué haces, niña?

La niña tenía la carita delgada, pálida, entre las flacas trenzas
de un negro mate.

—Juego con "Pipa" —decía.

Doña Clementina seguía cosiendo y no volvía a pensar en la
niña. Luego, poco a poco, fue escuchando aquel raro parloteo que le
llegaba de lo alto, a través de las ramas del peral. En su ventana, la
pequeña de los Mediavilla se pasaba el día hablando, al parecer, con
alguien.

—¿Con quién hablas, tú?

—Con "Pipa".

Doña Clementina, día a día, se llenó de una curiosidad leve,
tierna, por la niña y por "Pipa". Doña Clementina estaba casada con
don Leoncio, el médico. Don Leoncio era un hombre adusto y *dado al
vino*°, que se pasaba el día renegando de la aldea y de sus habitantes.
No tenían hijos y doña Clementina estaba ya hecha a su soledad. En
un principio, apenas pensaba en aquella criaturita, también solitaria,
que se sentaba al alféizar de la ventana. Por piedad la miraba de
cuando en cuando y se aseguraba de que nada malo le ocurría. La
mujer Mediavilla se lo pidió:

—Doña Clementina, ya que usted cose en el huerto por las
tardes,¿querrá echar de cuando en cuando una mirada a la ventana,

dado al vino   with a taste for the bottle

61

por si le pasara algo a la niña? Sabe usted, es aún pequeña para llevarla a los pagos. . .

Sí, mujer, nada me cuesta. Marcha sin cuidado. . .

Luego, poco a poco, la niña de los Mediavilla y su charloteo ininteligible, allá arriba, fueron metiéndosele pecho adentro.

—Cuando acaben con las tareas del campo y la niña vuelva a jugar en la calle, la echaré a faltar —se decía.

Un día, por fin, se enteró de quién era "Pipa".

—La muñeca —explicó la niña.

—Enséñamela. . .

La niña levantó en su mano terrosa un objeto que doña Clementina no podía ver claramente.

—No la veo, hija. Échamela. . .

La niña vaciló.

—Pero luego, ¿me la devolverá?

Claro está. . .

La niña le echó a "Pipa" y Clementina cuando la tuvo en sus manos, se quedó pensativa. "Pipa" era simplemente una ramita seca envuelta en un trozo de percal sujeto con un cordel. Le dio la vuelta entre los dedos y miró con cierta tristeza hacia la ventana. La niña la observaba con ojos impacientes y extendía las dos manos.

—¿Me la echa, doña Clementina. . .?

Doña Clementina se levantó de la silla y arrojó de nuevo a "Pipa" hacia la ventana. "Pipa" pasó sobre la cabeza de la niña y entró en la oscuridad de la casa. La cabeza de la niña desapareció y al cabo de un rato asomó de nuevo, embebida en su juego.

Desde aquel día doña Clementina empezó a escucharla. La niña hablaba infatigablemente con "Pipa".

—"Pipa", no tengas miedo, estate quieta. ¡Ay, "Pipa", cómo me miras! Cogeré un palo grande y le romperé la cabeza al lobo. No tengas miedo, "Pipa". . . Siéntate, estate quietecita, te voy a contar: el lobo está ahora escondido en la montaña.

La niña hablaba con "Pipa" del lobo, del hombre mendigo con su saco lleno de gatos muertos, del horno del pan, de la comida. Cuando llegaba la hora de comer la niña cogía el plato que su madre le dejó tapado, al arrimo de las ascuas. Lo llevaba a la ventana y comía despacito, con su cuchara de hueso. Tenía a "Pipa" en las rodillas, y la hacía participar de su comida.

—Abre la boca, "Pipa", que pareces tonta. . .

Doña Clementina la oía en silencio: la escuchaba, bebía cada una de sus palabras. Igual que escuchaba al viento sobre la hierba y entre las ramas, la algarabía de los pájaros y el rumor de la acequia.

Un día, la niña dejó de asomarse a la ventana. Doña Clementina le preguntó a la mujer Mediavilla:

—¿Y la pequeña?

—Ay, está *delicá°*, sabe usted. Don Leoncio dice que le dieron las fiebres de Malta.

—No sabía nada. . .

Claro,¿cómo iba a saber algo? Su marido nunca le contaba los sucesos de la aldea.

—Sí —continuó explicando la Mediavilla—. Se conoce que algún día debí dejarme la leche sin hervir. . .¿sabe usted? ¡Tiene una tanto que hacer! Ya ve usted, ahora, en tanto se reponga, he de privarme de los brazos de Pascualín.

Pascualín tenía doce años y quedaba durante el día al cuidado de la niña. En realidad, Pascualín salía a la calle o se iba a robar fruta al huerto vecino, al del cura o al del alcalde. A veces, doña Clementina oía la voz de la niña que llamaba. Un día se decidió a ir, aunque sabía que su marido la regañaría.

La casa era angosta, maloliente y oscura. Junto al establo nacía una escalera, en la que se acostaban las gallinas. Subió, pisando con cuidado los escalones apolillados que crujían bajo su peso. La niña la debió oír, porque gritó:

—¡Pascualín! ¡Pascualín!

Entró en una estancia muy pequeña, a donde la claridad llegaba apenas por un ventanuco alargado. Afuera, al otro lado, debían moverse las ramas de algún árbol, porque la luz era de un verde fresco y encendido, extraño como un sueño en la oscuridad. El fajo de luz verde venía a dar contra la cabecera de la cama de hierro en que estaba la niña. Al verla, abrió más sus párpados entornados.

—Hola, pequeña —dijo doña Clementina—. ¿Cómo estás?

La niña empezó a llorar de un modo suave y silencioso. Doña Clementina se agachó y contempló su carita amarillenta, entre las trenzas negras.

—Sabe usted —dijo la niña—, Pascualín es malo. Es un bruto. Dígale usted que me devuelva a "Pipa", que me aburro sin "Pipa". . .

Seguía llorando. Doña Clementina no estaba acostumbrada a hablar a los niños, y algo extraño agarrotaba su garganta y su corazón.

Salió de allí, en silencio, y buscó a Pascualín. Estaba sentado en la calle, con la espalda apoyada en el muro de la casa. Iba descalzo y sus piernas morenas, desnudas, brillaban al sol como dos piezas de cobre.

Pascualín —dijo doña Clementina.

El muchacho levantó hacia ella sus ojos desconfiados. Tenía

delicá   weak

las pupilas grises y muy juntas y el cabello le crecía abundante como a una muchacha, por encima de las orejas.

—Pascualín,¿qué hiciste de la muñeca de tu hermana? Devuélvesela.

Pascualín lanzó una blasfemia y se levantó.

—¡Anda! ¡La muñeca, dice! ¡*Aviaos estamos*°!

Dio media vuelta y se fue hacia la casa, murmurando.

Al día siguiente, doña Clementina volvió a visitar a la niña. En cuanto la vio, como si se *tratara de*° una cómplice, la pequeña le habló de "Pipa":

—Que me traiga a "Pipa", dígaselo usted, que la traiga. . .

El llanto levantaba el pecho de la niña, le llenaba la cara de lágrimas, que caían despacio hasta la manta.

—Yo te voy a traer una muñeca, no llores.

Doña Clementina dijo a su marido, por la noche:

—Tendría que bajar a Fuenmayor, a unas compras.

—Baja —respondió el médico, con la cabeza hundida en el periódico.

A las seis de la mañana doña Clementina tomó el auto de línea, y a las once bajó en Fuenmayor. En Fuenmayor había tiendas, mercado, y un gran bazar llamado "El Ideal". Doña Clementina llevaba sus pequeños ahorros envueltos en un pañuelo de seda. En "El Ideal" compró una muñeca de cabello crespo y ojos redondos y fijos, que le pareció muy hermosa. "La pequeña va a alegrarse de veras", pensó. Le costó más cara de lo que imaginaba, pero pagó de buena gana.

Anochecía ya cuando llegó a la aldea. Subió la escalera y, algo avergonzada de sí misma, notó que su corazón latía fuerte. La mujer Mediavilla estaba ya en casa, preparando la cena. En cuanto la vio alzó las dos manos.

—¡Ay, *usté*, doña Clementina! ¡Válgame Dios, ya disimulará en qué trazas la recibo! ¡Quién iba a pensar. . .!

Cortó sus exclamaciones.

—Venía a ver a la pequeña: le traigo un juguete. . .

Muda de asombro la Mediavilla la hizo pasar.

—Ay, cuitada, y mira quién viene a verte. . .

La niña levantó la cabeza de la almohada. La llama de un candil de aceite, clavado en la pared, temblaba, amarilla.

—Mira lo que te traigo: te traigo otra "Pipa", mucho más

¡aviaos estamos! who knows!

tratara de as if she were

bonita.

Abrió la caja y la muñeca apareció, rubia y extraña.

Los ojos negros de la niña estaban llenos de una luz nueva, que casi embellecía su carita fea. Una sonrisa se le iniciaba, que se enfrió en seguida a la vista de la muñeca. Dejó caer de nuevo la cabeza en la almohada y empezó a llorar despacio y silenciosamente, como acostumbraba.

—No es "Pipa" —dijo—. No es "Pipa".

La madre empezó a chillar:

—¡Habráse visto la tonta! ¡Habráse visto, la desagradecida! ¡Ay, por Dios, doña Clementina, no se lo tenga usted en cuenta, que esta moza *nos ha salido retrasada*°. . .!

Doña Clementina parpadeó. (Todos en el pueblo sabían que era una mujer tímida y solitaria, y le tenían cierta compasión.)

—No importa, mujer —dijo, con una pálida sonrisa—. No importa.

Salió. La mujer Mediavilla cogió la muñeca entre sus manos rudas, como si se tratara de una flor.

—¡Ay, madre, y qué cosa más preciosa! ¡Habráse visto la tonta ésta. . .!

Al día siguiente doña Clementina recogió del huerto una ramita seca y la envolvió en un retal. Subió a ver a la niña:

—Te traigo a tu "Pipa".

La niña levantó la cabeza con la viveza del día anterior. De nuevo, la tristeza subió a sus ojos oscuros.

—No es "Pipa".

Día a día, doña Clementina confeccionó "Pipa" tras "Pipa", sin ningún resultado. Una gran tristeza la llenaba, y el caso llegó a oídos de don Leoncio.

—Oye, mujer: que no sepa yo de más majaderías de ésas. . . ¡Ya no estamos, *a estas alturas*°, para andar siendo el hazmerreír del pueblo! Que no vuelvas a ver a esa muchacha: se va a morir, de todos modos. . .

—¿Se va a morir?

—Pués claro, ¡qué remedio! No tienen posibilidades los Mediavilla para pensar en otra cosa. . . ¡Va a ser mejor para todos!

En efecto, apenas iniciado el otoño, la niña se murió. Doña Clementina sintió un pesar grande, allí dentro, donde un día le naciera tan tierna curiosidad por "Pipa" y su pequeña madre.

---

nos ha salido retrasada   she has turned out to be retarded

a estas alturas   at this stage

Fue a la primavera siguiente, ya en pleno deshielo, cuando una mañana, rebuscando en la tierra, bajo los ciruelos, apareció la ramita seca, envuelta en su pedazo de percal. Estaba quemada por la nieve, quebradiza, y el color rojo de la tela se había vuelto de un rosa desvaído. Doña Clementina tomó a "Pipa" entre sus dedos, la levantó con respeto y la miró, bajo los rayos pálidos del sol.

–Verdaderamente –se dijo–. ¡Cuánta razón tenía la pequeña! ¡Qué cara tan hermosa y triste tiene esta muñeca!

LA RAMA SECA

Lectura comprensiva

1. ¿Qué le decían los padres a la niña cuando la dejaban sola?
2. ¿Cómo pasaba el tiempo la niña?
3. ¿Qué diferencia había entre la casa de doña Clementina y la de la niña de los Mediavilla?
4. ¿Cómo pasaba el tiempo doña Clementina y qué es lo que le llamaba la atención de la niña?
5. ¿A qué se debía la soledad de doña Clementina?
6. ¿Cómo descubrió doña Clementina quién era "Pipa"?
7. ¿Cómo combatía la niña la soledad?
8. ¿Por qué dejó de asomarse la niña a la ventana?
9. Cuando fue doña Clementina a la casa de la niña, ¿cómo la encontró a ésta?
10. ¿Dónde estaba "Pipa"?
11. ¿Cómo reaccionó la niña al ver la muñeca que le había comprado doña Clementina?
12. ¿Por qué se murió la niña? ¿En qué época del año ocurrió?
13. ¿Qué encontró doña Clementina a la primavera siguiente y qué efecto tuvo en ella el hallazgo?

Comentario del texto

a) El tema de este cuento es la soledad. ¿Cómo lucha la niña contra la soledad y qué lección le da a la otra solitaria del cuento para combatir la suya?
b) Analícense las causas de la soledad de las dos protagonistas.
c) Coméntese la actitud de la autora hacia los personajes secundarios del cuento: don Leoncio, la madre de la niña, Pascualín. Estos personajes se nos revelan por medio de su forma de hablar; señálese el estilo y peculiaridades del habla de cada uno de ellos.

EL MAESTRO

I

Desde su pequeña ventana veía el tejado del Palacio, verdeante de líquenes; uno de los dos escudos de piedra, y el balcón que a veces abría la mujer de Gracián, el guarda, para ventilar las habitaciones. Por aquel balcón abierto solía divisar un gran cuadro oscuro, que, poco a poco, a fuerza de mirarlo, fue desvelando como una aparición. El cuadro le fascinó años atrás; casi podría decirse que le deslumbró desde su resplandeciente sombra. Luego, al cabo de los años, desaparecieron fascinación y deslumbramiento: sólo quedó la costumbre. Algo fijo e ineludible, algo que se tenía que mirar y remirar, cada vez que la guardesa abría los batientes del balcón. En aquel cuadro había un hombre, con la mano levantada. Su tez pálida, sus ojos negros y sus largos cabellos, fueron descubiertos poco a poco por su mirada ávida, tiempo atrás. Ahora ya se lo sabía de memoria. La mano levantada del hombre del cuadro no amenazaba, ni apaciguaba. Más bien, diríase que clamaba por algo. Que clamaba, de un modo pasivo, insistente. Un clamor largo, de antes y de después, un oscuro clamor que le estremecía. A veces, soñó con él. Nunca había entrado en el Palacio, porque Gracián era un ser malencarado y de difícil acceso. Prefería no pedirle ningún favor. Pero le hubiera gustado ver el cuadro de cerca.

A veces, bajaba al río, y miraba el correr del agua. Y esta sensación, sin saber por qué, tenía algún punto de contacto cn la que le proporcionaba la vista de aquel cuadro, dentro de aquella habitación. Era al empezar el frío, al filo del otoño, cuando solía bajar al fondo del barranco, más bien alejado del pueblo, para mirar el correr del río, entre los juncos y la retama amarilla.

Vivía al final de la llamada Calle de los Pobres. Sus bienes consistían en un baúl negro, reforzado de hierro, con algunos libros y un poco de ropa. Tenía una corbata anudada a los barrotes de hierro negro de la cama. En un principio –hacía mucho tiempo– se la ponía los domingos, para ir a misa. Aquello parecía ocurrido en un tiempo remoto. Ahora, la corbata seguía allí, como un pingajo, atada a los pies de la cama. Como el perro a los pies del hermano de Beau Geste: aquél que quería repetir la muerte de los guerreros vikingos. . . (Ah, cuando él leía *Beau Geste*, qué mundo podrido. "Madrina, ¿puedo

69

leer este libro?" Entraba de puntillas en la biblioteca de la Gran
Madrina. La Gran Madrina era huesuda; su dinero, magnánimo. Él
era el protegido, favorecido, agradecidísimo hijo de la lavandera.)
"El paje", pensaba ahora, calzándose las botas, con los ojos medio
cerrados, hinchados aún los párpados por la resaca, mirando el significativo pingajo a los pies de la cama. Todo, ya, caducado, ahorcado
definitivamente, como la mugrienta corbata.

Cuando llegó al pueblo era joven, y muy bueno. Por lo menos,
así lo oía decir a las viejas:

–El maestro nuevo, qué cosa más buena. Tan peinado
siempre, y con sus zapatitos todo el santo día. ¡Qué lujos, madre!
Pero, claro, lo hace con buena intención.

Ahora no. Ahora tenía mala leyenda. Sabía que habían pedido
otro maestro, a ver si lo cambiaban. Pero tenían que jorobarse con él,
porque a aquel cochino rincón del mundo no iba nadie, como no fuera
de castigo, o de incauto lleno de fe y "buena intención". Ni siquiera el
Duque iba; allí se pudría y desmoronaba el Palacio, con su gran
cuadro dentro, con la mano levantada, clamando. Él llegó allí, hacía
veintitantos años, lleno de credulidad. Creía que había venido al
mundo para la abnegación y la eficacia, por ejemplo. Para redimir
alguna cosa, acaso. Para defender alguna causa perdida, quizá. En
lugar de la corbata anudada a los barrotes, tenía su diploma en la
pared, sobre el baúl.

Ahora tenía mala leyenda. Pero a veces subía la colina, corriendo como un loco, para oír el viento. Se acordaba entonces de
cuando era chico y escuchaba con un escalofrío el lejano silbido de los
trenes.

Aquella mañana llovía, y entraba por el ventanuco un pedazo
de cielo gris. "Si entrara el viento. . ." El viento bajaba al río para
huir también. Y él seguía en tanto hollando la tierra, de acá para allá,
con sus botas de suelas agujereadas. A veces marcaba rayas en la
pared. ¿Qué eran? ¿Horas? ¿Días? ¿Copas? ¿Malos pensamientos?
"No se sabe cómo se cambia. Nadie sabe cómo cambia, ni cómo
crece, ni cómo envejece, ni cómo se transforma en otro ser distante.
Tan lento es el cambio, como el gotear del agua en la roca que acaba
agujereándola." El tiempo, el maldito, cochino tiempo, le había
vuelto así.

–¿Cómo así? ¿Qué hay de malo°? –risoteó.

Se levantaba tarde, y no se tomaba molestia por nada ni nadie.
No se tomaba ningún trabajo, tampoco, con la escuela ni los chicos.
Zurrarles, eso sí. Había un placer en ello, sustituto, acaso, de otros

¿Qué hay de malo?   What is wrong with that?

inalcanzables placeres.

Ya no leía el periódico. La política, los acontecimientos, el tiempo en que vivía, en suma, le tenían sin cuidado. Antes no. Antes fue un exaltado defensor de los hombres.

–¿Qué hombres?

Acaso de hombres como él mismo ahora. Pero no, él no se reconocía ninguna dignidad. Aunque la dignidad era una palabra tan hueca como todas las demás. Cuando bebía anís –el vino no le gustaba, no podía con el vino–, el mundo cambiaba alrededor. Alrededor, por lo menos, ya que no dentro de uno mismo. Nubes blancas por las que se avanzaba algodonosamente, pisando fantasmas de chicuelos muertos: niños que sólo tenían de niños la estatura.

"Llegué aquí creyendo encontrar niños: sólo había larvas de hombres, malignas larvas, cansadas y desengañadas antes del uso de razón." Iba camino de la taberna, y habló en voz alta:

–¿Uso de razón? ¿Qué razón? Ja, ja, ja.

Aquel "ja, ja" suyo era proferido despaciosamente, sin inflexión alguna de alegría, sin timbre alguno. Por cosas como aquélla, las viejas que lo veían pasar meneaban la cabeza, mirando de través, y decían:

–¡Loco, chota!– ovilladas un sus negruras malolientes. Eran las mismas viejas que lo llamaban bueno. No, eran otras, iguales a aquéllas que ahora estarían ya pudriéndose, con la tierra entre los dientes.

Ni el mal olor, que tanto le ofendiera en un tiempo, notaba ahora.

–¿Me ofendía? ¿Ofensas? ¿Qué cosa son las ofensas. . .?

Torció la esquina de la calle. Un tropel de muchachos descalzos le inundó, como un golpe de agua. Eran muy pequeños, de cinco o seis años, y casi le hicieron caer. Muy a menudo le esperaban *al filo de°* las esquinas, para empujarle. Luego corrían, riéndose y llamándole nombres que él no entendía. Seguía lloviznando y el lodo de la calle manchaba sus piernecillas secas como estacas, resbalaba por sus manos delgadas, que se llevaban a la boca para ocultar la risa.

Tambaleándose los insultó, y continuó su camino; a desayunarse con la primera copa del día.

Desde la puerta abierta de la taberna se veían los toros, sueltos en el prado. El agua hacía brillar sus lomos negros, como caparazones de enormes escarabajos. Cuartos crecientes blancos embestían, al parecer, el cielo plomizo. La tierra enrojecía bajo la lluvia, más allá de la hierba. Pronto llegaría el mes del gran calor, que abrasaría todas

al filo de   at the edge of

las briznas, todo el frescor verde. Los toros levantarían el polvo bajo las patas, embestirían al sol. Así era siempre. El pastor estaba tendido sobre el muro de piedras, como una rana. No comprendía cómo podía permanecer allí, tendido, sin perder el equilibrio, inmóvil. Parecía una piedra más.

La taberna olía muy frescamente a vino. Le asqueaba aquel olor. El tabernero le sirvió el anís y una rosquilla de las llamadas "paciencias", sin decir nada. Conocía sus costumbres. Fue mojando su "paciencia", poco a poco, en el anís, y mordisqueándola como un ratón.

—Don Valeriano —dijo de pronto el tabernero—, ¿qué me dice usté de to esto?

Le tendía el periódico. Pero él le dio un manotazo, como quien espanta un tropel de moscas. Como moscas eran, para él, antes tan aficionado a ellas, las letras impresas.

Encima de la puerta, sobre la cal, descubrió un murciélago. Parecía pegado, con sus alas abiertas.

—¡Chico! —llamó al niño que fregaba los vasos en el balde. Un niño con el ojo derecho totalmente blanco, como una pequeña y fascinante luna. Sus manos duras, de chatos dedos, llenos de verrugas, estaban empapadas de crueldad. Levantó la cabeza, sonriendo, y se secó el sudor de su frente con el antebrazo. El agua jabonosa le resbalaba hacia el codo.

—Chico, ahí tienes al diablo.

El chico trepó sobre la mesa. A poco, bajó con el murciélago entre las puntas de los dedos, pendiente como un pañuelo, de un extremo al otro de las alas.

Antes de darle martirio, como a un condenado, le hicieron fumar un poco. Una chupada el chico, otra él, otra el murciélago.

Así pasó un buen rato de la mañana, hasta que se fue a comer la bazofia que le preparaba Mariana, su patrona. Estaban en vacaciones.

II

El gran mes estaba ya mediado. El verano, el polvo, las moscas, la sed, galopaban rápidamente hacia ellos.

Llegaron del pueblo vecino; y los del pueblo fueron al pueblo siguiente. Así se repartieron en cadena.

Él estaba tendido en la cama, y, a lo primero, no se enteró de nada. Eran las tres de la tarde, en duermevela. Oía el zumbido de los mosquitos sobre el agua de la cisterna. Los sabía brillando bajo el sol, como un enjambre de polvo plateado. Oyó entonces los primeros gritos, luego el espeso silencio. Permaneció quieto, sintiendo el calor en todos los poros de la piel. Sus largas piernas, velludas y blancas, le producían asco. Tenía el cuerpo marchito y húmedo de los que huyen del sol. Le horrorizaba el sol, que a aquella hora reinaba implacable sobre las piedras. Oía el mugir de los toros, sus cascos que huían en tropel, calle arriba. Algo ocurría. Se metió rápidamente los pantalones y salió, descalzo, a la habitación de al lado. Mariana acababa de fregar el suelo, y sus plantas iban dejando huellas como de papel secante en los rojos ladrillos. Sobre la ventana permanecía echada la vieja persiana verde que él mismo compró y obligó a colocar, para protegerse de la odiada luz. Por las rendijas entraba una ceguera viva, reverberante. Una ceguera de cal y fuego unidos, un resplandor mortal. Se tapó la cara con las manos, se palpó las mejillas blandas y cubiertas de púas, las cuencas de los ojos, los párpados. Aun así le llegaba la luz, como un vahído; la sentía en las mismas yemas de los dedos, filtrarse a través de todos los resquicios. El sudor le empapó la frente, los brazos y el cuello. Sentía el sudor pegándole la ropa al vientre, a los muslos. El mugido de los toros se alejaba ya, y por la Calle de los Pobres trepaban unas pisadas, se acercaban; y allí, bajo la ventana, resonó el grito, estridente como el sol:

—¡Ay de mí, ay de mí, ay de mí. . .!

Bruscamente levantó la persiana. Era como un sueño: o mejor aún, como el despertar de un largo y raro sueño. Todo el sol se adueñó de sus ojos. Adivinó, más que vio, a la mujer del alcalde, corriendo calle abajo. Entonces le vino, como un golpe, el recuerdo del periódico del tabernero. Se sintió vacío, todo él convertido en una gran expectación.

—Mariana —llamó, quedamente. Entonces la vio. Estaba allí, en un rincón, temblorosa, con la cara raramente blanca.

—Ha estallado. . . —dijo Mariana.

—¿Qué? ¿Qué ha estallado?

—La revolución. . .

—¿Y esa mujer que va gritando? ¿Qué le pasa?

—Le andan buscando al marido. . . Van con hoces, a por él. . .

—Ah, conque ¿se ha escondido ese cabrón?

¿Por qué insultaba al alcalde? Estaba de repente lleno de ira. Porque los mugidos de los toros mansurrones, flacos, negros y brillantes que embestían el cielo bajo de la tarde estaban ahora en él; y de pronto estaba despierto, despierto como sobre un gran lecho revuelto, su sucio catre alquilado; sobre toda la sucia tierra que pisaba. Y ni siquiera sabía cómo había cambiado, cómo estaba convertido en un pingajo, igual que la corbata, mal anudada y raída, a los pies del lecho. Había cambiado poco a poco, desde el día en que vino, bien peinado y con zapatitos de la mañana a la noche, yendo de un lado a otro de la aldea, explicando que la Tierra parecía seguir eterna y equivocadamente al Sol, intentando explicar que la Tierra era redonda y algo achatada por los polos, que éramos sólo una partícula de polvo girando y girando sin sentido en torno a otras bolas de polvo y polvo, como los mosquitos de plata sobre la cisterna. Intentando decir que, igual como nosotros mirábamos sobre el agua en su rara persecución de uno a otro, nos mirarían a nosotros infinidad de bolas de polvo; intentando decir que todo era una orgía de polvo y fuego. Ah, y las Matemáticas, y el Tiempo, Y los hombres, los niños, los perros, estaban dentro de su piedad, y ahora, ni piedad para él sentía, ni cabía en tanto polvo. Ya no oía el mugido de los toros. No en un día, ni en el día a día, cambia el corazón. Es partícula a partícula de polvo como van sepultándose la ambición, el deseo, el desinterés, el interés, el egoísmo; el amor, al fin. ¿Alguna vez fue un niño que iba de puntillas a la Gran Madrina, para pedirle *Beau Geste*? ¿Qué son los bellos gestos? (Como era inteligente y estudioso, la Gran Madrina le pagó los estudios. Le pagó los estudios y le regateó los zapatos, la comida, los trajes: le negó las diversiones, las horas de ocio, el sueño, el amor. Luego. . .) Pero no hay luego. La vida es un dilatadísimo segundo donde cabe el gran hastío, donde el tiempo no es sino una acumulación de vacíos de silencios; y las espaldas de los muchachos son como débiles alones de un pájaro caído; y no cabe el peso de la tierra, del hambre, de la soledad: no cabe la larga sed de la tierra en la espalda de un niño.

Ahora, sin saber cómo, llegó la ira.

III

Vinieron en una camioneta requisada al almacenista de granos. Algunos traían armas: un fusil, una escopeta de caza, una vieja pistola. Los más, horcas, guadañas, hoces, cuchillos, hachas. Todas las pacíficas herramientas vueltas de pronto cara al hambre y a la humillación. Contra la sed y la mansedumbre de acumulados años; de golpe afiladas y siniestras. En seguida, como ratas escondidas, salieron a la luz el Chato, el Rubio y los tres hijos pequeños de la Berenguela. Se unieron a ellos, y como ellos, la guadaña, y la horca, la hoz, relucieron, como de oro, al sol.

No encontraron ni al alcalde ni al cura.

—La madre del médico los ayudó a escapar dentro de un carro de paja— dijeron dos de aquellas mujeres que iban a arar con el hijo atado a la espalda.

El Palacio del Duque seguía cerrado, como siempre. Al guarda Gracián le tajaron la garganta con una hoz, y pasaron sobre él. Quedó tendido, a la puerta de grandes clavos en forma de rosa, como de bruces sobre su propio silencio. La sangre se coagulaba al sol, bajo la gula de las moscas. Se había levantado un vientecillo raro, que enfriaba el sudor. Todos en el pueblo tenían curiosidad por conocer por dentro el Palacio. El Duque fue allí tan sólo una vez, de cacería; y Gracián no dejaba entrar a nadie, ni siquiera a echar una ojeada.

Desde la ventana de Mariana se divisaba parte del Palacio. La persiana estaba al fin levantada, sin miedo al sol. De improviso se encaraba con el sol, con la conciencia de su carne blanca y blanda, de todas sus arrugas, sus ojeras, en negro y húmedo vello. El sol le inundaba cruelmente, con un dolor vivo y desazonado. Miraba fijamente el Palacio. Tras los tejadillos arcillosos de la Calle de los Pobres se alzaban los tejados verdosos, los escudos de piedra quemados por heces de golondrinas, el balcón del cuadro, con sus barrotes de hierro. Estaba quieto en la ventana, como una estatua de sal; y mientras, los hombres armados subían por la Calle de los Pobres, y le vieron. Oyó sus pisadas en la escalera, y ni siquiera se volvió, hasta que le llamaron.

El cabecilla vivía tres pueblos más arriba. Le conocía de haberlo visto a veces en el mercado. Era oficial de guarnicionero. Se llamaba Gregorio, y exhibía dos granadas en el cinturón, y el único fusil. Seguramente se lo habría quitado a alguno de los guardias civiles que mataron al amanecer.

Le señaló y preguntó:

—¿Y ése?

—¿Ése?. . . ¡Vete tú a saber! —respondió el Chato, encogiéndose de hombros.

De pronto, recordó al Chato, cuando era pequeño. Al Chato le había dicho, *cargado de buena fe°*, en aquel tiempo: "El Sol y la Tierra. . ." ¡Bah! Ahí estaban sus mismos ojos, separados y fijos, llenos de sufriente desconfianza.

Avanzó hacia ellos, sintiendo el suelo en las plantas desnudas de los pies, el suelo ya caliente y aún resbaloso por el agua. Los miró, con la misma dolorida valentía que al sol, y dijo, golpeándose el pecho:

—¿Yo? ¿Quieres saber, verdad, cómo respiro yo?

Y como revienta el pus largamente larvado, pareció reventar su misma lengua:

—¿Yo? Si quieres saber cómo respiro, has de saberlo: respiro

cargado de buena fe   full of good faith (will)

hambre y miseria. Hambre y miseria, y sed, y humillación, y toda la injusticia de la tierra. Así respiro, todo eso. Me quema ya aquí dentro, de tanto respirarlo. . .¿Oyes, cabezota? ¡Hambre y miseria toda la vida! Dándolo todo a cambio de esto. . .

Abrió la puertecilla de su alcoba y apareció la cama de hierro negra, la sábana sucia y revuelta, el colchón de pajas. El baúl, la pared desconchada, la triste bombilla colgando de un cordón lleno de moscas.

—Para esto: para este catre maloliente, un plato de esa mesa, al mediodía, y otro plato a la noche, toda mi vida. . .¿Veis ese baúl? Está lleno de ciencia. La ciencia que me tragué, a cambio de mi dignidad. . ., eso es. A cambio de mi dignidad, toda esa ciencia. Y ahora. . . esto.

Gregorio le miraba atentamente, con la boca abierta.

Y el Chato explicó, encogiendo los hombros:

—Es que es el maestro. . .

—Ah, bueno —dijo Gregorio, como aliviado de algo.

Dejó el fusil sobre la mesa y se sirvió vino. Se limpió los labios con el revés de la mano y dijo:

—Conque eres de letras. . . Bueno, pues necesito gente como tú.

—Y yo —contestó con una voz sorda, apenas oída—. Y yo, también: gente como tú.

IV

Fueron por todos aquellos que, sin él mismo saberlo, sin sospecharlo tan sólo, llevaba grabados en la negrura de su gran sed, de todo su fracaso. Él fue el que encontró el escondite del cura, el del alcalde. Él sabía en qué pajar estarían, en qué rincón. Una lucidez afilada le empujaba allí donde los otros no podían imaginar.

—¿Y qué no sabrá éste. . .? —se sorprendía el Chato.

También se lo preguntó Gregorio, a la noche:

—¿Cuántas cosas sabes, gachó. . .?

Llegó de pronto una sorda paz sobre la aldea. Sólo recordaban la ira, los incendios de la iglesia y del pajar del alcalde. Ellos estaban, por fin, allí dentro, en el Salón Amarillo, con el gran balcón abierto sobre la noche. Allí, sobre la mesa, los vinos y las copas del Duque. Y la palidez del cielo de julio, rosándose detrás de los tejados, por la parte de la iglesia. No se oía por ningún lado el mugido de los toros. Habían sido dispersados, y el pastor estaba abajo, bebiendo con el Chato y los hijos de la Berenguela. Los otros seguían su ronda, casa a casa. Una gran hoguera, frente a la puerta del Palacio, devoraba cuadros y objetos, santos y santas, libros y ropas.

Él hablaba con Gregorio, aunque Gregorio no le entendiese. Gregorio le miraba muy fijo entre sorbo y sorbo. Le miraba y le escuchaba, con un esfuerzo por comprender. ¡Hacía tanto tiempo que no hablaba con nadie!

—Me recogieron de niño, me pagaron los estudios. . . A cambio de vivir como un esclavo, ¿oyes? De servirle a la vieja de juguete, de hacer de mí un miserable muñeco, para la puerca vieja. . .

Le venía ahora como una náusea el recuerdo de la piel apergaminada de la Gran Madrina; su caserón parecido al Palacio, con el mismo olor a moho y húmedo polvo. Le venían con una náusea sus caricias pegajosas, su aliento alcohólico, las perlas sobre el arrugado escote. . .

—Ah, conque se cobró, ¿eh? Te tenía a ti de. . . —dijo Gregorio, con una risa oscura, guiñando el ojo derecho.

—Era el precio. ¿Sabes, Gregorio? ¿Comprendes lo que te digo? Pero salí de aquello, para mejorarlo todo, para que a ningún muchacho le ocurriera lo que me estaba ocurriendo a mí. Me fui de sus manos, y salí a luchar solo, con una fe. . ., con una fe. . .

Le venían otra vez sus ideas, frescas y nuevas. Su deseo de venganza; pero una venganza sin violencia, una razonada y constructiva venganza:

—Para que a ningún muchacho le ocurriera. . . Pero aquí, ¿qué pasó? No lo sé. No lo sé, Gregorio.

Y de improviso le llegó un gran cansancio:

—Estoy podrido como un muerto.

Había llegado, sin embargo, un día, una hora. El polvo, el fuego, girando y girando en torno al polvo y al fuego. Allá abajo ardían los libros y los santos del Duque. Y allí, sobre ellos, en la pared, estaba el gran cuadro fascinante. Levantó los ojos hacia él, una vez más. El cuadro parecía llenarlo todo. "Tal vez, si yo hubiera tenido un cuadro así. . . o lo hubiera pintado. . ., quizá las cosas hubieran sido de otro modo", se dijo.

—Ahora, todas las cosas van a cambiar —dijo Gregorio—. ¿No bebes?

Tenía sed. No solía beber vino, pero ahora era distinto. Todo era distinto, de pronto. "Acaso le tenía yo miedo al vino. . ."

En aquel momento subió el Chato y dijo:

—A ése le toca ahora —y señaló el cuadro.

—No, a ése no —dijo.

—¡Arrea! ¿Por qué?

—Porque no.

El Chato se le acercó:

—¿Pero eres tú de iglesia, acaso. . .? ¡Pues no la pisabas!

—No soy de iglesia, pero a ése no le toques.

Gregorio se levantó, curioso. Se inclinó sobre la plaquita dorada del marco, deletreando torpemente. Y de improviso soltó la risa:

—¿No quieres que le toque porque pone aquí: EL MAESTRO?

Sin saber cómo, le venía a la memoria una Cruz grande que sacaban cuando la sequía, tambaleándose sobre los campos. Un hombre llagado y lleno de sangre, y los cánticos de la viejas: "Dulce Maestro, ten piedad. . ." Era horrible, con su sangre y sus llagas. Pero no era por eso. No, aunque allí pusiera —que bien lo sabía él, desde el tiempo en que miraba por la ventana–, aunque allí dijera: EL MAESTRO.

Se estremeció, como cuando bajaba al río, con el viento. Y el hombre del cuadro estaba allí, también; tan inmensa, tan grandemente solo; con su mano levantada. Su cara pálida y delgada, los largos cabellos negros, los ojos oscuros que miraban siempre, siempre, se pusiera uno donde se pusiera. . .

—¿Porque eres tú también el maestro? —reía Gregorio, sirviéndose más vino del Duque.

Él pensó: "¿Maestro? ¿Maestro de qué?"

Y entonces los vio, a los dos. Estaban los dos, el Chato y Gregorio, mirándole como las larvas del hombre, allí en la escuela húmeda. Con aquellos mismos ojos, cuando él decía: "La Tierra gira alrededor del Sol. . ." Ah, las burlas. Los incrédulos ojos campesinos, la gran inutilidad de las palabras. NECESITO GENTE COMO TÚ. Había estado soñando un día entero, un día entero.

—Dame anís. . ., ¿no hay, acaso?

No, no había. Sólo vino. El Chato sacó el cuchillo y rasgó el cuadro de arriba abajo.

Tan tranquilo como cuando decía, sin un asomo de alegría: "Ja, ja, ja"; igual de tranquilo echó mano al fusil de Gregorio y le descerrajó al Chato un tiro en el vientre. El Chato abrió la boca y, muy despacio, cayó de rodillas, mirándole. Como a una víbora, Gregorio saltó. Le detuvo encañonándole. Y, de nuevo, aquellos ojos se le enfrentaban: los unos, moribundos; los otros, inundados de asombro, de ira, de miedo. Y gritó:

—¿No entendéis? ¿Es que no entendéis nada?

Gregorio hizo un gesto: tal vez quiso echar mano de una de aquellas granadas que exhibía puerilmente. (Como los muchachos sus botes con lagartijas, renacuajos, endrinas; como los muchachos que no entienden, y están precozmente cansados, y nada quieren saber del sol y la tierra, de las estrellas y la niebla, del tiempo, de las matemáticas; como los muchachos que martirizan al diablo en los murciélagos, y arrojan piedras al maestro, escondidos en los zarzales; como los muchachos que ponen trampas, y hacen caer, y se burlan, y se ríen, y gimen bajo la vara; y queman el tiempo, la vida, el hombre todo, la esperanza. . .) Como ellos allí estaban de nuevo frente a él los ojos de clavo, la mirada de negro asombro, salida de otro grande e interminable asombro que él no podía desvelar. Y dijo:

–Y toma tú también, y dame las gracias.

Disparó contra Gregorio una, dos, tres veces.

Arrojó el fusil, bajó la escalera y por la puerta de atrás salió al campo. En medio de un grito solitario, escapó, huyó, huyó. Como había deseado huir, desde hacía casi veinticinco años.

V

Dos días anduvo por el monte, como un lobo, comiendo zarzamoras y madroños, ocultándose en las cuevas de los murciélagos, cerca del barranco. Desde allí oía el mugir de los toros, chapoteando en el agua y las piedras. Los toros huidos, temerosos del incendio de la iglesia, desorientados.

Al tercer día vio llegar los camiones. Eran los contrarios, los nuevos. La revolución que anunció Mariana había sido sofocada por estos otros.

Bajó despacio, con todo el sol en los ojos. Traía la barba crecida, el olor de la muerte pegado a las narices. Apenas entró en la plaza, frente al Palacio, los vio, con sus guerreras y sus altas botas, con sus negras pistolas. Aquellas viejas que en un tiempo dijeron: "Qué bien peinado y con zapatitos", las que decían: "¡Loco, chota!", le señalaron también ahora. Habían sacado, arrastrados por los pies, como sacos de patatas, los cuerpos ya tumefactos del alcalde y el cura. Y los dedos oscuros y sarmentosos de las viejas le señalaban, junto a los tres hijos pequeños de la Berenguela:

–¡Asesinos! ¡Asesinos!

Tal como estaba, con su barba crecida y su camisa abierta sobre el pecho, lo detuvieron.

–Dejadme coger una cosa –pidió.

Le dejaron ir a casa de Mariana, encañonado por una pistola. Subió al catre, desanudó la corbata de los barrotes y se la puso. Cuando arrancó el camión, él llevaba los ojos cerrados, con las manos atadas a la espalda.

Al borde del río alinearon a los tres hijos de la Berenguela. A él, el último. El aire estaba tibio, oloroso. El más pequeño de los hijos de la Berenguela, recién cumplidos los dieciocho años, le gritó:

¡Traidor!

(En algún lado estaba un hombre con la mano levantada, clamando. Un hombre con la mano levantada, rasgado de arriba abajo por el torpe cuchillo de un niño, de una larva incompleta; un grano de polvo persiguiendo una bola de polvo, una bola de polvo persiguiendo una bola de fuego.) El viento caliente de julio se llevó el eco de los disparos. Rodó terraplén abajo, hacia el agua. Y supo, de pronto, que siempre, siempre, a falta de otro amor, amaba el río, con sus juncos y su retama amarilla, con sus guijarros redondos, con sus álamos. El río donde chapoteaban, algo más arriba, los toros asustados y mansurrones, mugiendo aún. Supo que lo amaba, y que por eso bajaba a él y se ponía a mirarlo, a mirarlo, ciertas tardes de su vida, cuando empezaba el frío.

EL MAESTRO

Lectura comprensiva

1. ¿Qué se veía desde la pequeña ventana del maestro?
2. Describa el cuadro.
3. ¿Qué sensación era parecida a la de contemplar el cuadro?
4. ¿Qué libro leía el maestro cuando vivía en casa de su madrina?
5. Al principio, ¿qué pensaba la gente del pueblo de él?
6. ¿En qué encontraba placer el maestro?
7. ¿Con qué se desayunaba?
8. ¿Qué hicieron con el murciélago el maestro y el niño que fregaba los vasos?
9. ¿De qué intentaba hablar el tabernero?
10. ¿Por qué corría la mujer del alcalde calle abajo?
11. ¿Quiénes vinieron en una camioneta requisada?
12. ¿Qué hicieron con el guarda del palacio?
13. ¿Cómo habría conseguido Gregorio su fusil?
14. ¿Por qué dice el maestro que necesita gente como Gregorio?
15. Según el maestro, ¿qué circunstancia podría haber hecho que las cosas fueran de otro modo?
16. ¿Por qué disparó el maestro contra el Chato?
17. ¿Por qué disparó contra Gregorio?
18. Cuando lo detuvieron, ¿qué pidió que le dejaran hacer?
19. ¿Cómo murió el maestro?
20. ¿Qué es lo último en que piensa?

Comentario del texto

a) Localice las veces que se nombra el río e intente encontrar qué simboliza en este cuento.
b) En la página 38, la autora usa la metáfora "cuartos crecientes blancos". Explique su significado.
c) Cuando era pequeño, el maestro leía *Beau Geste*. Explique por qué la autora ha escogido ese libro.
d) Basándose en "El maestro", escriba un ensayo sobre los siguientes temas:
    1. La huída.
    2. El tiempo.
    3. La violencia.
    4. La infancia.
    5. La degradación moral.
e) Localice las veces que aparecen los toros e intente explicar qué simbolizan.

. . .y un oscuro y obsceno guardarropa ocupara el mundo. . .

PABLO NERUDA.

MUY CONTENTO

Empezó el día de la fotografía, es decir, el día que miré la fotografía al minuto, que nos hicimos Elisa y yo, como si todo marchara perfectamente. Por lo menos, así estaba escrito, o decidido, en un inexorable orden que presidió mi vida desde que nací.

Elisa y yo habíamos ido a dar una vuelta por el Paseo del Mar, y era domingo, antes de comer. Ella habla que te habla, y yo escuchando, como siempre. Faltaban tres días para la boda, y estábamos repletos, atosigados de proyectos. No de proyectos amorosos, que esos, si los hubo, yacían sofocados por todos *los demás*°: la casa, el dinero, el viaje de novios, los mil detalles de la ceremonia, etcétera. No se acababan nunca los proyectos, y yo me sentía, como siempre, así como flotante sobre nubes esponjosas de órdenes aparentemente suaves y planes sobre mi persona, en cadena ininterrumpida desde el minuto en que nací (como antes dije). Mientras la oía hablar y hablar, se me ocurrió que la cosa no merecía tanto jaleo, y al tiempo, pensé que posiblemente el día en que yo vine a este mundo, hubo en la familia un revuelo parecido, y que desde aquel preciso instante todos se enzarzaron en proyectos y proyectos —o quien sabe, acaso aún antes de que yo diese mi primer vagido— y todavía, todavía, todavía, yo caminaba dócilmente sobre la calzada de aquellos proyectos, sin parar. Fue entonces cuando me invadió la vasta y neblinosa pereza que en otras ocasiones se iniciara, y que, con frecuencia, me empujara de Norte a Sur como un desdichado globo. Por ejemplo, era una clase de pereza parecida a la que me invadió el día de las bodas de oro de mis padres (yo fui hijo tardío de un matrimonio tardío). Recuerdo la cantidad de telegramas que se recibieron en casa aquel día. Todos los amigos, o conocidos, o deudores, les enviaron parabienes, tales como si hacía tantos años que empezaron el negocio, y que si tantas cosas pasaron, cosas que se referían al negocio que llevaban juntos, y que si mi madre era la mujer fuerte y compañera-accionista ideal, trabajadora, etcétera, y que si años y más años juntos y levantando el negocio hombro con hombro sin reposo, ni fiestas, ni esparcimientos, ni tabaco (como quien dice). Total, que me entraba una pereza cada vez más grande a medida que oía como todo aquello debía servirme de estímulo, a mí,

los demás   the others

que tanto me gustaba estarme quietecito con un pedazo de sol en un pie. Así que la pereza incontenible crecía al recuerdo de todos los puestos que mi padre, ayudado por la fidelidad inconmoviblemente ahorrativa de mi madre, había acumulado, desde que empezó como vulgar quesero a mano –lo aprendió del abuelo, que era pastor y tenía la cara ampliada en una fotografía, muy negra por las cejas y bigotes, encima del aparador con las tazas que nunca se usaban porque se rompían sólo de mirarlas– y había acabado (o por lo menos llegado el día de sus bodas de oro) como propietario de una importante cadena de industrias queseras, dentro y fuera de la región, porque hasta en Madrid era conocido y valorado su nombre (siempre en relación al queso, se entiende, porque en la guerra no se significó, ni luego). Así que aquel día me sentí atropellado por legiones de años y quesos, y de fechas importantes en la industria familiar, y tuve ganas de esconderme en alguna parte oscurita, cerrar los ojos, o, por lo menos dejarme resbalar debajo de la mesa, que estaba cubierta de copas azules con Chinchón y migas. Pero todo eso no me lo decía yo de una manera clara, sino que me venía a retazos sueltos, desde algún agujero que yo tenía dentro y no sabía. Total que, resumiendo,, aquella mañana, Elisa, que estaba tan locuaz, dijo:

–Ramoncito, vamos a hacernos una foto de esas al minuto. Mira, va a ser nuestra última foto de soltros. . . (etcétera).

He de confesar que esas palabras me produjeron una sensación rara. No sé, como una desazón absolutamente desordenada que rompía todo el engranaje, todo el minucioso programa establecido sobre mi persona, desde el (tantas veces rememorado en mi presencia) día de mi nacimiento (sucedido, al parecer, tras un parto que me hacía dudar sobre la tan alabada sabiduría de la Naturaleza).

Aquella mañana con Elisa, en el Paseo del Mar, cuando ella me dijo eso del último día de solteros, venía hacia nosotros un hombrecito con guardapolvo y boina, que arrastraba sobre una tarima de ruedas una máquina fotográfica del año de la polka. Dije que bueno, porque jamás fui discutidor. Nos cogimos del brazo, el hombrecito dijo que nos sonriéramos y luego se metió debajo del trapo negro.

Estuvimos mirando luego cómo sacaba la placa y la metía en un cubo con líquido, y en la cartulina cuadradita se fueron marcando sombras que, al parecer, éramos nosotros en los últimos días de solteros. Cuando nos dio la foto, ya terminada, casi seca, se me desveló todo esto que estoy contando. Era como si a mí también me hubieran metido en un líquido misterioso y apareciera por primera vez, tal y como soy, ante mis ojos. Me vi triplicado en aquella pequeña cartulina, mal cortada por los bordes, húmeda aún, abarquillándome junto a una desconocida. Era yo, yo mismo, con mi cara ligeramente estúpida de retratado sin ton ni son, con mi soltería, aún, con mi traje azul oscuro del domingo (que por cierto tenía los bajos del pantalón fofos). Allí estaba yo, mirándome, con un brazo como en cabestrillo, sujetando a una mujer que no conocía. Elisa seguía diciendo cosas, y me di cuenta de que hacía muchos años que yo no escuchaba esas cosas. Aquel ser, que se aferraba posesivamente a mi pobre brazo como enyesado tras una rotura, era un ser absolutamente ajeno a mí. Pero, principalmente, he de admitir que mi atención se fijaba en aquel pomito de flores que la muy insensata habíase prendido en el pico del escote. Era un manojo de flores artificiales que salía como disparado hacia afuera, como disparado hacia mí. Mis ojos se centraron en aquellas flores de pétalos anchos y coloreados, como dispuestos a saltar de un momento a otro, igual que animales dañinos. Me fascinaron y, a un tiempo, aborrecí aquellas ridículas flores, con un odio espeso y antiguo, que me llegaba como viento, como un resplandor a través de sombras. De repente, me dije que yo nunca había odiado antes, que nunca había amado. Y aquel odio recién nacido, reconfortante, suntuoso, se centraba en el adorno, y yo lo paladeaba como un caramelo.

Me desasí de las manos de Elisa, sujetas a mi brazo como las garritas de un pájaro a un barrote, y ellas se enroscaron de nuevo sobre él, y la foto cayó al suelo. Encontré sus ojos mirándome, me parece que con asombro, y vi sus labios redondeados en una O, sin proferir palabra, y experimenté cuán placentero podía resultar no oír hablar a Elisa. Me vino entonces a las mientes una sarta de hechos, de bocas redondeadas, que a su vez redondeaban programas y órdenes. Cosas establecidas, inmutables, que me condujeron, sin piedad, hasta una mañana de domingo primaveral, en la acera del Paseo del Mar.

(Por vacaciones nos visitaba tía Amelia, se inclinaba hacia mí, su ajada cara enmarcada en la pamela, que la teñía de sombras amarillas, y me invadía una ola de perfumes encontrados. Redondeaba la boca, y con un dedo largo, rematado por uña afilada de color rosa brillante, se daba unos golpecitos en la mejilla, con lo que indicaba el lugar exacto donde debía besarla. Creo que aborrecí aquella mejilla, aquella boca en forma de O, con secreta pereza y odio mezclados, tal como se me estaba desvelando, durante toda mi vida. Ya desde aquellos besos a tía Amelia, tan claramente especificados y programados, mi vida fue una sucesión de acatamientos. Cuando cursaba el 4.º de bachillerato, más o menos, tía Amelia trajo con ella a Elisa, durante las vacaciones. Elisa tenía mi edad, y era gordinflona, pálida, de ojos celestes bastante bonitos, y espesas trenzas. Un día, jugando estúpidamente con ella y otros muchachos —estábamos escondiéndonos y encontrándonos por los altillos de la casa de mis padres– ella surgió súbita de un armario, me rodeó con sus brazos gorditos, y redondeando la boca igual que tía Amelia, me espetó un par de sonoros ósculos. No puedo detallar con exactitud la sensación que eso me produjo entonces. Pero a la vista del ramillete exhibido en el escote de la mujer que se colgaba tan injustamente de mi brazo, comprendí mi sufrida y amordazada irritación, y la angustiada sospecha de que debía ser yo quien decidiera dónde y a quién debía besar. Tal vez, mi vieja aversión a los besos nace de aquel día).

Mirando el escote y el ramillete de la mujer que me era profundamente lejana, ni siquiera antipática, me dije: ¿por qué? Me invadieron unas confusas ganas de llorar, la dejé en el Paseo, y anduve, anduve.

He repasado, y con cierto deleite, lo que fueron mis días. Reconozco que soy tirando a feo, con mi barbilla caída. Me gustaban las chicas guapas, sobre todo en el verano, que se las ve mejor, pero yo estaba tomado del brazo por Elisa, bajo la aquiescente (y, ahora lo sé positivamente), la bien planeada programación Paterna-Tía Amelia. Fui estudiante gris, ni el primero ni el último. Ingresé en la industria familiar quesera, y mis días, mis años, fueron cayendo, uno a uno, tras la puertecilla de cristal esmerilado donde, desde hacía poco tiempo, colocaron unas letras doradas que decían GERENTE. Siempre, en casa, mis padres, tía Amelia, Elisa, hablaban de mí, de mí. Quitándose la palabra, y estructurándome. Un día llegarían mis hijos –y vagamente yo repasaba visiones de niños conocidos, en brazos de madres o niñeras, salivosos, emitiendo chillidos inesperados y totalmente desprovistos de luz espiritual–. Y me sentía cubierto, rodeado, abrumado por chiquillos carnosos con ojos de porcelana, como Elisa, que crecerían, y a su vez, serían nombrados gerentes (o sabe Dios qué otras cosas). Me hundía, y desfilaban por mi recuerdo hermosas criaturas de verano, muchachos delgados y tostados por el sol, barcos, mendigos, perros, y hasta hormigas e insectos voladores. Un largo dedo con la uña lacada de rosa señalaba una pastosa y arrugada mejilla blanducha, donde yo debía besar. Inexorablemente.

Todo, repito, sucedió gracias a la fotografía. Es gracias a ella, que ahora estoy aquí, por fin, contento, tranquilo, libre. Confieso que en un primer impulso desesperado se me pasó por las mientes degollar a Elisa o a tía Amelia debajo de su pamela, pero tengo los nervios muy machacados por órdenes, y además el forcejeo que supongo sucedería llegado el caso, y todas esas cosas de la sangre, que me da asco, me lo quitaron de la cabeza. Mejor era no enfrentarme a ellos, a sus ojos y sus voces, porque me volvería en seguida obediente y ambiguo, como durante tantos años. Así que era mejor no verles, y hacer las cosas solo, por mi cuenta. Por tanto, hice lo otro, que era más cómodo, y por eso estoy aquí, ahora. Y no me caso. Ni soy gerente, ni tendré hijos ni nada. Ni me van a felicitar nunca las bodas de oro, ni voy a ver un queso en mi vida. Conque llevo ya cerca de una semana tendidito en mi catre, mirando el techo y las paredes, tan cubiertas de inscripciones divertidas, con trocitos de vida de hombres que, a pesar de todo, han hecho lo que les dio la gana. Lo que les dio la gana, como a mí. ¡Cómo ardían las GRANDES QUESERIAS DE GUTIERREZ E HIJO! Me acordé de cómo me gustaba de niño encender cerillas y dejarlas caer sin apagar, y vino mi padre y me dio una torta.

Ahora estoy contento. A veces viene ése, con sus ojos tan confortablementè juntos sobre su agradable nariz de patata, a vigilarme por la mirilla, o a traerme comidita. Sólo me preocupa que me vengan con psiquiatras y gente así, y me saquen de aquí. Pero no me costará convencerles de que soy normal, y además, estoy contento.

MUY CONTENTO

Lectura comprensiva

1. ¿Cuándo y por qué motivo empezaron los hechos que nos cuenta el narrador?
2. ¿Qué dos clases de revelado se produjeron aquella mañana en el Paseo del Mar?
3. ¿Qué le invadió al protagonista al sentirse víctima de los "proyectos" de los demás?
4. ¿Cómo celebraron los padres de Ramoncito sus bodas de oro?
5. ¿Qué era lo que más le gustaba al narrador, y qué significado tiene ese deseo?
6. ¿Qué pensaba él de los éxitos mercantiles de su familia?
7. ¿Por qué se considera Ramoncito un ser programado?
8. ¿Cómo reaccionaba siempre ante lo que los demás esperaban que él hiciera?
9. ¿Qué detalle de la fotografía provocó su cambio de actitud?
10. ¿Qué clase de sentimiento expresa Ramoncito al pensar en los besos de su tía Amelia?
11. Al pensar en su vida futura con su esposa y su familia, ¿qué forma tomó su rebelión?
12. ¿En dónde se encuentra el protagonista al final del cuento? ¿Por qué motivo?
13. ¿Por qué cree Ud. que no quiere Ramoncito que lo saquen de donde está?

Comentario del texto

a) La cita de Pablo Neruda proviene de un poema incluído en *Residencia en la tierra.* Localícelo y, después de estudiarlo, conteste: ¿Cómo podríamos relacionar la metáfora "oscuro y obsceno guardarropa" con lo que narra Ramoncito? ¿En qué consiste este "obsceno guardarropa" y quiénes lo representan en el cuento?
b) La monotonía de su vida programada y estructurada parece ser la razón que lleva al protagonista a su drástica venganza. Analícese el tipo de existencia contra la cual reacciona Ramoncito y lo que éste logra con su rebelión.
c) ¿Es acertado el uso del humor en este cuento? ¿Por qué?

. . . estoy solo entre materias desvencijadas, la lluvia cae sobre mí, y se me parece, se me parece. . .

PABLO NERUDA

NO TOCAR

Al principio, la madre le compró algunos juguetes, que la niña agarraba con la mano izquierda, levantaba gravemente hasta la altura de los ojos y observaba con cierta ensoñación. Luego, escarbaba con sus uñitas en ejes, junturas, ruedas y ensambles. En ocasiones, se hacía con un destornillador, martillo o navajita.

Todo esto no era demasiado raro, aunque a la madre le preocupase. Oía quejas parecidas, expuestas por dolientes madres. Pero nunca con tan matemática y casi imperturbable insistencia.

La niña era alta, de pelo negro y liso, ojos redondos y piernas cubiertas de cicatrices, parches y postillas. Andaba siempre de un lado a otro, con aire vago, tocando lo que no debía, manchándose, hiriéndose, rompiendo, metiendo los dedos en lugares inadecuados. Desde siempre –desde que la miró, recién nacida– la madre experimentó sensaciones distintas a las que, según había oído, inspiraban los hijos. Fue como si en aquel momento se estrellaran todas las teorías leídas o escuchadas acerca del sublime sentimiento de la maternidad. Aquel ser no tenía mucho que ver con ella.

No es que no quisiera a la niña. Naturalmente, al principio, su amor era confuso, una contradictoria mezcla de asombro, soterrada alegría, susto, y una cierta pereza ante los acontecimientos. Pero estaba claro que aquella criatura no era el famoso "pedazo de su carne" que tan prolijamente le fuera ponderado como el máximo premio a alcanzar en una femenina vida. Lo que estaba bien claro era que aquel pedazo de carne –no demasiado hermoso en honor a la verdad– era en sí mismo su propio e intransferible pedazo de carne.

La niña se llamó Claudia, por ser este nombre el de una heroína de novela que a la madre le gustó, en su ya lejana adolescencia. Pero de aquella romántica Claudia de sus admiraciones, la nueva Claudia no heredó nada. Resultó una niña (aunque este epíteto no se lo confesara la madre abiertamente) prácticamente funesta, que muy pronto dio señales de un carácter especial.

Entre otras cosas, Claudia comía desaforadamente. Estaba provista de un estómago envidiable, aunque su paladar no pudiera calificarse de refinado: le daba lo mismo una cosa que otra. Primero, contemplaba el plato con expresión concentrada, no exenta de cierta melancolía. Y luego se lanzaba sobre él, y lo reducía a la nada.

Durante los primeros años, la madre luchó con Claudia, intentando inculcarle ciertos modales, explicarle lo que se tiene por comer bien y comer mal. Hasta que, fatigada, hubo de contentarse ante la idea de que Claudia, en puridad, no comía mal. Simplemente, fulminaba la comida, como fulminaba cuanto se pusiera a su alcance. Y como era de gran agilidad y rapidez, trepaba y llegaba a donde nadie imaginaba treparía y llegaría.

A los ocho años, la madre llevó a Claudia a un psiquiatra. Salió de allí llena de confusiones. No creía haber frustrado a Claudia, ni haberle prohibido algo demasiado severamente, ni que su clima familiar perjudicara a la niña, pues tanto su marido como ella eran vulgares y sanos. No recordaba ni tenía noticia alguna de abuelos sádicos, inventores o poetas. Todos fueron modestos comerciantes, sin demasiada ambición.

Claudia entró y salió del psiquiatra sin inmutarse. Poco habladora, persiguiendo seres y objetos con la mirada de sus ojos amarillos (que, a veces, se teñían de una profunda melancolía) sufrió *con aire ajeno°* tests, provocaciones, caricias y análisis.

En ocasiones, al parecerle que Claudia se sumía en una misteriosa, recóndita tristeza, la madre indagaba:

–¿En qué piensas, Claudia?

La niña no solía contestar. Mirábala con sus duros ojos, y sólo una vez manifestó:

–Tengo hambre.

Como era de esperar, Claudia creció.

A los catorce años, Claudia era más alta que sus padres, y, al contrario de éstos (de clara tendencia, ambos, a la rechonchez), Claudia resultó delgada, flexible. Sus ojos se oscurecieron raramente; o así lo parecía, como hurtándose tozudamente de la luz, en perenne y particular penumbra. Con brillo propio, de astro vivo, o ave nocturna. Ya no tenía pupilas amarillas: se tintaron de caoba, transparente y densa a un tiempo, como ciertos vinos añejos. Muy a menudo sus ojos parecían negros.

Claudia tenía la nariz corta y los labios abultados, voraces. Andaba con torpeza, no exenta de una languidez bastante elegante. Tenía hombros flacos, en modo alguno angulosos, cuello largo, casi inmóvil, como una columna, pues rara vez miraba atrás o hacia los lados. El pelo, brillante, casi compacto de tan suave y lacio, enmarcaba con desmayada indiferencia, su óvalo de pómulos insolentes. Pero no era fea, y la madre lo notaba, puesto que las llamadas telefónicas de los muchachos menudeaban, y siempre había un

con aire ajeno   with an indifferent look

jovencito o dos dispuestos a invitarla al cine, a helados o a una fiesta. Claudia aceptaba, nunca tenía negativas para ellos.

Una vez, dos chicos se pegaron, por su culpa. Claudia esperó que saldaran cuentas, trazando rayas con un palito en la arena del jardín. Luego, se informó del vencedor y se fue con él.

La madre sufría por Claudia, pero el padre decía:

—No debes preocuparte, es una criatura fuerte, llena de personalidad. Es inteligente, es atractiva. Deberías alegrarte.

Pero, a juzgar por sus notas escolares, Claudia no era particularmente inteligente. Por lo menos, parecía inmersa en una vasta indiferencia, rota únicamente para aplicarse, con madura fruición, a la destrucción de objetos. Sus manos estaban dotadas de singular agilidad para desencuadernamiento de libros, pulverización de cristales, desencoladura de muebles, fundición de plomos conductores de electricidad y provocación de cortocircuitos domésticos.

Si algún enser merecía su especial atención, posaba en él sus ojos, súbitamente soñadores, permanecía un segundo en curioso éxtasis, y lo hacía desaparecer. Devoraba sin cuartel cuanto se interpusiera entre su apetito y ella, pero nunca recordaba lo que acababa de comer. Curiosamente, no engordaba.

Poco a poco, los muchachos se alejaron de ella. Cuando cumplió diecisiete años, sólo algún audaz o ingenuo se atrevía a invitarla.

Claudia trataba a los muchachos con indiferente corrección. Era más bien dócil, y corría el rumor de que era chica fácil. La verdad es que no tenía amigas, ni amigos. Las muchachas la aborrecían, los muchachos parecían temerla. Aunque la rondaban de lejos, le enviaban insultos, la llamaban en las noches del verano, ocultos en los jardines o azoteas de la vecindad. Llamadas que Claudia oía, la cabeza alzada, reposadamente; igual que oía los maullidos de los gatos, las palmadas que reclamaban el sereno, la lluvia nocturna y estival sobre la acera. No conocía la amistad, ni el amor, ni parecía haber oído hablar jamás de estos humanos acontecimientos. Sólo la rodeaban abrasadores gritos, como fuegos fatuos, allí donde iba. Despertaba violencia, alguna amarga pasión, y en ocasiones odio. Pero a ella no la afectaba ninguna de estas cosas, y pasiones y seres eran olvidados antes de conocidos.

Cierto día, la madre encontró un cuaderno donde leyó, escrito con la caligrafía lamentable de Claudia, cosas que en un principio no entendió, pero que, poco a poco, fueron aclarándose:

Luis el tonto, Ricardo, Esteban el gangoso, José María el guapo.

Dos transistores.

Veintitrés libros y un par de folletos turísticos.

Ocho encendedores.

Cuatro navajas.

Una silla (vieja).

Ochenta y dos bombillas de 220 voltios.

Un espejo.

Continuaba una relación misteriosa: proteínas, calorías, grasas, glucosa, fosfatos, magnesio, seguido de cifras, tantos por ciento, y otras operaciones aritméticas que ya no alcanzó. Pero, al volver la última página, leyó en letra más menuda: *consumiciones en el año saliente*. Y firmaba: *Claudia*.

La madre guardó el cuaderno, en secreto, un par de días. Al cabo, consultó a su marido, aunque sin mucha esperanza:

—¿Qué puede ser esto, Anselmo? Esta niña me volverá loca. . .

Aquella noche, llamaron a Claudia:

—Hija, estamos preocupados contigo. No eres una niña como las demás.

—No soy una niña —dijo Claudia, mirándose una uña.

Bueno, como quieras. Pero lo que buscamos es ayudarte, entenderte. . .

Vanamente, esperaron encender una emoción en aquellos ojos casi negros. Al cabo de un rato, sus palabras sonaban huecas, vanas, y se dieron por vencidos. Comprendieron que todas las palabras, todas las que ellos conocían, serían para Claudia sonidos estériles, sin sentido alguno. Lo único que existía, la única realidad visible de Claudia eran sus pupilas, súbitamente bellísimas, que parecían adueñarse del mundo; de todos los sonidos y destellos, de los rumores y los ecos más lejanos, de vacíos, ausencias y presencias. Se sintieron minúsculos, insignificantes, como dos hormigas intentando escalar el techo del cielo, ante aquella negra y altísima mirada.

Claudia se fue a la cama sin hablar. La vida continuó.

Cuando Claudia cumplió dieciocho años, un hombre manifestó su deseo de casarse con ella. Claudia dijo que sí, aunque no le conocía mucho. En realidad era el primer hombre que le pedía una cosa semejante.

Los padres sintieron inquietud y alivio a partes iguales. Pero pocos días antes de la boda, don Anselmo *cogió a solas°* a su futuro yerno. Rodeó su pregunta de lo que suponía inteligentes y delicadas maniobras:

—¿Y tú por qué te quieres casar con Claudia, querido Manolo?

Manolo respondió con rapidez que traslucía anteriores y nada fútiles meditaciones:

cogió a solas   he got him alone

–Porque es la criatura más perfecta que he conocido.

Don Anselmo se quedó pensativo. Luego, a la noche, se lo contó a su mujer:

–Ya ves tú, Claudia es perfecta. Tanto como nos hemos atormentado, preguntándonos por qué esto y lo otro, de su forma de ser. Ya ves, que cosa tan simple: es perfecta.

Algo vago murmuró la madre, y apagó la luz.

El día de la boda. Claudia se levantó a la hora acostumbrada, devoró su desayuno, leyó superficialmente el periódico, se dejó vestir por su madre y dos primas solteras, soportó en silencio y sin muestras de impaciencia, que le prendieran alfileres, y prodigasen extraños e inadecuados consejos. Al fin, miró el reloj:

–Vamos.

Luego se casó, y se fue a vivir lejos. Manolo, funcionario de una compañía aérea, acababa de ser destinado al Congo.

Desde aquella fecha, los padres recibieron muchas cartas de Manolo, pero ninguna de Claudia.

Manolo les contaba cosas triviales, que les llenaban de paz: que hacía calor, pero que se soportaba bien, gracias al aire acondicionado. Lo malo era al salir de los edificios. Que había muchas moscas, y otras muchas clases de animalitos, y que estaba aficionándose a la botánica. De Claudia, solía decir: "Claudia, bien". Esto les entristecía y tranquilizaba a partes iguales.

Al cabo de unos meses, las cartas cesaron. Y cuando ya desesperaban –hacía casi un año de la boda– recibieron la siguiente misiva:

Mis queridos padres: esta carta es para mí dolorosa y difícil. Créanme que nunca hubiera querido escribirla, pero las circunstancias me obligan. Lo ocurrido entre Claudia y yo es tan singular, que en este momento no sé si puedo considerarme hombre soltero, casado, divorciado o viudo.

Ustedes saben cuánto he admirado a Claudia, que me casé con ella por tratarse del ser más perfecto con que tropecé. Yo tenía mis reservas hacia las mujeres, y puedo decir (creo que sin atentar a su pudor) que he conocido bastantes, de diverso y *variado plumaje*°. Todas me defraudaron, queriendo inmiscuirse en mi vida. Los hombres conquistamos, las mujeres colonizan. Estaba desengañado. Pero he aquí que conozco a Claudia, y me digo: maravillosa compañera, tan correcta y dulcemente indiferente. Claudia me gusta porque toma las cosas, las devora, las olvida. Me enamora, porque no llora ni ríe jamás. Además, Claudia no pide nunca nada, y toma las cosas con

---

variado plumaje   different style of women

la misma naturalidad que las elimina. Es hermosa, y no hace uso. Es inteligente, y tampoco. Me conviene. Así, pues, me casé, y pueden estar seguros de que he sido feliz con ella. Claudia se adaptó en seguida a este clima y a estas costumbres. Es decir: este clima y costumbres se adaptaron a ella. Devoró frutas exóticas con la misma actitud fulminadora que el jamón serrano y los huevos fritos. El mundo se somete a Claudia como un perro faldero. Claudia lo mira, lo toma, lo volatiliza. El único peligro consistía en ser, a mi vez, consumido por Claudia, pero yo *sabía*, yo *conocía*, y podía guardarme de su prodigiosa naturaleza. Conviví con ella, pero nunca me ofrecí a ella. Y Claudia no pide nada a nadie.

No obstante°, llegó el día del error. Todos somos vulnerables. Cierta noche, le dije: Claudia, te adoro porque nunca te vi reír, ni llorar. Entonces, Claudia me miró, y nunca he visto ojos tan terribles. Dijo: ¿Por qué me dices eso? Y me di cuenta de que había roto el encantamiento. Era como si hubiera resucitado a Claudia, y Claudia no debía resucitar. Era como despertarla, y no debía despertar. Era, como hacerle perder la inocencia, y ya sabemos lo que dice el Evangelio de estas cosas. Yo fui el que se durmió entonces, de un modo súbito, extraño, y tuve pesadillas horribles: corría hacia la selva, hacia donde creí oír, como un potro desbocado, el azote del cuerpo de Claudia, contra la maleza. Pero allí donde yo iba, el rumor y el azote desaparecían, y sólo hallaba ramas rotas, sangre, viento húmedo y pegajoso. Cuando desperté, mi cabeza estallaba, igual que pasa tras una borrachera. Claudia no estaba. Claudia había desaparecido.

No necesito decirles cómo la he buscado, cómo he llorado su indiferente compañía, su inocencia durísima, su amadísimo desinterés. Recordé mi sueño, el espectro de su huída hacia el corazón de la selva, y creí ver en ello un presentimiento.

He organizado expediciones de todas clases, he abandonado trabajo y amigos, mujeres y subalternos, he agotado mi dinero, mi puesto, mi porvenir, y mi salud. Creo que me tienen por loco, que ya soy una leyenda.

Pero no cejé.

Durante mucho tiempo, no tuve éxito. Al fin, un borracho, un aventurero, me habló de cierta tribu muy oculta, devoradora de hombres. Me puse en marcha, seguí su rastro, hallé la tribu, encontré a Claudia.

Claudia estaba en el centro del calvero, muy hermosa, los ojos muy abiertos, como solía. Las gentes del poblado le llevaban ofren-

no obstante   never-the-less

das: animalillos, flores, tortas, frutos desconocidos. Hombres, mujeres y niños de la tribu, y hasta sus flacos y repugnantes perrillos,
adoraban a Claudia, la devoradora, y entonaban a su alrededor
melodías que yo creía recordar, o que eran acaso el viento, o el fulgor
de las pupilas de Claudia ante el mundo que *se disponía a tragar*°. Los
ojos de Claudia, eso sí, un tanto melancólicos, como ante un buen
plato.

Llamé a Claudia con toda mi fuerza, pero ella no me hacía
caso. Como soy de carácter vivo, ametrallé el poblado (al fin y al cabo
consistía en gentecilla tripuda, y según oí, caníbales). Corrí hacia
Claudia, la abracé, sentí cuán fuertemente la amaba, por primera vez.
Y me di cuenta de que era un poste, pintarrajeado, quemado por el
sol y la lluvia, clavado en el centro de la tierra.

se disponía a tragar   she was getting ready to swallow

NO TOCAR

Lectura comprensiva

1. Cuando era niña, ¿qué hacía Claudia con los juguetes que su madre le compraba?
2. ¿Cómo eran los sentimientos de su madre hacia ella?
3. ¿Por qué le pusieron el nombre de Claudia?
4. ¿Qué conclusiones sacó la madre después de llevar a Claudia al siquiatra?
5. ¿Cómo era Claudia a los catorce años?
6. ¿Qué evidenciaba que Claudia no era fea?
7. ¿Era buena estudiante?
8. ¿Era Claudia muy sentimental?
9. ¿Qué encontró la madre en un cuaderno?
10. ¿Por qué quería Manolo casarse con Claudia?
11. ¿Qué emoción especial siente Claudia el día de su boda?
12. ¿Por qué fue el matrimonio a vivir al Congo?
13. ¿Qué le hizo a Claudia perder su inocencia?
14. ¿Quién le habló a Manolo de una tribu devoradora de hombres?
15. ¿Qué ocurrió cuando Manolo llegó al poblado?

Comentario del texto

a) Claudia es una muchacha completamente distinta de todas las demás. Explique en qué consisten las diferencias.
b) ¿De qué medios se valía Claudia para asimilar todo lo que estaba a su alcance?
c) Estudie la lista de consumiciones de Claudia en un año, e intente explicar su posible significado.
d) La cita de Pablo Neruda que precede el cuento es un fragmento del poema "Débil del alba", incluído en *Residencia en la tierra*. Localícela y escriba un ensayo comparativo del poema y el cuento.

FIESTA AL NOROESTE

I

El látigo de Dingo hablaba seco, como un relámpago negro. Estaba lloviendo desde el amanecer, y eran ya cerca de las seis de la tarde, tres días antes del Miércoles de Ceniza. El agua empapaba las crines del viejo caballo y el carro del titiritero rumoreaba sus once mil ruidos quemados: sonrisas de caretas y pelucas, bostezos de perros sabios y largos, muy largos lamentos sin voz.

Todo esto lo presentía Dingo desde el pescante como un cosquilleo en la nuca. Porque allí, dentro del carro pintado a siete colores, yacían el viejo baúl de los disfraces, el hermano mudo que tocaba el tambor, y los tres perros amaestrados, todos dormidos bajo el repique del agua.

Acababan de asomarse a la comarca de Artámila, en un pleno carnaval sobre la tierra indefensa. Artámila era poco agradecida al trabajo, con su suelo y su cielo hostiles a los hombres. Constaba de tres aldeas, distantes y hoscas una a la otra: la Artámila Alta, la Baja y la Central. En esta última –llamada también la Grande– estaban emplazados el Ayuntamiento y la Parroquia. De la Artámila Baja, la más mísera, de aquélla que ahora aparecía a sus ojos en lo profundo del valle, había huído Dingo cuando aún era chaval, tras una *troupe* de saltimbanquis. Dingo se llamaba Domingo, había nacido en domingo y pretendía hacer de su vida una continuada fiesta. Ahora, al cabo de los años, o de las horas –¿quién podría distinguirlo?–, su propio carro de comediante se detuvo precisamente al borde de la empinada loma, sobre aquel ancho camino que, como un sino irreparable, descendía hasta la primera de las tres aldeas. Un camino precipitado y violento, hecho sólo para tragar.

Con la mirada herida, como si sus pupilas desearan retroceder hasta lo más rojo de su nuca, Dingo vio de nuevo el valle, después de tanto tiempo. Qué hondo apareció, enmarcado por rocas de color pardo. Qué hondo, con sus casuchas medio borradas por los sucios dedos del hambre. Allí estaban de nuevo los bosques de robles, en las laderas, los chopos orgullosos, afilándose, verdes. En grupos, y, no obstante, cada uno de ellos respirando su soberbia soledad, como los mismos hombres. Aquellos hombres de Artámila, de piel morena y manos grandes. En el pescante de su carro parado, Dingo se quedó

101

quieto, con el brazo levantado en un gesto de azote. Dingo tenía las pupilas separadas, como si anduviera por el mundo con los ojos en las sienes para no ver la vida de frente. En los bordes de su capucha impermeable, en los ejes de las ruedas, las gotas de lluvia tintineaban chispazos helados. Dingo escupió y fustigó al caballo.

Oyó entonces gemir al carro entero, una a una en todas sus maderas. Se había precipitado vertiente abajo, con un gran deseo de atravesar Artámila: de atravesarla toda entera como una espada de desprecio y viejos agravios a su pesar no ovidados. Huir de allí, trepar de nuevo hasta la cumbre de enfrente, al otro lado del valle, y dejar atrás para siempre la roja charca de la aldea debajo de sus lluvias, de sus cielos implacables. Las ruedas gritaban, rojas ya de barro, cada una chillando, en sus remiendos, de un modo diferente, con una queja diferente, desconsideradamente uncidas como cualquier pareja humana. En aquel momento, Dingo creyó llevar aquellas ruedas clavadas en los costados de su propio cuerpo.

Los perros empezaron a ladrar, cayendo amontonados allí dentro del carro, y por un momento Dingo se complació en imaginar la sonrisa de las caretas perdiendo su rigidez bajo las pelucas.

Un relámpago volvió blanca la tierra. Era preciso pasar deprisa por Artámila, donde la gente no está para dramas en verso. Al otro lado, una vez alcanzada la montaña azul y lejos, Dingo podría nuevamente arrastrar su fiesta. Sus pantomimas con diez personajes representados por un solo farsante. Él, un hombre solo, con diez caretas diferentes, diez voces y diez razones diferentes. El tambor del hermano mudo sonaría otra vez, como un rezo en una cueva. El mudo y los tres perros, con los costillares temblando bajo el látigo, aguardarían el golpe y el pan al otro lado de la risa de Dingo, el titiritero. Dingo sabía muy bien que se le irían muriendo sus míseros compañeros, tal vez uno a uno, junto a las cunetas o contra los postes de la luz, por el camino. Ese día, él y sus diez fantasmas irían solos por el mundo, ganándose el pan y el inapreciable vino. Qué día ése en que solo, con su baúl repleto de cintas doradas que robó en las sacristías pueblerinas, iría camino adelante con sus diez voces y sus diez razones para vivir. Supone que le dejarán paso siempre, siempre. Con derecho, por fin, a diez muertes, al doblar las esquinas.

En tanto, el carro fustigado, una enorme risa de siete colores barro abajo, arrastraba sus parodias, y, tal vez, todos aquellos sucesos que antes hicieron daño.

Es posible que Dingo viera al niño, tal como apareció de pronto, en un recodo. Era una flaca figurilla inesperada, nueva, lenta, muy al contrario de él. Lo cierto es que no pudo evitar atropellarle. Le echó encima, sin querer, toda su vida vieja y mal pintada.

Las nubes eran muy oscuras sobre sus cabezas. Frenó como pudo, doblándose entre el gemir del carro. Unas salpicaduras de limo le mancharon la barba, como buscando la boca que juraba; y Dingo presintió un tierno y fresco crujir de huesos en las ruedas.

Luego, les cayó el silencio. Era como si una mano ancha y abierta descendiera del cielo para aplastarle definitivamente contra el suelo del que deseaba huir. Lo sabía, además. Había gritos en lo hondo que le habían advertido: "Tú no pasarás de largo por Artámila." Acababa de arrollar a una de esas criaturas que llevan la comida al padre pastor. Unos metros más allá quedó la pequeña cesta, abierta y esparciendo su callada desolación bajo el resbalar del agua.

Todo lo que antes gritara: vientos, ejes, perros, estaba ahora en silencio, agujereándole con cien ojos de hierro afilado. De un salto, Dingo se hundió en el barro hasta los tobillos, blasfemando. Lo vio: era un niño de gris, con una sola alpargata. Y estaba ya muy quieto, como sorprendido de amapolas.

Dingo no pudo evitar gritarle, con el látigo en alto. Pero en seguida se murieron en su garganta toda las maldiciones. Se agachó, callado, taladrado absolutamente por ojos, por silencio, por la lejana soberbia de los chopos que estaban contemplándole desde la ladera. Dingo trató de hablarle a aquella carita flaca y fija. La lluvia seguía resbalando, indiferente. Le pasaba al niño sus hilos brillantes por la frente, las pestañas, los labios cerrados. En aquel instante, Dingo creyó ver reflejadas las nubes dentro de los ojos del niño; los cruzaron y, lentas, se alejaron hacia otros países.

Quedaba aún media hora de camino para llegar a la aldea. Por las ventanas del carro asomaron los perros y el mudo. Las narices húmedas les temblaban y le miraban muy fijo las pupilas de vidrio amarillo. Dingo pasó las dos manos por la espalda del niño. Entre el fango, cruzó sus anchos dedos y levantó el pequeño cuerpo con la sensación de que iba a partírsele en dos. Notó en la piel una tibieza pegajosa. Los perros empezaron a aullar. Dingo les miró, encogido:

–Se ha roto –empezó a decir.

Pero el mudo, con un hilo de saliva pendiente de los labios, no le entendía. Y los ojos del niño estaban ya definitivamente negros.

Contra su voluntad, Dingo miró hacia abajo, a un extremo del poblado: había allí lejos, en el arranque mismo de la montaña, un cuadro de tierra rojiza, limitado por un muro lleno de grietas. Era el Campo del Noroeste, con sus cruces caídas, donde los hombres de Artámila escondían a los muertos. Alguien plantó, en un tiempo, junto a la tapia, doce chopos en hilera que se habían convertido en una sonrisa negra y hueca, como las púas de un peine.

Dingo vaciló, Aún podía dejar de nuevo a la criatura en el suelo y atravesar el poblado al galope. Sin parar, hasta alcanzar e nuevo una tierra sin lastre para él, sin podridos sueños, sin sangre propia. Alcanzarla, tal vez, antes de que volviese a nacer el sol. El mudo y los perros habían saltado del carro y le rodeaban llenos de expectación.

Entonces, el mudo tuvo un acceso de miedo. Era un pobre estúpido, con el alma infectada de pantomimas. Emitió un ruido ronco y se puso a gesticular, con los ojos en blanco: "Muerto el chico" –decía. "Muerto". . . "Te colgarán de un palo." Y sacaba la lengua. A Dingo le pesaba en los brazos el cuerpo del niño. "Te colgarán y te. . ." El idiota dio un brusco respingo, con los brazos abiertos, y cayó al suelo. Llevaba su tambor al cuello y al caer sonó largamente: como si en el vientre guardara escondida toda la voz que a su dueño le faltaba.

Sin duda fue aquello lo que asustó al viejo caballo. Pero ya Dingo estaba dispuesto a creer en el genio maléfico de Artámila, el genio que amargó su infancia y que, desde aquella mañana en que pisara de nuevo su tierra, estaba haciéndole muecas de maligna bienvenida.

Tuvo frío. Apretó aquel cuerpo ensangrentado contra su cuerpo. Tal vez era el genio malvado el que empujó el carro vertiente abajo, con su caballo enloquecido. Ni siquiera Dingo tuvo tiempo de gritar algo. Vio su carro precipitado de nuevo, sin freno ni gobierno esta vez, con el toldo desvencijado temblando peligrosamente y las rojas cortinillas agitándose en un desesperado adiós. La vertiente, empinada, iba a desembocar en la plaza central de la Baja Artámila. El carro no paró. No pararía hasta el corazón mismo de la aldea, rodeada de casas pardas y altos cerros. Dingo lo vio desaparecer hacia lo hondo, descoyuntado, devorado por la garganta del valle; y se quedó quieto entre los perros, con la barba empapada de tormenta y las botas hundidas en el lodo.

Aún estuvo así un rato, casi resistiéndose. Pero se abandonó. Artámila estaba esperando abajo, tan honda y tan negra como la llevaba él en el alma.

El cielo había oscurecido aún más, cuando emprendió el descenso con el muchacho en brazos. Los tres perros le seguían y, un poco retrasado, el mudo, con su tambor al cuello, tropezaba en las piedras con la hinchada seriedad de un pájaro de mal agüero. Iban en hilera, como los chopos. Debajo de la lluvia. Sin luz.

Redonda, roja como la sangre, bien apisonada su tierra dura y hosca, estaba allí la plaza de la aldea, que tan bien conocía Dingo.

El titiritero se detuvo a su borde, con el mismo gesto casi temeroso con que se apiñaban en torno a ella todas las casas del poblado. Había algo trágico allí, como en todo corazón. Estaba en el centro mismo de Artámila, en lo más hondo del valle. ¡Cómo solía hablarle el viento a Dingo, allá arriba en las cumbres! Casi de igual a igual. Pero ahora estaba otra vez hundido en su verdad, sin careta. Allí otra vez como si no hubiera años. Tragado por aquella tierra, desnudo, absolutamente solo. Se le había muerto la fiesta de un golpe.

Miró a lo alto y en torno, casi contrito de su deseo de libertad. Otra vez habían crecido las montañas con su descomunal desprecio. Allí, un hombre con diez mentiras, qué poco podía ya. Se le caían al suelo sus diez razones, y se quedaba como un árbol negro y azotado de frío. Por aquellos mismos bosques que él conocía, andaban enterrando cada tarde a su niñez. Y se recordó entonces, pequeño, bordeando los árboles, tal vez cojeando porque se había clavado una espina en un pie. Qué inútil resulta todo al fin. Los huidos, los que se quedan, los que se pintan la cara: ¡Ah, si en aquel tiempo, cuando aún era niño y descalzo, le hubiera arrollado también un carro de colores. . .! Si le hubiera abrazado la tierra. Abrazado, toda roja, los costados, la frente, la boca que tenía sed. El niño que llevaba ahora en brazos, tal vez era él mismo. ¿Cómo podría eludir su propio entierro. . .? Nadie. Nadie puede. "Los niños que no mueren, ¿dónde andarán?" Allí, pues, estaba su paisaje. Inalterable y duro, rodeando todos sus disfraces, burlándose de sus siete colores.

En el centro de la plaza quedaba el carro, caído sobre uno de sus costados, roto, con una rueda desprendida. En el suelo también, el caballo, doblado de patas, cojo quizá, con su belfo espumeante brillando de lluvia. Los ojos del animal le miraban como lunas y quizá lloraba aunque no se le oyera. El pequeño muerto le pesaba a Dingo cada vez más.

Por las ventanas del carro escapaba una algarabía parecida a la de los grajos en su primer vuelo. Entonces, Dingo se dio cuenta de que los niños de la aldea habían asaltado los restos de su vivienda ambulante. Todos los niños de la aldea. "Esos niños de la Artámila que surgen descalzos y callados, doblando una esquina afilada, sin cinturón". Aun cerrando los ojos, Dingo les veía corriendo, apareciendo por el canto de las barracas de los jornaleros. Los niños de la Artámila, debajo de la luna, con sus grandes sombras y sus breves nombres. Tal como él mismo doblara en tiempos la esquina de su casa: sintiendo el fuego de la tierra y evocando lejos, enredado en las copas de los chopos, el eco falso de alguna campana oída un año atrás, cuando le llevaron a comulgar a la Parroquia. La iglesia estaba en la Artámila Central, a ocho kilómetros de su aldea, y los niños de la Baja Artámila crecían sin campanas. Dingo miró fijamente la cara de su niño partido. Igual. Todo igual. Treinta años habían transcurrido tal vez, y eran los mismos niños, con las mismas pisadas y la misma sed. Las mismas casas míseras, el mismo arado bajo el cielo, la misma muerte al Noroeste. Treinta años, ¿para qué. . .? "Los niños de Artámila, los niños sin juguetes que ríen detrás de las manos y bajan al río a ahogar las crías excesivas de los gatos." Cuando era muy pequeño, Dingo se fabricó una careta de barro, pegándosela al rostro, hasta que el sol la secó y se le cayó a trozos, con la noche.

Ahora, a los niños de Artámila, les había caído vertiente abajo una tromba de colores, y se había estrellado allí en el mismo corazón de sus vidas. Se habían acercado, poco a poco, uno a uno. Habían contemplado, en el silencio sin principio de la aldea, desprenderse aquella rueda grande y encarnada. La vieron rodar, rodar, en dirección el río, hacia los fantasmas de perros y gatos ahogados. Pero, a medio camino, la rueda se venció, cayendo sobre su eje, y quedó girando, girando aún, cada vez más despacio.

—No tengo más remedio —se dijo Dingo—. No tengo más remedio que buscar a Juan Medinao. . .

También como treinta años atrás.

II

Se llamaba Juan Medinao, como se llamaron su padre y el padre de su padre. La usura ejercida en tiempos por el abuelo lo había convertido en el dueño casi absoluto de la Baja Artámila. Desde que tuvo uso de razón, se notó dueño y amo de algo que no había ganado. La casa y las tierras le *venían grandes°*, pero especialmente la casa. La llamaban la Casa de los Juanes, y era fea, con tres grandes cuerpos de tierra casi granate y un patio central cubierto de losas. Al anochecer, las ventanas eran rojas; al alba, azul marino. Estaba emplazada lejos, como dando una zancada hacia atrás de la aldea, frente por frente al Campo del Noroeste. Desde la ventana de su habitación, Juan Medinao podía contemplar todos los entierros.

Aquel Domingo de Carnaval, cerca ya la noche, Juan Medinao rezaba. Desde niño sabía que eran días de expiación y santo desagravio. Tal vez su plegaria era un recuento, suma y balance de las cotidianas humillaciones a que exponía su corazón. Estaba casi a oscuras, con el fuego muriéndosele en el hogar y las dos manos

venían grandes   they were too big

enredadas como raíces.

Había entrado la noche en su casa, y la lluvia no cesaba contra el balcón. Cuando llovía así, Juan Medinao sentía el azote del agua en todas las ventanas, casi de un modo material, como un redoble desesperado.

Oyó como le llamaban. La voz humana que taladró el tabique le derrumbó desde sus alturas. Volvían a llamarle. Todos en la casa, hasta el último mozo, sabían que Juan Medinao rezaba a aquellas horas y que no debía interrumpírsele. Insistieron. Entonces, el corazón se le hinchó de ira. Gritó y arrojó un zapato contra la puerta.

—Abra la puerta, Juan Medinao —le dijeron—, es el alguacil el que le llama. Viene con un guardia del destacamento. . .

Vio el zapato en el suelo, con la boca abierta y deformada. Se sintió terriblemente ajeno a las paredes, al suelo y al techo. Era como si toda la habitación le escupiera hacia Dios. Se levantó y descorrió el cerrojo. Estaba allí una criada, con las manos escondidas debajo del delantal.

—Ya voy —dijo. Inmediatamente se arrepintió de su voz. Trató de corregirla dando una explicación dulce—: Me has interrumpido, estaba rodeado de ángeles. . .

La chica torció el cuello, y tapándose la boca bajó corriendo delante de él. A las muchachas demasiado jóvenes, Juan Medinao les daba miedo o risa.

Bajó la escalera despacio. También la sala estaba a oscuras.

—¿Qué pasa? —dijo. Los hombres eran unas manchas negruzcas y sus rostros, más claros, parecían flotar en el aire. El guardia le explicó que habían detenido a un saltimbanqui por haber partido en dos al hijo de Pedro Cruz. Fue un accidente, y su propio carro había quedado destrozado en medio de la plaza. Aquel payaso pedía ayuda a Juan Medinao.

—¿Qué quiere de mí?

El alguacil y el guardia no respondieron.

—Iré —dijo entonces. Se acercó a la ventana. Miró a través del vidrio y vio negro. Aquella ventana daba al patio central de la casa, y Juan imaginó el brillo de las anchas losas debajo de la tormenta. De pronto, recordó que en su casa había luz eléctrica. Tal vez lo olvidaba, porque su infancia transcurrió entre resplandores rojos. Los propios muros estaban echando de menos las grandes siluetas temblorosas, agrandándose y achicándose al compás de las pisadas, cuando los hombres se acercaban y se alejaban. Juan buscó el interruptor y le dio vuelta. Los hombres aparecieron entonces más claros y más pequeños, con los ojos achinados por la crudeza de la luz.

Juan fue a abrigarse. Su camisa tenía un gran roto, casi encima del corazón. Lo vio al meterse las mangas del abrigo. También aquella prenda estaba sucia, con los bordes deshilachados. Un mechón le caía sobre la frente. Tenía una cabeza muy grande, desproporcionada. Parecía, al mirársele, que hubiera de tambalearse sobre los hombros. En cambio, su cuerpo era casi raquítico, con el pecho hundido y las piernas torcidas.

Bajaron en silencio. En el patio, las gotas de lluvia se clavaban como agujas entre las junturas de las losas. Abrieron la gran puerta de madera, crujiente de humedad, y salieron al pueblo.

El calabozo estaba junto a la plaza, en un viejo pajar con una ventana en lo más alto. Del centro de la plaza emanaba una algarabía infantil, mezclada al olor del barro removido. En el calabozo se guardaba generalmente al cerdo semental de la aldea. Junto a la puerta, el brillo de los tricornios bajo la lluvia resultaba casi exótico. La abrieron y le dejaron entrar.

A la luz del candil, vio al hombre. Era mayor que él, envejecido, y tenía los ojos separados, con una súplica profesional, madura. El corazón de Juan Medinao se quedó quieto, como si hubiera muerto.

—Hola, Juan Medinao —dijo el payaso—. Yo soy Dingo, el que te robó las monedas de plata. . .

Dingo. Sí, era él; con sus ojos como brazos en cruz. Era Dingo, el traidor de esperanzas y sueños. Una ráfaga de infancia le ató la lengua, quemándole toda protesta o toda frase de bienvenida. Era Dingo, Dominguín, el hijo del guardabosques, el que tenía un gato rojo con rayas en el lomo, como si lo hubieran puesto a las parrillas. Juntos, habían ahorrado y enterrado las monedas al pie del chopo apartado y solitario, al borde de aquel camino que llevaba lejos. Iban a escaparse de la aldea los dos, con sus primaveras verdes, cuando les parecía que no iban a poder soportar más su perra niñez apaleada. Claro, tajante, llevaba grabado el paisaje en su retina: aquella mañana ardorosa, cuando descubrió la traición. El alma entera le tembló, sintiéndose aterradoramente niño. En aquella tierra de fuego, demasiado lujo era una sombra. Y allí estaba la sombra del chopo, recta en el suelo, marcándole infinita la huida del amigo hipócrita, ladrón, viajero mentiroso de la nada. Querían buscar el mar, y se quedó sólo con su sed implacable, junto a la sombra perdida y dura. Aquella mañana, con sus manos afanosas estrujó la tierra removida y no encontró siquiera una carta, una burlesca carta aunque fuera, que humedeciera su seca desolación. Dingo se fue, treinta años hacía ya, con una *troupe* de comediantes y perros sabios. Y él se quedó en el centro de las gentes negras, que andaban como volando en círculo sobre su herencia: con vuelo errabundo, torvo, de ave rapaz. En el centro del odio y el hambre se quedó Juan Medinao; heredero, amo de la Artámila Baja, con su Dios crucificado y su cabeza demasiado grande que le valía las burlas de los otros chicos. Se quedó allí para siempre, en la tierra exasperada, en el dramatismo de sus árboles, de sus rocas, de sus caminos. Buscando el mordisco de las cumbres al cielo, en el gigante desdén hacia la vida, se quedó Juan Medinao sin el único muchacho que no se burló nunca de su cabezota ni le echó en cara, con puñados de barro, el hambre de sus hermanos. Cuando apenas tenía doce años y todo le era hostil, desde el padre a la tierra, le traicionó también Dingo, el que contaba mentiras y forjaba huidas imposibles. ¡Era tan grato oír hablar de huidas a Dingo! ¡Huir de la tierra, de los hombres, del cielo y de uno mismo! Dingo, el gandul, el embustero, el ladrón, el piadoso. . .

–Maté al chico, no lo pude evitar –estaba explicándole, al cabo de treinta años, con el mismo gesto, con la misma voz–. Y me quedo sin carro, sin caballo. En fin, no tengo un céntimo. Es la pura verdad. Oye, Juan Medinao: si aún te acuerdas de mí, ayúdame en esto de los juicios y préstame algo para volver a empezar.

Monedas de plata. Juan Medinao no recordaba si eran treinta como el precio de Cristo, o más de cuarenta, como sus años. Monedas de plata. "Ya no se utilizan monedas de plata. ¡Todo queda tan lejos!"

Bruscamente, se le echó encima, abrazándole como una cruz de plomo. Era un intento de cordialidad amistosa, o, tal vez, un deseo de aplastarle con todo el rencor de sus recuerdos infantiles. Treinta años no significan nada. Dingo, sorprendido por aquel gesto, enmudeció.

Juan Medinao le apretaba entre los brazos con la misma desoladora amistad de sus primeros años.

–Dingo –le dijo–, te hubiera reconocido aunque fuese muerto.

Cuando salió del calabozo, Juan Medinao parecía que hubiese llorado. Afuera le esperaba un criado con un paraguas negro. El mudo estaba allí, apoyado contra la pared mojada, con las manos hundidas en los bolsillos del chaquetón y tiritando de miedo y de frío.

–Llevad a éste a casa –dijo al criado.

A los perros no hubo quien los arrancara de allí, y ladraban lastimeramente arañando la puerta. Dingo contemplaba la escena asomando la cabeza por el ventanuco, de pie sobre el jergón. En los labios tenía una sonrisa entre pícara y conmovida. Los tres hombres se alejaban calle arriba. El paraguas tenía una varilla rota y parecía un viejo cuervo, cojo de un ala, que se les hubiera posado sobre las cabezas.

En cuanto Juan Medinao llegó a la plaza se detuvo.

—Continúa a casa —dijo al criado—. Dale a éste de comer y
mételo a dormir en la cuadra.

El criado no respondió. Limitóse a entregarle el paraguas, y
seguido del mudo continuó su camino. Juan Medinao permaneció
indeciso. Pedro Cruz era uno de sus pastores. Debía, como amo, ir a
velar al niño, y de este modo dar ejemplo de piedad. No sabía cuál era
la barraca de Pedro Cruz.

En la plaza, los niños chillaban, peleándose por los trapos de
colores y el brillo dorado que Dingo arrancara a viejas casullas,
fingiéndose devoto monaguillo. Los pequeños puños terrosos de los
niños defendían una cinta o un retal. Y allá, más allá, la rueda
desprendida y tendida en el suelo, giraba aún milagrosamente. Un
niño se cayó al suelo, arrastrando su larga cola amarilla. Los
pequeños pies descalzos no dejaban huellas de ruido sobre la madera
rota. El baúl, con la tapa desarticulada y riente, descubría sus tesoros
sin peso. ¡Cuánta risa pintada sobre el cartón! Había una única careta
que lloraba: una careta blanca, toda trazos verde lunar caídos hacia el
suelo, con la boca azul. Una niña de pelo de estopa la apretaba contra
su cara, asomada a la ventana del carro. Era de noche, bien de noche,
y no obstante Juan Medinao lo veía y lo precisaba todo: los colores,
las pisadas rápidas y las manitas ambiciosas. Los niños arrastraban los
disfraces por el lodo. No sabían nada del carnaval por el que rezaba y
se golpeaba el pecho Juan Medinao en su habitación. El carnaval que
le llevaba a proteger a los que se burlaban de su cabeza grande y le
robaban sus ahorros de niño; el que le llevaba a velar al hijo del
pastor. No sabían nada del carnaval, como él mismo. La lluvia seguía
azotándolo todo, sin piedad por los colores. Sin piedad por aquella
larga pluma verde, aquella hermosa pluma verde que se arrastraba
por el barro. La lluvia estropeaba la fiesta de Dingo, lo dejaba todo
inservible, empapado. Todas las caretas tenían lágrimas a lo largo de
la nariz. Tal vez estaban vengándole a él las monedas de plata.

Juan Medinao avanzó hacia el carro roto, y a su paso los niños
se alejaban como una bandada salvaje. Cogió a la niña de cabeza de
estopa por la muñeca. La pequeña apretaba más la careta contra el
rostro, en un tozudo deseo de refugio.

—Dime dónde vive Pedro Cruz —le pidió. La muñeca de la niña
era escurridiza como una culebra. Tal vez no le entendía, y él
rectificó:

—Dime dónde vive el niño muerto. . .

La niña le condujo. Avanzaba delante de él, menuda,
chapoteando en los charcos con los pies descalzos y rápidos. Llegaron
frente a una barraca de piedra y tierra rojas. En el muro había uno de
los carteles que estimulaban las batidas contra los lobos. Estaba

desgarrado y podrido de humedad. Juan Medinao recordó con apatía los estragos causados últimamente en sus rebaños. Pedro Cruz había huido de los lobos el invierno anterior. Tal vez ahora, en este momento, estaba también acechado por ellos. Había en la barraca una única ventana baja, muy grande, y una puerta. Dentro, vio resplandor de fuego en cálidas llamaradas. Ya desde fuera, se oía el lamento de las mujeres reunidas en el interior. Juan Medinao y la niña se asomaron a la ventana. Los cristales parecían llorar. Entonces Juan Medinao vio una tablilla que pendía de dos cuerdas y se balanceaba. La niña le señalaba con el dedo y decía algo incomprensible.

Juan Medinao empujó la puerta. En la cocina, junto a las llamas, habían tendido al niño sobre unas parihuelas: con la sangre lavada, peinado y blanco. La madre y las vecinas estaban reunidas, gimiendo. Al entrar él *callaron en seco°*. Sólo el columpio continuó balanceándose, juguete en el tiempo, como empujado por unas manos invisibles y cruelmente pueriles.

Repentinamente, volvió a ahogarle la ira. Ya estaban otra vez mirándole los ojos como cabezas de alfiler negro, hoscos y rencorosos. El amo había entrado. De nada servían contra aquellos ojos la humillación, las rodillas en tierra, las oraciones. De nada valía su gesto, su presencia. ¿Es que también iban a culparle a él de la muerte del niño? Empezó a juguetear con el botón de su chaleco. Otra vez le hinchaba la ira, le subía a la garganta, le ahogaba en su vino rojo y turbulento. Olía mal, allí dentro olía a pobreza, a suciedad. De pronto, todas aquellas cosas estaban acusándole a él: a Juan Medinao, el amo. Seguramente, por las noches, las ratas roían las cuerdas del columpio y las suelas de las alpargatas. Aquellas alpargatas mojadas que habían aproximado al fuego y expelían un humillo nauseabundo.

—Rezad —les dijo. Y su voz tenía toda la agria sequedad de una orden. Nadie pareció haber oído, no obstante.

—Reza, mujer —repitió Juan Medinao, juntando sus propios dedos, blandos y calientes. Al niño partido, sin pizca de ironía, alguien le había metido una flor en la boca. Debía de ser una flor de papel, porque en aquel mes el campo estaba seco. Y así quedaba, con el tallo de alambre entre los labios, ignorante de que le habían ahorrado para siempre la palabra sed. La madre sollozó agudamente.

—¿Se va a quedar? —apuntó una de las mujeres. No había ni temor ni afecto en su voz. Ni tan sólo cortesía. A veces, las mujeres de la tierra hablan como si hablase el tiempo, más allá de la indiferencia. Era como si todas aquellas mujeres careciesen repentinamente de

callaron en seco   stop short

ojos y de boca: sólo veía el bulto marchito de sus cuerpos y sus greñas ásperas. Se dobló de rodillas en el suelo y buscó en sus bolsillos el rosario. Tras la ventana distinguió el rostro de la niña de cabeza de estopa, que se ponía la careta y se la quitaba... al otro lado del columpio, de la lluvia y del rojo resplandor del fuego.

La madre se levantó de junto al niño. Sin dejar de llorar, empezó a moler un puñadito de café, que guardaba en una lata desde el último entierro.

III

Juan Medinao bajó la cabeza de golpe y empezó a rezar. Su oración no tenía nada que ver con su voz. Su oración era una vuelta a la adolescencia, a la infancia. A su soledad.

La niña de cabeza de estopa había desaparecido de los cristales, había retrocedido de nuevo hacia la noche, dejándose olvidada la careta al borde de la ventana. La pintura, toda trazos caídos, lloraba hipócrita debajo del agua. Estaban en carnaval. (Y así siempre: todos los hombres y todas las mujeres que se aproximaban a sus ventanas cerradas, retrocedían luego hacia la noche espesa de donde venían. Acaso le dejaban una careta apoyada en los cristales. La noche. Negra, rodeando sus actos y sus pensamientos. Ciego él para toda noche.)

También él nació en carnaval, hacía cuarenta y dos años, en una tarde desasosegada. El viento azotaba las esquinas, pegaba las ropas al cuerpo y el cabello a la frente. Los troncos del Noroeste se doblaban, sacudidos, y en el patio ladraba un perro. Su madre, aquella mujer de cintura negra que a menudo se arrojaba *de bruces*° sobre la cama para gemir y lamentarse, se lo había contado. Cuando él tenía tres años apenas, ya le hablaba su madre de aquella tarde de carnaval en que lo arrojó al mundo.

—Fue casi anochecido —las manos de su madre, que eran huesudas y febriles, le cogían la cabeza—. Yo veía el cielo desde la cama. Lo veía volverse verde, igual que un hombre cuando va a vomitar. Y creía que iba a morirme y que no podría soportarlo. Juan Padre estaba ausente, y el médico llegó borracho, como de costumbre. Medio doblado sobre el caballo y salpicado de barro. Tu padre me había traído de muy lejos, de mi tierra, donde había iglesia y tiendas. Aquí, a mí me parecía estar enterrada y tan sola como un muerto.

de bruces   face downwards

En la aldea decían que la madre estaba loca, loca y endemoniada en la casa roja, con sombra siempre guardada en los rincones. Sombra en la que ahora él, con luz eléctrica, intentaba desnudar recuerdos infantiles. Su infancia transcurrió aterrada por los ángulos negros, por los escalones que crujen en la oscuridad, por los murciélagos que se pegan en la pared fría y desapacible de la alcoba. Los primeros recuerdos del padre eran atroces. El padre era la brutalidad, el temor, la fuerza avasalladora y lejana, los golpes en la espalda que queman como humillaciones. El padre era la risa, sobre todo. Idioma extranjero a su sentir, a su vivir vacilante de niño feo. "La risa cruel e imposible, que uno no podrá jamás conseguir."

Un día el padre estaba en el centro del patio. Tenía las piernas como troncos de árbol, enfundadas hasta la rodilla en botas de cuero. Parecía brotado del suelo, vibrante hijo de la tierra, con la cascada de rizos negros de su barba temblando sobre el pecho. Sacudía la cabeza al reírse, y el sonido de su garganta era risa siempre, siempre risa, aún cuando blasfemase o amenazara. Y allí, en el centro del patio, con su látigo en la mano, estaba viendo cómo desollaban a un toro que se mató en el barranco. De pronto, levantó un brazo y descargó un golpe sobre el cuerpo muerto. Dos criadas que había allí rieron estrepitosamente. Juan Niño, que no sabía jugar, vio la línea blanca volverse más roja, más, y así, temblando, fundirse en una espuma candente que cayó al suelo en gotas como lumbre. Eran flores. Flores de una fuerza imposible, de un aroma vivo que crispaba la piel. Juan Niño tenía una cabeza demasiado grande sobre el cuerpo. Se llevó las manos a las orejas y huyó del patio, donde a Juan Padre le gustaba que rieran las criadas.

Juan Niño tenía cuatro años blancos, sin refugio ni horizonte.

El párroco de la Artámila Central fue un día a visitarles y a comer galletas con media nuez en el centro. La madre y él escucharon sus palabras respetuosamente. La madre tenía la cabeza baja, las largas pestañas temblándole sobre las mejillas, y retorcía entre los dedos una punta de su chal. El párroco acarició los hombros de Juan Niño y le dijo que un día, vestido de blanco, podía tragarse a Dios. "Y pedirle favores", apuntó la madre, tímidamente. Entonces supo Juan Niño que debía rogar durante toda su vida por la salvación de Juan Padre. Por él y por todos los hombres pecadores, inconscientes y fuertes, que pegan con un látigo a la carne cruda. Y también por las mujeres pálidas y eternamente ofendidas que lloran de bruces sobre la cama. Y por los párrocos ancianos que sufren de asma y deben andar ocho kilómetros tragando polvo encarnado, para llevar la voz de Dios a las criaturas olvidadizas y duras. Pronto comprendió que Juan Padre era jugador y generoso, cruel y descreído. Su voz poderosa, hacía temblar la medalla de plata en el pecho de Juan Niño. Los ojos de Juan Padre eran claros: ojos de cazador, brillantes, coléricos y risueños. Ojos de escarcha y vino, de flor venenosa. Esa flor que crecía junto al río, entre los mimbres de gitano, y que al cortarse manchaba los dedos con un jugo que no debía llevarse a los labios. Toda la miseria y la avaricia de Juan Abuelo se trocaron en derroche y despreocupación en Juan Padre. Era malgastador, fanfarrón y borracho. No había querido casarse con una campesina, y por eso trajo un día de allá, tras las montañas, de un pueblo donde había escaparates con cintas de colores, rosarios de oro y agua de colonia, a una mujer de manos cuidadas, llorona y asustada, a quien no amó. Juan Padre la abandonaba en la casa grande, y se iba más allá de la última Artámila. Les olvidaba a ellos y a la tierra, y traía objetos de lejanas ciudades que se enmohecían amontonados en su habitación. Juan Padre bebía cada vez más. Un vino granate y otro dorado como la luna del trigo. Y era todo él como el viento frío que cierra las puertas de golpe y atemoriza las hojas en octubre. Y se iba, se iba siempre. Y los ojos de Juan Niño le veían montar a caballo, en el patio, y cruzar la empalizada, y veía cerrar la gran puerta de madera tras él. Y Juan Padre tardaba, siempre tardaba. Se iba como todos los hombres y todas las mujeres, como el dulce tono malva de nuestro invierno y como el tiempo de las uvas y como las hojas. Y cuando volvía, uno lloraba por lo que antes sonreía, y sonreía por lo que antes hacía llorar. Pero siempre se era el mismo. Y siempre se quedaba uno tan solo: con el silencio ofendido de la madre y las burlas de los hijos de los jornaleros, que se reían de su cabeza grande y sus piernas torcidas. En la casa grande, donde había en la pared del comedor un retrato seco y amarillo de Juan Abuelo, más cerca de ellos y de sus lágrimas, se miraba al espejo maravillándose de proceder de la tierra; de la tierra que alberga agua y ratas, flores como soles y culebras azules. Todo iba a ser para él un día. El trabajo de los jornaleros y el de los hijos de los jornaleros, le pertenecía. Casi toda la Baja Artámila, desde la viña aquella embarrancada y en declive cuyo fruto tardío mataba el invierno, hasta el alto oro del verano. "¡Oh, sombría tierra, oscura tierra que da y quita como Dios!" ¡Era él tan distinto a todo lo que le rodeaba! La madre era el ángulo derecho de la sala, tenebroso y mal limpiado por las criadas: el vértice de lo negro, de los cuentos de miedo, las supersticiones y las velas a San Antonio. Era las hormigas del rosario, en ruta de negocios hacia el alma, enredadas en caravana negra sobre la muñeca, donde late la sangre desacompasadamente.

　　Allá afuera, en el patio, bajo otro cielo más azul y raro, había jornaleros y criados que celebraban la fiesta de agosto, tras la parva

del trigo. Las losas del patio central, tenían adherido un polvillo
dorado y perenne, parecido al que impregna las alas de las mariposas.
Y como si esto fuera poco, aún había paja entre las junturas de las
losas, centelleando. Uno de los criados sabía tocar el violín. Acom-
pañado de la guitarra, conseguía tonadas extrañas y gimientes,
movedizas y lánguidamente cadenciosas, de una dulzura densa que se
introducía en las venas y obligaba a dar vueltas y más vueltas en la
cama. Una noche, Juan Niño no pudo resistir más en su pequeño
lecho. La cadencia pegajosa y caliente bamboleaba la cortinilla
blanca de su alcoba. Bajó descalzo, a escondidas, hurtándose tras una
de las columnas del gran patio central. Entonces los vio bailar y
beber. Reían en un barboteo bajo y siniestro, como el agua que
socava las entrañas del campo. Fue entonces cuando se fijó en el
esplendor repentino de aquella criada, Salomé. Hasta aquel
momento, no pasó de ser una más, de piel quemada y blusa blanca.
Pero ahora alguien le había traído de lejos unos pendientes de plata y
un vestido insólito, jamás visto. Casi era un insulto, como toda su
persona, entre la bestial uniformidad de las mujeres de Artámila. Era
un vestido a rayas verde y rosa. De improviso, ella era, se aparecía,
como un gran insecto exótico, celebrando la parva en el centro de la
música, sobre el polvo de oro de las losas. Su sombra, bajo las vueltas
rápidas de los descalzos pies castaños, era una mancha azul y elástica
que le incitaba a tender las manos y sumergirlas en ella como en un
charco muy frío. Sus manos pálidas de niño, con las uñas carcomidas y
las muñecas ardorosas. Sin que nadie viniera a contárselo, él, Juan
Niño, a los cuatro años, lo supo. Lo supo sin saber nada, sin haberles
visto nunca juntos. Y, en torno a Salomé, ni los tres cuerpos pesados
de la casa, ni las altas montañas, ni la lluvia y las mariposas negras, ni
los gritos del cuervo y el azotado viento del Noroeste, podían apagar
el color verde y rosa y aquella música de los pendientes de plata.
      Desde aquella noche, Juan Padre y Salomé le aterraban y le
atraían, le daban ganas de huir y refugiarse en Dios o al Noroeste.
La madre decía que Salomé era una mala mujer, pero no podía
arrojarla lejos, porque Juan Padre existía, brotando del suelo, violento y vivo como una hoguera implacable. Nadie podía echarla a la
calle. Fascinaba su existencia, aún cuando el vestido un día se hizo
jirones y sirvió para asustar a los pájaros en primavera; aún cuando
continuara luego vistiendo la burda blusa blanca y, a veces, la viera en
la era comiendo con los dedos. Reía sobre la paja, y levantaba los
brazos hacia el sol, descubriendo grandes manchas de sudor en los
sobacos. Juan Padre y Salomé, eran como el río crecido, como la
tierra roja y encendida que el viento arrojaba contra la ventana
cerrada de Juan Niño. En tanto la madre era la brujita exasperada,

con los ojos amoratados y los labios blancos de orgullo. Ah, cuando Juan Niño nació, por algo ladraban los perros en el patio de las mariposas. "Esa mala mujer –decía la madre, conteniendo sus lágrimas– se abrasará en el fuego negro del infierno." Le parecía aún estar escuchando la risa intempestiva de la madre, desvariando fantasías de lo que sucedería a Salomé en la otra vida. El corazón de Juan Niño, entonces, naufragaba en Dios: en aquel Dios que tenía campanas en la Artámila Central. Y lo amaba y esperaba, porque no podía amar ni esperar nada de los campos ardorosos, ni del chasquido de los látigos, ni de los hombres y las mujeres que se perdían en los surcos y se hacían cada vez más pequeños hacia el horizonte. Aunque no sabía quién ni por qué era Dios, tuvo fe en Él. Su fe era como la sal del mar, que él no conocía. Aún no había leído nada del Catecismo, y cuando un día lo cogió en las manos por primera vez tuvo miedo. "Me lo van a estropear", intuía. Era obligarle a pensar en Dios, y a Dios había que dejárselo así: dentro del corazón, puro y primario. Tenía cinco años, cinco años tan sólo, y, sin embargo, sabía todo esto. Lo sabía, como sabía que en otoño arderían las cosas en vida. Como sabía que aquella viña tan hermosa que había plantado Juan Padre no sería vino en la Artámila dura y frugal, donde bastaban el pan y el agua debajo de la tormenta y el fuego del verano. Supo tan pronto todo, tenía desde tan niño en el corazón la levadura de la vida, que se le encalló, se le enfermó como una maldición para toda su existencia.

Algún día, aunque aún era muy pequeño, su madre le envió a la escuela con la recomendación de que sólo le enseñaran a rezar. La escuela estaba distante, en el camino que llevaba lejos, con paredes marrón y tejado agujereado de donde pendían nidos muertos. Sin jardín. También los cristales estaban como acuchillados y al llover todo gemía, los bancos de madera y los cromos del Evangelio. Le cayó un librito entre las manos. Era pequeño, diminuto, entre la Geografía y la Aritmética. Tenía grabados, y decía en la primera página: "TE SANTIGUARÁS." El maestro se lo explicaba, rascándose una oreja con un palillo, porque él aún no sabía leer. Era preciso llevarse el dedo pulgar sucio de tinta a la frente y los labios. No, no. Dios era más grande y más serio. Tal vez sólo las campanas hubieran podido rezarle. El maestro era calvo y le daba al Catecismo un tono fatigado, entre humo de tabaco. Con sus dientes manchados de nicotina hablaba de amor de Dios. Juan Niño no quería ir más a la escuela, no quería ver más al maestro ni a los otros niños.

Por entonces ocurrió aquello trascendental en su vida. Nació Pablo, el hijo de Salomé. Era en agosto, tiempo quemado y violento, muerto ya el verde, cuando los mojados hoyos del sendero se vuelven de humo negro.

Salomé se apagó. Era como si ya sólo quedara el tintineo de los pendientes de plata en torno a su rostro inexistente. Como si la imaginaria música de los zarcillos cantase a una mujer que nunca había nacido. Los pasos de Salomé recordaban los de un pato, y su vientre abultado devoró la gracia de sus quince años. Juan Padre estaba ausente otra vez.

Una madrugada, Juan Niño se despertó al rumor de pasos en el patio. Junto a la cuadra dormía una vieja criada que ayudaba a traer al mundo terneros y hombres. Juan Niño escuchó incorporado, con el corazón anhelante. Todos sus huesos presentían la proximidad del hermano. Saltó de la cama, excitado. Se puso la camisa y los pantalones y bajó al patio con los pies descalzos.

Afuera, los mosquitos zumbaban y brillaban, formando parte integrante del calor. Vio la silueta apresurada de la vieja, maldiciendo por la interrupción de su sueño, que corría tras la hermana mayor de Salomé abrochándose la última de sus innumerables faldas. *Por lo demás*°, todo quedaba tan quieto e indiferente, bajo la rosada luna. Los otros criados estaban rendidos de cansancio, dormidos. La gran puerta de la empalizada chirrió. Las dos mujeres corrían hacia las barracas de los jornaleros. Una luminosidad de miel hacía resplandecer el suelo, donde las estacas de la valla proyectaban largos brazos de sombra hacia Juan Niño. Venciendo su miedo, las siguió hasta allí donde vivía Salomé con su hermana y el pequeño Agustín.

Las mujeres entraron y cerraron la puerta. Jadeando por la carrera, Juan Niño se sentó en el suelo con la espalda pegada al muro de la barraca.

Luego, todo calló. Sólo oía el silencio vibrante de la sangre dentro de las sienes y el rumor de los insectos, obsesionantes y azulosos, en la oscuridad que le invadía. De pronto estallaron los gritos de Rosa, la hermana mayor de Salomé, que despertaba a Agustín y le ordenaba salir afuera. El gato se escabulló por la rendija amarilla de la puerta y huyó al campo. En la esquina de la barraca, una cañería desembocaba en un cubo de madera. Aquella era la única barraca que poseía un pequeño depósito de agua, invención del niño Agustín, cuyo raro mecanismo nadie había logrado poner en claro. Empezó a gotear. Cada gotita de agua, espaciada y musical, era como un luminoso recuento de segundos, chispeando bajo la luna. Bruscamente, se abrió la puerta y salió Agustín, manchado ya por la tierra de Juan Padre. El resplandor le aureoló la cabeza. Juan Niño se pegó más contra la pared y contuvo la respiración. Agustín vaciló un segundo. Iba medio desnudo y llevaba dos cubos. Sus brazos flacos,

Por lo demás   aside from that

rígidos, pendían a lo largo del cuerpo. Luego, desapareció tras las otras barracas, hacia el río. Su pequeño depósito estaba agotado. Juan Niño se deslizó por la puerta que Agustín dejara abierta. A la derecha había un hueco muy oscuro, junto a la cocina, donde guardaban los aperos de labranza y un látigo de cuero cuya proximidad le dolía. Juan Niño se acurrucó entre los rastrillos y las guadañas. Presentía, sin oírlo, un largo grito. Y vio el vaho del agua que hervía en la cocina. Nacía un hombre, allí, tras la puerta del dormitorio. ¿Acaso se le parecería?. . . No. No. Nadie sería como él. Él estaba solo entre todos. ¿Por qué había nacido? Las lágrimas, largas y lentas, le cayeron calientes sobre una mano. Sus cinco años aparecían sacudidos por la conciencia de su soledad. Iba marcado, tal vez. Pero su Dios le salvaría de los hombres. ¡Tenía aún que esperar, quién sabía cuánto tiempo! ¿Y si muriese? Le asaltó el pensamiento de que, a medida que el hermano nacía, él debía morir. Sí. Le encontrarían, al día siguiente, entre las azadas y los picos, como un muñeco desmoronado. Pero no murió. Y aquella larga espera fue la antesala de la que arrastraba aún hoy sobre la tierra.

Por un momento, Juan Niño pensó entonces: "Tal vez si ese nace, yo no estaré más solo." Pero un hijo de Juan Padre y Salomé sería como un río atravesando resecas llanuras bajo un gran sol. Sobre una tablilla, una vela flaca mantenía su llama. Dos moscas se perseguían en torno a ella y Juan Niño oía caer la cera derretida sobre la madera del suelo. Él amaba el fuego, y siempre llevaba fósforos en el bolsillo, para prender ramitas y paja en un ángulo del patio, cuando todos estaban en el campo y nadie, excepto los perros o su madre, podían verle. Un violento deseo empezó entonces a roerle: prender fuego a la barraca y morir junto al hermano no nacido. Morir los dos, y que el viento los barriera confundidos y los lanzara hacia el horizonte, donde no se sabe más. Pero casi en seguida se dio cuenta de que aquello era un crimen y mancharía lo blanco del alma. Sólo entonces, quiso poder ver cómo nacen los hombres. Habían obligado a Agustín a saltar de su sueño y salir al campo. Lo alejaron, porque tal vez aquello era feo. Su madre le había dicho: "Horrible", al nombrar la tarde en que él naciera. Ahora, ni el viento ni los perros aullaban. Un silencio tórrido empapaba los cabellos y la frente, en torno al que se acercaba. La vela se apagó, y quedó el pábilo azuleando, como un gusanito que se muere.

Entonces, la puerta del dormitorio cobró vigor: como una fuerza negra, tajante, frente a él. Era una puerta de madera vieja, las tablas no encajaban bien y dejaba escapar cuchilladas amarillas. Lentamente se acercó y apoyó la cara en ella, con los ojos asomados a una de las rendijas. Al principio no vio nada, y luego sólo un trozo de pared manchado de humedad. Un aroma a carcoma y moho le invadió, y sintió que el sudor le pegaba la frente a la madera. De este modo, distinguió una araña muy negra que ascendía torpemente al techo. Estuvo quieto hasta que desapareció de su breve campo visual. Percibió pisadas y voces. Pero nadie se lamentaba, nadie gemía. Claramente, comprendió que Salomé no sería nunca más la reina de la parva. Su vestido verde y rosa, era ya de ceniza. ¡Oh, no quería ver, no necesitaba ver nada! El corazón le golpeó, brutal. Dando media vuelta, echó a correr.

En el umbral tropezó con el escalón y cayó a tierra. *De bruces°*, sintió la llama viva del suelo en toda su crueldad. Penosamente se sentó y miró sus rodillas, que empezaban a gotear una sangre oscura. Una larga gota casi negra, serpenteaba a lo largo de su pierna. En aquel momento salió del dormitorio y le vió. Era Rosa. Se acercó a él, con las manos mojadas sobre las caderas. Él levantó la cabeza y sus ojos se encontraron, silenciosos, quietos. Juan Niño, no lloraba ya. Pero su cuello aparecía estremecido levemente por un hipo infantil. Ella tenía treinta años, quizá, y alrededor de sus párpados se apretujaban finas cuchilladas de tiempo. Le caía una flaca trenza sobre el hombro e iba a medio vestir, con la piel partida en dos colores: más pálida allí donde el sol no le llegaba nunca. Todo era agostado en ella, con segaduras tempranas y contornos rendidos. No tuvo lástima de Juan Niño, como no la tenía de Salomé ni del que nacía. Pero se inclinó, cogió del brazo al hijo del amo y lo entró en la cocina. Siempre trabajó para lo que no le importaba ni siquiera le pertenecía.

El fuego de la cocina era nuevo, los troncos estaban frescos aún. El vapor del agua empañaba el vidrio de la ventana y hacía ardiente la respiración. Sin hablar, le lavó las rodillas. Luego, le empujó a la puerta de la calle y la cerró a su espalda.

Afuera, Juan Niño, se secó las lágrimas con el antebrazo. Tras las montañas, brotaba un día inflamable. Aplastado por un poder incierto, se dirigió a la primera colina, donde estaban emplazadas las eras. No podía, no podía ir a casa y dormir. Había nacido su hermano. En la primera era, estaba amontonado el trigo a medio limpiar. Pesaba el calor, en un silencio irritante. Las losas de la era estaban todavía calientes, y se echó boca abajo, con la cara escondida entre los brazos. Sólo tenía cinco años, pero mil precoces sufrimientos le volvían así, tendido y doloroso, frente a la vida. Había oído mucho silencio y muchas palabras. Era de los que van de puntillas y pegan la oreja a las cerraduras. Juan Niño se abandonó plenamente al suelo, y lenta, sensualmente, le nació el odio y el amor al hermano. "Acaso sea hermoso y fuerte'', decía algún ángel a su oído. Se miró las manos, pálidas y manchadas de tierra. Entonces, le invadió una ola de sangre, de flor de sangre, tan intensa que le produjo náuseas. Aquel aroma brotaba de él mismo y enrojecía su cerebro y el interior de sus párpados. Luego, sin saber cómo, se durmió.

Le despertó la algarabía de los campesinos que subían a la era con los caballos. Juan Niño echó a correr de nuevo. No quería que le vieran. No podía soportar que le vieran y pensaran: ''¡Qué hermoso y fuerte es el hermano!'' Puerilmente, creía tener un hermano hombre, no una criatura débil y rojiza como cualquier recién nacido.

Un voz le llamaba, largamente, allá abajo. Era un criado de su casa, que iba buscándole, porque seguramente la madre le echaba en falta. Corrió río arriba, hacia la montaña. Volvió un momento la cabeza hacia atrás, con la respiración anhelante, y miró hacia la era con un pueril terror hacia todas las gentes. Una niña estaba sentada en un banquillo, bajo un gran montón de heno, toda prendida por el sol. Aún no trabajaba, tendría sólo tres o cuatro años y había tendido sobre sus rodillas el cuerpo rígido de un muñeco. ¡Un juguete era algo tan extraordinario e inaudito en la aldea! El muñeco tenía largos cabellos amarillos que caían perpendiculares al suelo, y la niña los acariciaba con sus manos precozmente delgadas. Juan Niño continuó su carrera, más deprisa. ¡Todo le hacía tanto daño! Siguió el borde del río, entre los mimbres. Encontró el rastro de un lebrel y dió al fin con un pastor que guardaba unas ovejas. Aquel hombre no estaba al servicio de los Juanes y guardaba su propio ganado. Era viejo, estaba sentado en una piedra con las manos en las rodillas. Hacía tiempo que no se cortaba el cabello, y le caía en blancos mechones sobre el cuello. Parecía mudo e indiferente, con sus ojillos clavados en el vacío. Juan Niño se acercó a él llevado del mismo sentimiento que le empujara antes a tenderse sobre las piedras de la era. Se sentó a sus pies. ¡Necesitaba tanta paz! Era muy pequeño, y la sombra de aquella gran vejez le sumía en un sueño dulce, como una canción de cuna. No quería conocer tantas cosas, sentir tantas cosas. Sus huesos eran aún como juncos verdes, sus manos estaban apenas dibujadas. Le llegaba el olor a cuero del pastor y todo el despertar del campo, con los tallos empujándose alegremente como niños, al paso del lebrel. El hombre viejo, en cambio, parecía de piedra, menos humano que los robles y las nubes.

Juan Niño levantó la cabeza y dijo con su vocecita aguda:
—Ha nacido uno.
El pastor seguía impasible. Juan Niño añadió:
—En la barraca de los Zácaros. . ., de Salomé.
Entonces , el pastor dijo:

–Puta.

Juan Niño se volvió a dormir. Cuando despertó de nuevo, las piedrecillas del suelo se le clavaron en las mejillas. El pastor quedaba más alto, cortando pedacitos de pan. Uno lo daba al perro, y el otro se lo comía. Juan Niño se fue hacia él y comió también. De repente, el viejo apoyó la punta de la navaja en el pecho del niño. Como si hubiera estado meditando hasta entonces todas sus palabras, y las soltara con violencia, irreprimiblemente, dijo:

–Míralo. . . –y era como si lo explicara al lebrel–, ¿qué va a hacer con La Artámila éste? Yo vi cómo la ganó su abuelo, el barba de chivo. Yo no les debo nada, pero, ¡ay de los otros! Desde entonces, ¿quién en la aldea no les debe a los Juanes?. . . Recuerdo, cuando mis hijos se iban muriendo en el año de la gripe, que el viejo se llegaba a mi casa con el engaño de los préstamos. Pero yo le apedreé, y le dije: "Largo de aquí, alguacil del diablo, no te beberás mi sangre, aunque ardamos todos al sol." Bien: a él sólo le dieron un hijo, malo y estúpido. Y, de aquél, este otro, raquítico y cabezota. ¡Buen camino llevan, raza de uñas largas! Tú, pequeño, si no te pudres antes con la tierra entre los dientes, ¡quién sabe si ese que han dejado nacer no te dará guerra!

Escupió y guardó el pan en el zurrón. Juan Niño le siguió silencioso, y pasó el día a su lado.

Con él, regresó a la aldea, ya con muchas sombras galopándoles a las espaldas. Juan Niño cruzó las barracas. La noche lo devoró todo, se bebió matices y colores, dejando bajo la luna grandes esqueletos de cal. Estaba vacío el banquillo de la niña junto al heno. Tan sólo los mosquitos, en nubes centelleantes, proseguían su tórrida canción.

Juan Niño no sentía su cuerpo. Aquel día de ayuno le volvió ligero. Convertido en una pequeña llama, crepitaba en un latir rojo, constante. Avanzó lentamente hacia la casa, en línea recta, como un alucinado. Todo el cielo se moría de sed.

Ahora, si había regresado, Juan Padre le azotaría desnudo. Y si no, la madre le cogería la cabeza entre las manos, lamentándose de su ausencia. Diría que un muchacho no huye de casa.

En la aldea ocurría algo extraño. La puerta de la empalizada estaba abierta. Por encima del tejado se había parado la luna. En el patio, tres mujeres estaban sentadas en el suelo, en hilera, con los mantos sobre la cabeza y las manos abandonadas en las rodillas. Manos de campesina, ociosas, abandonadas sobre la falda negra. Esto le dió la verdadera sensación de anormalidad. Los pies de Juan Niño se detuvieron. Entonces se dió cuenta de cómo le estaban mirando las mujeres, el mozo del establo y la luna. ¡Oh, luna quieta!

Nadie le había contado a Juan Niño el cuento del viejo que llevaba leña a la luna, pero también a él prendía los ojos, como a todos los niños del mundo. En la puerta de la casa apareció una de las criadas. Al verle, se tapó la cara como si fuera a llorar. Juan Niño comprendía que debía continuar avanzando, avanzando, hasta que una fuerza ajena y superior se lo impidiera. Cruzó el patio y subió la escalera. En el cuarto de la madre había luz, y en el suelo se recortaba el cuadro amarillo de la puerta. Era una luz especial, una luz con olor, gusto y tacto. No había en ella nada violento ni deslumbrante. Vidriosa y densa, emborronaba la oscuridad como un aliento. Siguió avanzando, menudo y solemne, con los brazos caídos a lo largo del cuerpo. Al cruzar el umbral, su sombra apenas dejaba en el suelo un negro parpadeo. En todo él había algo de temblor estelar, de hierba azotada.

Se detuvo, al fin, junto a los barrotes de la cama. Rígida, con la cara tapada, estaba la muerte servida en el lecho. Allí, la cintura breve y negra y las manos amarillas que no iban a tocar más su cabeza. La habitación parecía llena de moscas que zumbaran. Entonces rodó de un solo tajo todo el calor de la noche. Por uñas y ojos, le entró invierno, y parecía que huía su sangre como un río. ¡Ser niño, tener sólo cinco años! De pronto, se encontró abrazado a ella frenéticamente, sin un solo golpe de corazón. Era como si la vida se le hubiese detenido y ya nunca más pudiera volver a respirar. Le arrancó el lienzo de la cara, y la vio hinchada, de color morado y sanguinolento. Se había ahorcado.

Entonces, cuando le sorprendió el tinte animal de su propia voz, entraron los criados y le apartaron de la muerta. Salieron como una bandada de detrás de las puertas y los rincones. Pero ya nadie podría borrarle la visión de los ojos abiertos. En adelante, cuando le venía a la memoria el recuerdo de aquella noche, veía, en lugar del rostro de la madre, un par de ojos con muchas cintas encarnadas y azules, como toros con su divisa al viento. La lloró como un perro, tendido en la esterilla del suelo, traspasado de soledad, afrentado y roto su amor verde y agrio de niño. Madre muerta. Madre muerta. Estas dos palabras le herían con filo de hielo. Qué pálida se puso la luna. No podían sacarle de la habitación, se pegó al suelo ferozmente. La garganta se le llenó de fuego, ronco de sollozar, y al amanecer, entre el rumoreo de los rezos de dos criadas, se durmió.

Unos cascos de caballo le sobresaltaron. Habían avisado a Juan Padre. La luz del sol entrante volvía roja y dorada la habitación, y las cortinas de lienzo parecían arder. Aún le sacudía los hombros una desesperación sorda, profunda, que ni siquiera comprendía bien. Estaba dolorido, lleno de mocos y de baba. En la ventana, una abeja intentaba penetrar por un repliegue de la cortina.

Los cascos del caballo, chirriaban en las losas del patio. Luego, aquel pisar conocido y temido, que hacía crujir los peldaños, se acercó.

Lentamente, Juan Niño, se incorporó. Parecía un santito de cera. Juan Padre entró. Nunca le había parecido tan grande y rojo. Un fuerte aroma invadió entonces la habitación, como si todo el bosque se hubiera puesto a soplar por las rendijas. El aroma a resina y cuero nuevo, desplazó la neblina de zumbidos y muerte. Juan Padre, inmóvil, estaba parado y mirándole. Tenía los ojos llenos de terror.

Bruscamente, el hombre pareció doblarse. Le vió muy cerca, sacudido de dolor y miedo. Le cogió en brazos y lo sentó en sus rodillas. Lloraba sin lágrimas, y en aquel llanto había mucho de sorpresa dolorosa, una sorpresa de niñote bestial que le eximía de culpa. Y entonces, junto al llanto seco del hombre, Juan Niño intuyó milagrosamente a su padre, por primera vez. Adivinó que no había en él maldad auténtica. Era estúpido nada más. El llanto tenía también mucha semejanza con su risa. Era su risa de siempre.

Algo se derrumbó ante Juan Niño. El padre perdía lejanía, perdía fuerza. Era un pecador más, uno de los pecadores por los que le habían enseñado a rezar. Un pecador vulgar, como el que no va a misa o roba fruta. Juan Niño, se mantenía duro en las rodillas de su padre. Cerca de sus mejillas los labios ásperos del hombre emitían un ronquido profundamente terreno, casi palpable. Juan Niño empezó a sentirse blanco, frío y distante como un ángel.

En aquel momento, Juan Padre le cogió las manos y se las besó torpemente, mientras decía:

—Toda es culpa mía, culpa mía. Yo tengo toda la culpa. Ella era una loca del diablo, maldita sea, pero. . . *¡qué cuerno°*, era tu madre, y por mí, por mí, te has quedado sin ella! ¿Cómo no pensé que estaba lo suficientemente chiflada para hacer esto? Pobre hijo mío, per-dóname.

La abeja se había quedado quieta y en silencio, presa en la cortina como un botón de oro. La sensación de debilidad huyó. Juan Niño era ahora el fuerte. Su fuerza era densa y podía ahogar, lenta y dulcemente, como un mar de miel. Las últimas palabras del padre tomaban cuerpo: perdóname. Perdóname. Hasta el mismo dolor se detuvo, pero lo comprendió. Un vino ardiente le entraba en las venas y se agolpaba en el cerebro. Juan Niño avanzó una mano y sin timidez acarició la cabeza de su padre. No le quería. No le querría jamás. Pero acababa de hallar una espada que siempre le iba a pesar en la mano

¡qué cuerno!   what the devil!

derecha. Que nunca había de abandonar. Era el perdón contra el prójimo, el perdón hecho de plomo de los débiles.

–¡Pobre hijo. . .! –seguía diciendo en tanto aquel hombre brutal.

Pero ya de esto hacía cerca de cuarenta años.

IV

–Tú no sabes el daño que me hiciste. . . Pero te perdono. Te perdoné al día siguiente mismo: en cuanto vi que habías escapado con el dinero –decía ahora, a aquel viejo amigo, a aquel único amigo que tuvo en la vida.

Los ojos de Dingo estaban diciendo en tanto: "Pero, vaya por Dios, aquellas cosas de chicos." No obstante, miraba furtivamente al suelo y a sus manos esposadas. Se lo llevaban a la Artámila Central, donde residía el juez. Después le conducirían a Nájera, para procesarle. Juan Medinao había venido para prometerle su apoyo. Como siempre.

–Dingo. . . ya sé qué estás pensando: que sólo fue una ratería de chiquillos sin consecuencias. Bueno, tal vez tengas razón. Pero oye esto: te llevaste mi libertad, te llevaste mi vida. Sí, te la llevaste tú, y me dejabas entonces sin un solo amigo, sin un agujerito para sacar el hocico y respirar. . .

Qué pasión había en su voz ahora. Y continuó:

–¿O es que no te acuerdas ya de aquellos tiempos?

Los guardias estaban dispuestos. Con el tacón apagaban la ceniza y los rescoldos de la hoguera que habían encendido para calentarse antes de emprender el camino. Se *mascaba en el aire*° el malhumor y los ternos. Las manos de Dingo se ponían azules por las esposas y el frío. "Me va a largar ahora un sermón, pero paciencia. Al fin, me ayudará y quizá me compre un carro nuevo. . ., ¡cuando eso llegue, no me ve más el pelo, ni él ni esta tierra *que el diablo confunda*!°" Siempre fue así, desde niños. Juan Medinao tenía que hacer historias piadosas antes de prestar un duro. Pero lo prestaba, y no lo reclamaba. "Cada cual arma sus comedias, y las representa a su modo", se dijo Dingo filosóficamente.

El cielo había despejado, y se ponía rosado tras los negros esqueletos de los árboles. Juan Medinao estaba frente a él, con los pies en el barro, temblando de frío mientras hablaba, y sujetándose

mascarse en el aire   to feel that something is going to happen

que el diablo confunda   may the devil take him

las solapas con una mano. Un viento cortante, agitaba su cabello desteñido. Tenía los mismos ojos de cuando chaval: como constipado. Y su misma voz. Aquella voz hosca, recóndita, que a veces se quebraba en un temblor apasionado e incomprensible. No entonaba generalmente con sus palabras, aquel tono siniestro de la voz.

–¿O es que ya no te acuerdas? –repitió. Además, era machacón como un borracho. Dingo sacudió la cabeza afirmativamente. "Ya podía darme un trago", pensó.

Como si lo adivinara, uno de los guardias le acercó la bota a los labios y le ayudó a beber.

–Andando –dijeron. Se envolvieron en sus capotes y montaron en el carro. Era el único carro de la aldea, prestado por Juan Medinao para que no fueran a pie.

–Adiós, amigo mío –dijo Dingo, con el tono patético de sus mejores momentos escénicos–. Gracias por tu ayuda.

–Claro está que puedes contar con mi ayuda –dijo entonces Juan–. Claro está que eres mi amigo, mi amigo más bueno, el que. . .

El chirriar de las ruedas y el grito del carretero le ahogaron sus palabras. Entonces echó a andar, deprisa, tras el carro. Y se puso a chillarle con *las manos en forma de bocina*°:

–¡Dingo, no te preocupes, no te preocupes! ¡Iré a Nájera y te apoyaré en todo!. . . ¡Conseguiré tu fianza, te vendrás a casa, y entonces. . .!

Asomado al carro como una marioneta, Dingo se alejaba, sonriente y pedigüeño, con la barba al viento. Los ojos separados, con su eterno triunfo pícaro, rastrero. Una ira violenta hervía en el pecho de Juan Medinao:

–¡Cuenta conmigo, amigo! –repitió. Y se paró para verle alejarse definitivamente.

El médico y el cura llegaban ya, cruzándose en el camino de Dingo. Sus caballerías estaban sucias de lodo. Juan Medinao se detuvo a contemplar al cura. Hacía poco que muriera el anciano párroco de las Artámilas y éste era nuevo en la Parroquia, desconocido aún para él. Era muy joven, pálido y llevaba lentes con montura de metal. No estaba lejano el día que saliera del Seminario. Mirándole, Juan Medinao experimentó una sensación parecida a la que le invadía antes de comerse una cría de perdiz. Un regodeo mezquino le reconfortó.

Se acercó a ellos, y tendió la mano al viejo borracho que le ayudó a venir al mundo. Estaba ya hecho una piltrafa humana, con los labios colgantes y amoratados. El maletín del instrumental estaba reblandecido por la lluvia.

las manos en forma de bocina   cupped hands

El sacerdote no esperó su ayuda y saltaba ya al suelo. El borde de la sotana estaba manchado por el barro y el agua. Tenía además grandes goterones de cera en el pecho y las mangas. Con gesto tímido, empujó el puente de sus gafas hacia la frente, y sus labios temblaron levemente. Se esforzaba en aparecer duro, comprensivo, hombre. Juan Medinao se acercó a él, suavemente, y le tocó la manga.

–Padre –le dijo–, ¿quiere confesarme? Sólo puedo comulgar una o dos veces al año. Aquí, Padre, ya ve cómo vivimos. Hemos de hacer ocho kilómetros hasta la Parroquia, para oír misa y comulgar. Y, ciertamente, ya no soy joven ni mi salud es buena.

V

Entraron en casa de los Juanes. El doctor se sentó junto al fuego con una botella en la mano. Los perros empezaron a ladrarle afectuosamente, rodeándole. En la mesa había servido un almuerzo pesado y abundante. Sólo con mirarlo, el curita se ruborizó, seguro de no poder probar bocado.

Cuando acabaron, Juan condujo al sacerdote a una estancia apartada donde había una cruz de madera en la pared. El curita se sentó en una silla, mirando hacia la ventana, con la estola al cuello y las manos cruzadas. Juan Medinao se arrodilló a sus pies, y, sin preámbulo, sin santiguarse, siquiera, dijo con su voz más dura:

–Soy un hombre soberbio. La soberbia me envenena, y aunque procuro combatirla y humillar mi corazón, ¡cuántas veces me ha dominado en la vida!

Muchas veces, era cierto. A los diez años tuvo por primera vez conciencia de ello.

Tras el entierro de la madre, Juan Padre le había sacado de Artámila para encerrarlo en un colegio, muy lejos de allí. La presencia de Juan Niño le arañaba la conciencia. Los primeros accesos de arrepentimiento se trocaron, poco a poco, en un disgusto agrio, cada vez que tropezaba su mirada con la menuda figura de Juan Niño. Juan Padre tenía demasiada salud para que el arrepentimiento le torturara durante muchos meses. La presencia del hijo se hacía tan desagradable como el aroma a espliego, que también recordaba las ropas de la mujer muerta. Una mañana cogió al niño y lo llevó al colegio. Cabalgaron hasta un pueblo hermoso, y allí un carruaje verde les condujo hasta la población más grande que pudiera imaginar Juan Niño. Acostumbrado a sus montañas, el pequeño tropezaba con el borde de las aceras, mirando las casas y los escaparates.

También el colegio estaba en el campo, en las afueras de la población. Pero aquellas colinas eran dulces, tan distintas a sus rocas y sus bosques de la Artámila. Juan Niño, al despedirse del padre, con su pequeña maleta en la mano, se sintió dominado por una desconocida melancolía.

Cinco años transcurrieron allí. En aquel tiempo no tuvo ningún amigo, igual que en la aldea. También allí él era distinto a todos, y hubo de perdonar las mismas burlas que a los hijos de los campesinos. Era torpe, lento, sin gracia. No se ganaba el afecto de los maestros ni el de los muchachos. En el recreo, se sentaba solitario en un banco y veía jugar a los demás, sin amargura ni alegría. En realidad, se sabía tan diferente, tan distante, que ya ni siquiera las bromas a propósito de su cabeza lograban afectarle. Él era una criatura especial, que rezaba a Dios para que lo apartara pronto de los hombres, con los que no le unía ningún lazo. Ya era soberbio entonces, pero no lo sabía. Únicamente, a veces, en la iglesia, se sentía bañado de lágrimas inesperadas, sin saber concretamente por qué. El maestro de Religión no conseguía hacerle aprender el Catecismo y solía castigarle de rodillas, por impío. Durante las vacaciones del verano, iba a la Artámila. Pero permanecía también recluido en la casa, jugando en el granero con cajitas de cerillas, cuentas de cristal, estampas y rosarios. Armó un pequeño altar con pedacitos de velo, y enterraba a los pájaros muertos. Se mantenía tan distante de los hijos de los jornaleros y del padre, como de los condiscípulos y de los maestros. En aquellos cinco años, no recordaba haber visto nunca a su hermano. A veces, no obstante, se acordaba de él, y lo apartaba de su memoria con un raro malestar, como si prefiriese ignorar su existencia. "Tal vez ha muerto", pensaba a menudo, con un raro alivio. En una ocasión, Juan Padre le trajo un caballo de cartón. Se le rompió una oreja, y el agujero negro le producía un raro terror. Lo escondió en el granero, y no jugaba nunca con él. Él quería ser Santo, como otros niños quieren ser aviadores o toreros.

Unas vacaciones, cumplidos ya los diez años, encontró en la casa a Juan Padre, medio imposibilitado. Se había caído del caballo. Aparecía malhumorado y entablillado, con la pierna estirada sobre un banco y el brazo en cabestrillo. Tenía a mano una jarra de vino que le ayudaba a pasar el tiempo más agradablemente, y atronaba la casa con sus gritos y blasfemias. Como estaba aburrido, experimentó un súbito interés por los progresos de Juan Niño en el colegio, y pudo darse cuenta de que su hijo, a los diez años, apenas si sabía sumar y leer. Juró, le amenazó con el puño y al fin dijo:

—Siempre serás un cazurro campesino. No sé de qué va a servirte esa cabeza grande, ni qué habrá dentro. Bueno, lo mejor es que no vuelvas a ese colegio caro y malo. Si al fin y al cabo has de quedarte con todo esto un día, ya estás lo bastante crecido para quedarte aquí y empezar a conocerlo. Aunque tampoco eres fuerte.

Se quedó pensativo un instante, y al fin dijo, como si no le fuera posible contener las palabras que más deseaba callar:

—¡Si hubieras visto el otro día a Pablo Zácaro! ¡Qué crío del demonio, parece que lleve un sabio en la barriga! Tiene más picardía que siete viejos, y sólo con cinco años. . ., creo. Juan, hijo, ¿cómo no te da vergüenza saber que un mocoso, la mitad que tú, sabe leer y *contar de corrido°*, cuando ni siquiera ha podido ir a la escuela, y tal vez, quizá, no pueda ir nunca?

Algo frío se apoderó del corazón de Juan Niño. Pablo Zácaro no podía ser otro que el hijo de Salomé. En las palabras de Juan Padre había un orgullo incontenible, ocultándose como un ladrón. Juan Padre no había reconocido aquel hijo, aunque todos supieran que el pequeño Zácaro era suyo.

Aquella noche, Juan Niño no pudo dormir. Un dolor nuevo y violento le consumía. "Entonces, no ha muerto. Está vivo. Existe. Existe ahora mismo, en este momento está viviendo como yo." El hermano. Otro con su sangre, con sangre idéntica, viviendo debajo del mismo cielo. Otro que quizá fuera un elegido de Dios. Se mordió el puño. Un extraño desasosiego le mantenía en vela. Que Juan Padre le hubiera alabado, que le viera y conociera sus pasos, no tenía importancia comparado con el supuesto de que el pequeño Zácaro pudiera compartir a Dios con él. Esta idea se hacía insoportable, horrible. Hasta que no había sentido la proximidad del hermano, no se dió cuenta de que Dios también existía para los otros. Otra vez, le torturó pensar que Pablo acaso se le parecería. Pero ahora no deseaba ya que nadie se le pareciese, sino que estaba a punto de rezar para que Pablo Zácaro fuese pecador y terreno como Juan Padre, como Salomé, como todos. Muy lejos de él. Entonces sí que tuvo conciencia de su soberbia. Pero no la podía apagar, no podía. ¡La había fomentado tanto durante aquellos años de soledad!

Comprendió que no podía vivir sin verlo. Tenía que conocerle, tocar sus manos y su rostro, oír su voz y mirar sus ojos. Cuando volvió el sol, Juan Niño salió al campo en su busca. La gente estaba aventando la paja. Fue hacia la era donde les correspondía trabajar a los Zácaros. Soplaba un viento caliente, y Juan Niño trepó a la colina despacio, para que no le advirtieran demasiado pronto.

La era resplandecía como un ascua. Las pajas volaban en enjambres centelleantes. Salomé estaba cribando el trigo, con los

---

contar de corrido   to count very well

brazos morenos y desnudos brillando al sol. Hablaba a gritos con su hermana, y reía. Había varios niños en la era, que jugaban con el perro o aventaban con sus pequeños tridentes de madera. El pecho de Juan Niño se había llenado de fuego y golpes de yunque, que hacían daño. Entonces, uno de los niños más crecidos lo advirtió, y con una risa furtiva lo señaló a los demás. A poco, ya brotaba la cancioncilla burlona: "Cabezón, cabezota, pobre cabezón. . ." Los de la era ocultaban apenas su risa y fingían no darse cuenta. Juan Niño continuaba inmóvil, mirándoles. El perro empezó a ladrarle también. Viendo su impasibilidad, la canción de los chiquillos se hacía más viva. Iban agrupándose, contagiándose uno a otro, y lentamente se les acercaban. El último en añadirse, fue el más pequeño. Un chico moreno y vivo, que sin decir nada se inclinó. Cogió una piedra y se la arrojó acompañando el gesto de una risa primitiva, extrañamente cruel. Parecía que ya supiera que atacaba al hijo del amo. Entonces, una voz de mujer gritó violentamente: "¡Pablo! ¡Ven acá tú, maldito. . .!" Era Salomé. El niño de la piedra se metió las manos en los bolsillos y le miró sonriente, con ingenuo desafío. Juan Niño le clavó los ojos, le hundió la mirada en la carne, como una espada. El niño era alto para su edad, fuerte, con mechones de pelo negro y brillante, cayéndole sobre los ojos. Sus dientecillos, muy blancos y afilados, brillaban. Tenía mucho de lobezno.

Juan Niño retrocedió lentamente, con la cabeza baja. Ya estaba preso allí. Preso allí para siempre, junto a aquel cachorro de hombre, con su amor y temor hacia él. Ya le había amado y odiado, confusamente, cuando nació, aquella madrugada, tendido en aquella misma era. Rotundamente, cambiaron los sentimientos que hasta aquel momento le mantenían distante. Se dió cuenta de que él estaba muy cerca de los hombres, más cerca de los hombres que de nada ni nadie. Tan próximo a la tierra como el agua. No volvería más al colegio. Se quedaría allí, junto al hermano. Su soberbia se humanizó, se le hizo sangre. Tenía que vencer a Pablo Zácaro. Tenía que poder a Pablo Zácaro.

El perro le seguía a distancia, ladrándole.

VI

Y soy un miserable avaro.

Digno nieto de usurero. Pero de aquello había tenido la culpa Juan Padre, con su excesiva prodigalidad. Juan Niño empezó a observar detenidamente a aquel hombre, la temporada que permaneció retenido en casa por culpa del accidente. No podía soportar la obligada inmovilidad a que estaba reducido, y para distraerla inventaba cosas absurdas que indignaban el espíritu quieto y cerrado de Juan Niño. Él, que amaba la quietud y el sigilo, el silencio, había de soportar el cortejo de gritos y violencia de que se rodeaba el hombre.

Un día, Juan Padre mandó que le instalasen su sillón en el balcón grande que se abría al patio de la casa. Y dió orden de que allá abajo, sobre las losas doradas, se sirviera vino sin tasa a todos los jornaleros cuando regresaran del campo. Él mismo presidiría la fiesta, con su jarro en la mano, desde el balcón. No podía pasarse sin la proximidad de los seres humanos, aunque se tratase de las groseras fiestas de sus criados. Era a últimos de septiembre, y los hombres que volvían de la siembra se emborracharon concienzudamente en el patio, en torno a una gran hoguera, y presididos desde lo alto por el amo, que cantaba desde el balcón, con voz destemplada. Las losas se llenaron de cascotes verdes y vino vertido, que brillaba rojamente a la luz del fuego. Ya empezaba a hacer frío, pero todos sudaban como en pleno verano. Los hombres se apoyaban contra las columnas o roncaban en el suelo, cuando el cielo empezó a hacerse diáfano. Desde la ventana de su cuarto, Juan Niño les miraba y se decía: "Cuando trabajen para mí, les dominaré por el silencio y el orden. Yo no seré generoso, porque no es bueno, y racionaré sus vidas." Como todo en el padre era excesivo, grande, violento, en contraposición a él Juan Niño se volvía mezquino, avaro, pequeño. El padre ahogaba con su despilfarro y él dominaría con los puños cerrados, estrechando.

—"Si la vida nos la regalan, nosotros podemos tirarla por el balcón y regalarla también, si nos da la gana" –decía Juan Padre. Y, del mismo modo que Juan Padre era la réplica viviente y rebelde de Juan Abuelo, Juan Niño lo fue también de su padre. Mirando a los borrachos del patio y observando el descaro con que se permitían bromas contra el amo, que fingía no oír o tal vez no entendía, Juan Niño pensaba: "Cuando mande en ellos no hablarán, y cada cosa estará en su lugar, en paz y en orden." Inmediatamente, pensaba en Pablo Zácaro, en el tiempo en que el niño trabajaría para él. Y la sangre le ardía.

Observaba a su hermano de lejos, como un espía, amparándose en la sombra y en los árboles. Le veía niño, vivo, y –también como Juan Padre– extrañamente generoso en aquella tierra de miserables. Partía su pan con los perros, y lo hacía con un gesto lógico y justo, impropio de su edad. Sólo una vez o dos le había oído hablar, y se dió cuenta de que tenía una voz clara y que usaba palabras concisas, tajantes, sin las habituales exclamaciones quejosas o coléricas, propias de la tierra, ni la salvaje huraña de los otros niños de Artámila. Las facciones de Pablo recordaban las de Salomé. Pero había algo en su menuda persona, en su modo de pisar el suelo, que hacía pensar: "No se parece a nadie." Su andar era firme e iba a menudo con las manos en los bolsillos, sin demasiada prisa, como un hombrecito. Era de esos niños que, siendo ellos mismos indiferentes al afecto ajeno, se ganan la simpatía de los hombres y las mujeres. Sin poner nada de su parte, ni tan sólo una sonrisa. Entre las campesinas que trabajaban con Salomé, la figurita del pequeño Zácaro se movía en una aureola de áspero amor, de benevolencia hacia sus travesuras. Juan Niño no podía explicarse. También los perros le seguían, y raramente otro niño le pegaba. No obstante, Pablo no era amigo de afectuosidades, y en alguna ocasión le vió rechazar un beso de Salomé. Como los animales salvajes, no se dejaba acariciar, ni tan sólo tocar.

Un día, estando Juan Padre en el patio de la casa, vieron pasar tras la empalizada al pequeño Zácaro. Iba en dirección al río, con dos crías de mastín debajo de los brazos. Juan Padre ya empezaba a andar, apoyado en una muleta. Al verlo, se precipitó lo más rápidamente posible hacia la puerta. Juan Niño le seguía, pegado a su sombra. Cuando ya el pequeño Zácaro se iba a perder tras la esquina, Juan Padre le llamó:

—¡Zácaro!

El niño se volvió, pero no avanzó a ellos. Juan Padre le contemplaba, con aquella mirada risueña y centelleante que a veces le encendía el rostro. Parecía que acababa de hacer un gran esfuerzo, como si realmente no hubiera querido llamarle, pero no hubiera podido contenerse. Ahora no sabía qué decirle. Pablo se volvió de nuevo, para continuar su camino. Pero otra vez la voz del padre no pudo callar, y le llamó:

—Ven acá —dijo. El pequeño obedeció, sin timidez.

—¿Qué clase de bichos son ésos? —dijo Juan Padre. Sin hablar, Pablo le tendió una de las dos crías, y el hombre la cogió. Juan Niño observó que el rostro de su padre estaba rojo, y no sabía qué hacer con el perro en las manos.

—¿A dónde los llevas?

—Al río —dijo Pablo.

—Pues mira. . ., éste te lo compro, ¿oyes, chico?, ¡va a ser el mastín más bonito de Artámila, y tú lo vas a ahogar! No, no: yo me lo quedo.

—Es feo —dijo entonces Pablo, con aplomo—. Y se va a morir sin la madre.

—¡Cállate! —dijo violentamente Juan Padre. ¿Qué sabrás tú, mocoso del infierno? Cuando yo quiero comprarlo, sabré lo que hago. ¿Quieres un duro por él?

Pablo lo miró fijamente, sin responder. Apresuradamente,

Juan Padre sacó de sus bolsillos una moneda de plata y se la dió. Con el cachorro bajo el brazo, volvió hacia la casa, entrando en ella. Pablo contempló la moneda, que brillaba en la palma de su mano, y luego la mordió con sus dientecillos lobunos, como había visto hacer a su madre los días que llegaba el quincallero a la aldea. Juan Niño no había tenido nunca a su hermano tan cerca. Las manos de Pablo eran grandes, duras, y la piel de un moreno bronco, como Salomé. Unos brochazos negroazulados le caían sobre las cejas y tenía la nariz breve, con aletas anchas y vibrantes de animal cazador. Echó a andar de nuevo, y Juan Niño le siguió con una confusa admiración y rencor. Jamás a él le había dado dinero Juan Padre.

Hacía frío ya, se acercaba el invierno, pero Pablo Zácaro sólo llevaba una camisa rota y un pantalón azul. No parecía tener frío, sin embargo. Juan Niño se fijó en los codos y en las rodillas de su hermano, que eran de un color rojo de manzana. Él, en cambio, estaba temblando dentro de su chaqueta de cuero. ¿Cómo la piel de Pablo brillaba y relucía su pelo negro, si pasaba el día en la tierra, que todo lo mancha? ¡Qué terso y duro era, qué sensación de árbol limpio emanaba! Él, por el contrario, siempre aparecía débil y sucio, con la nariz llena de mocos. Bruscamente, apretó el andar y le cogió por un brazo.

—Eh, tú, ladrón. . . —dijo. Su voz sonó honda, trémula. Aquella voz que años más tarde desconcertaría a Dingo, el titiritero. Pablo le miró entonces, y Juan vió de lleno sus ojos. Tenía pupilas grandes, esféricas y transparentes, como granos de uva negra. La luz se volvía ardiente vino, allí dentro. No, no eran ojos de niño. La voz de Juan Niño se murió en su garganta.

—No soy ladrón —dijo Pablo, desasiéndose de su mano, con un gesto rápido. No estaba enfadado ni temeroso. Qué rara serenidad había en aquella criatura. Y su voz era como sus pasos, con la pura rectitud de una flecha o una espiga.

—Sí, eres un ladrón, porque el perro se va a morir, y tú te has guardado el dinero.

—¡Pues toma! —dijo Pablo. Y le devolvió el duro. Antes de que Juan Niño tuviera tiempo de decir nada, ya bajaba hacia el río, con el otro cachorro bajo el brazo.

Había llovido la noche anterior y el agua venía rojiza, saltando sobre las piedras con un sordo rumor. Juan Niño se apoyó contra el tronco de un árbol, apretando la moneda de plata en la mano. Quemaba como si fuera a derretírsele dentro del puño. Tenía un nudo en la garganta y unas horribles, unas dolorosas ganas de llorar, le clavaban agujas en el cuello. En tanto, Pablo, indiferente a la tormenta de su pecho, cogió el cachorro por las patas traseras y le golpeó fuertemente la cabeza con una piedra. Se oyó un débil gritito, y las mejillas del pequeño Zácaro se motearon de rojo. Se limpió la sangre de la cara con el brazo y lanzó al agua la cría de mastín. Esperó con las manos en los bolsillos a que desapareciera río abajo, en la corriente crecida. Luego, rápidamente, emprendió el ascenso al bosque, que brotaba allí en la ladera, inundado de hojas amarillas.

Estaba deshojándose el otoño entre los troncos negros; la silueta del pequeño tenía un algo indómito, vivo. Juan Niño lo seguía aún, tozudamente, sin saber lo que quería de él.

Llegaron entonces a la cabaña del guardabosques. Aquel terreno pertenecía también a los Juanes. A la puerta de la casita, sentado en el suelo, estaba un muchacho de unos catorce años, con un gato en las rodillas. Un gato rojo, con rayas en el lomo.

A unos pasos de él, Pablo le llamó:

—¡Dingo!

El chico levantó la cabeza.

—Fui a ahogar las crías y el amo me compró una: pero éste dice que se va a morir en seguida ese perrito, y se ha quedado el dinero para él.

Dió media vuelta y emprendió el regreso a la aldea, con las manos en los bolsillos.

Juan Niño, encogiéndose, pensó: "Así que los cachorros eran de este otro, que le había mandado ahogarlos."

Dingo se puso de pie, sin dejar de acariciar al gato; y le miraba. Juan Niño empezó a retroceder de espaldas. Dingo tenía lo menos cuatro años más que él, era un grandullón. Tuvo miedo, como siempre que presentía golpes. Cuando el padre le azotaba, ya mucho antes de recibir el primer azote temblaba como una hoja.

—Conque te has guardado tú el dinero —decía Dingo, achicando los ojos. (Ya entonces era teatral. Todos los chiquillos de Artámila vivían fascinados por el efecto de su mímica, por los matices cambiantes de su voz y sus payasadas.)

—No lo valía el perro. . ., no lo valía. . .—decía Juan, temblando de miedo. Rápidamente, Dingo le empujó y Juan Niño cayó al suelo, con la espalda pegada a la alfombra de hojas muertas que cubría la tierra del bosque. Bajo su barbilla, los grandes puños de Dingo le habían cogido las solapas y le zarandeaban.

—No valía, no valía. . .—remedó su voz—. Bueno,¿y qué?¿A ti qué te va en eso? ¿Quién eres tú para guardarte el dinero?. . .

De pronto, la expresión de Dingo cambió. Sus manos se aflojaron y las dejó caer suavemente. El gato rayado y rubio se le había subido a un hombro, y se frotaba contra su cabeza. Dingo miraba fijamente a Juan Niño, con un raro estupor:

–Oye, tú. . . –empezó a decir, con una voz muy distinta–. Tú, ¿acaso eres el hijo del amo?

Juan asintió, débilmente. Ahora, le pegaría. Le pegaría más fuerte aún, o le escupiría en la cara. ¡Cómo le odiaban todos los niños de la aldea!

Pero esta vez se equivocó. Dingo le ayudaba a ponerse en pie y le sacudía las hojas de la espalda. Tenía aún el cabello lleno de ramitas, y sus labios temblaban. Dingo se dió cuenta y dijo:

–Anda, tú. ¡No vas a ponerte a llorar! ¡No ves que yo no te conocía casi! ¡Como nunca bajas a la plaza ni vas al campo. . ., y yo siempre ando por el bosque!

Juan Niño se llevó una mano a la mejilla, para secarse una lágrima.

Pero Dingo no sabría nunca por qué lloraba. Juan Niño miraba al hijo del guardabosque. Lo miraba largamente, con la cabeza levantada, porque apenas le llegaba más alto de la cintura.

–Toma, es tuyo –dijo al fin, poniendo el duro de plata en la mano de Dingo. Luego le volvió la espalda y se hundió entre los árboles, sendero abajo, hacia la casa de los Juanes.

Dingo le vió desaparecer, un tanto sorprendido. Luego, mordió la moneda, igual que Pablo y Salomé. No cabía duda: era buena.

En tanto, Juan Niño había llegado a la casa. Subió a su habitación y se encerró en ella, como si alguien le persiguiera. Las paredes eran muy blancas y estaban desnudas, con sólo una cruz negra sobre la cama. El viento agitaba la cortina, y, también en la ladera del Noroeste, los troncos de los chopos se doblaban. Nunca había sentido tanto frío allí dentro, ni siquiera durante las noches del invierno. Nunca le había parecido tan desnuda la habitación, tan despojada. Sí, era avaro, muy avaro, porque no tenía nada. Se miró las palmas de las manos. Un extremo de la bufanda le caía hasta la cintura, desflecado y mustio. Oyó un ladrido y se asomó a la ventana. El mozo del establo jugaba con uno de los perros, en el patio. A él, ni tan sólo los perros le querían. Ni siquiera tenía un gato rubio que se le subiera al hombro, como Dingo, el del bosque.¿Por qué no le habría pegado Dingo?¿Por qué no se había burlado de su figura enfermiza y torpe? No le dijo que era zambo, ni cabezota, ni baboso. No. No había dicho nada de aquello. Y le había sacudido las hojas muertas que se le pegaron a la chaqueta.

Con una furia extraña, Juan abrió el cuello de su camisa. La medalla resaltaba allí, en su piel, de una palidez amarillenta, y la luz temblaba lívidamente sobre la pequeña cruz que había grabada en ella. Le pidió entonces a Dios que le ahorrase la espera. Le pidió poder dejar su cuerpo inútil en la tierra, muy dentro de la tierra, con todos sus gusanos y hormigas y sus flores. Pidió a Dios que le ahorrara crecer, ir creciendo, ir dejando espacios vacíos entre las cosas y él. Crecer, ir creciendo en sí mismo, ir quemando años como antorchas. . . Ya no le quedaba ningún rincón sin luz en la habitación. El sol, antes de ponerse, los cargaba de llamas. Estaba todo encendido, desesperadamente, con los cuatro ángulos de la habitación intensamente rojos. En el centro, Juan Medinao se sentía como un espejo de todo cuanto le rodeaba; se veía cómo se reflejaba en él todo el derroche gratuito de la vida. El nieto del usurero quería ahorrarse también la pena de vivir.

En aquel momento, un silbido taladró el rumor del viento. Una gran hoja dorada volaba sobre el patio, dando vueltas. Creyó en un principio que era el silbido del pastor, pero el silbido se repetía, más cerca.

Dingo estaba allí abajo, subido a la empalizada, haciéndole señas de que bajara. ¡Había venido a buscarle! A buscarle. . .

Salió corriendo, como un loco. A los once años puede pasarse sin transición de la desesperación más negra a una alegría casi dolorosa. Dingo le llamaba. Dingo, que no se burló de él ni le había pegado.

Dingo le miraba con su expresión más mansa y marrullera. Sólo quería charlar un rato con él, decía, como la cosa más natural. No sabía que nadie, nadie, se molestaba en charlar un rato con Juan Niño. Se sentaron en el suelo, y Dingo hizo una demostración de las gracias de Perico, el gato rayado. Le había enseñado a saltar por un pequeño aro de mimbre, a bailar sobre las patas traseras, a jugar a la pelota, y, al fin, pasar con un platillo entre los dientes pidiendo una *perrina*. También le había hecho un cucurucho de papel, para la cabeza. "A los chicos de la aldea les cobro una perra gorda por ver esto", dejóse decir Dingo, al acabar. Juan Medinao inclinó la cabeza:

–Yo no tengo dinero.

–¡Anda! –repuso Dingo, con los ojos brillantes–. Bueno, pero tu padre sí tendrá, porque si no: ¿esto qué es? –Y sacó el duro del bolsillo, que brilló débilmente porque el sol casi se había puesto.

–Pero yo no tengo dinero, ahora. . . –repitió Juan Niño con desilusión.

–No, no. . . ¡Hombre, yo a ti no te voy a cobrar! –repuso Dingo, con gesto magnánimo.

Juan Niño creía soñar. ¿Cómo era posible que aquel chico grandullón le diera muestras de amistad? Entonces no lo comprendía. Las caretas de Dingo aún le eran desconocidas, a pesar de ser todavía de barro y caerse por la noche.

Las dos tardes siguientes, a la misma hora, Dingo volvió. No sólo trajo a Perico, sino también unos muñequitos diminutos, que hacía él mismo con nueces, pintándoles la cara con jugo de moras. Con unos hilos, les hacía saltar, bailar y hasta pelearse unos con otros. Toda aquella gentecilla le asomaba por los bolsillos de la chaqueta, como en un balcón. Dingo olía a serrín y a madera verde. La admiración de Juan Niño crecía como un río desbordado.

De pronto, apareció el guardabosque y lo cogió por una oreja. Iba buscándole, y dijo que Dingo era un gandul maldito, que a aquella hora debía estar cavando el huerto que había detrás de la cabaña.

—¡Todos los días igual! —gritaba arrastrándole fuera de allí—. ¿Te creerás, a lo mejor, que vas a estar comiendo la sopa boba? Ya te enseñaré yo a entrar en razón. . . ¡Tú te has creído que la vida es Jauja!

Se fue diciéndole más cosas, llamándole maldito holgazán. Estaba furioso de verdad. Dingo levantaba los dos brazos sobre su cabeza y el hombre le iba dando con el bastón. Por el camino, los muñecos se iban quedando perdidos, caídos, y Juan Niño los recogía como si fueran tesoros. Cuando llegaron a la cabaña del bosque, allí junto al huerto que no había querido cavar Dingo, el guardabosque se quitó el cinturón y azotó a su hijo. Cada golpe parecía repercutir en la espalda de Juan Niño.

Cuando el guardabosque se fue, Juan Niño se acercó y se sentó al lado de su amigo. El gato, que había huído cuando empezaron los golpes, volvía ahora, maullando hipócritamente. Dingo, echado boca abajo sobre las hojas muertas, con la cara escondida entre los brazos, temblaba levemente, pero no se quejaba. Los golpes le habían rasgado la camisa.

—Siempre lo hace —dijo al cabo de un rato—. Quiere que trabaje. . .

—A mí también me pega mi padre —dijo Juan Medinao— tan fuerte como a ti.

Dingo levantó la cabeza, sorprendido.

—¿También quiere que trabajes?. . .

—No. . . —Juan Niño quedó pensativo. No era por aquello. Era por si tenía miedo, o por si le fallaba la puntería cuando le enseñaba a disparar, allí fuera, en el patio. O porque, cuando le pedía que le contara alguna cosa. Juan Niño no sabía hablar. Y explicó: "Por otras cosas."

Bruscamente, Dingo se desabrochó la camisa y le enseño la espalda. Juan conocía bien aquella cintas rojas que se hinchaban lentamente y escocían como fuego. A su vez, Juan Niño le enseñó una cicatriz que tenía en la mejilla.

–Es de la hebilla del cinturón –dijo.

–Y cuando estabas en el colegio, ¿te pegaban los frailes?

–Sí, también. Pero en la cara, y con la mano.

–¡Ah, bah!. . . ¡Como las mujeres!

Los labios de Dingo estaban secos, pálidos. Se puso la chaqueta, con mucho cuidado. Había en sus ojos aquella súplica dolorida, aquella mansa queja del que está acostumbrado a los golpes.

–¡Malditos sean! –dijo–. ¿Por qué, por qué no le dejan a uno vivir en paz?

–Mira, Dingo: he ido recogiendo los muñecos, por el camino.

Sentados en el suelo, en lugar de ir a cavar, empezaron a componer las cabecitas y las piernas de los muñecos de nuez. Estaban en silencio, enfrascados en su tarea, cuando de pronto un raro rumor que traía el viento, hizo levantar la cabeza a Dingo, vivamente. Parecía un perro que olfatea la caza.

–¡Mira allí, allí, Juan Medinao! –gritó. Se puso de pie y echó a correr como un loco.

Allá, en lo alto de la colina, había aparecido un carro de comediantes, Descendía lentamente por el sendero.

–¡Corre, Juan Medinao! ¡Corre, que vienen los gitanos!

Iban hacia la plaza corriendo, y se olvidaban de todos los golpes y de los muñecos. Perico, con el lomo arqueado, se subió al antepecho de la ventana.

Forzosamente, con el sendero, el carro iría a desembocar en la plaza. Cuando llegaron a ella Juan y Dingo, los niños de la aldea habían descubierto la llegada de los titiriteros. Zumbaban en un grupo, como abejas. El pequeño Zácaro estaba distante, con las manos en los bolsillos, y en lugar de mirar a la colina miraba a los niños. Juan Niño pensó: "Pablo Zácaro ha comprado ya su entrada y ha empezado ya a ver *la función°*."

–Traerán perros sabios –explicaba Dingo, entusiasmado, a la chiquillería que escuchaba con la boca abierta. Al hablar de aquellos canes fabulosos, las proezas de Perico palidecían. Los hombros y la cabeza de Dingo sobresalían en el grupo. El huerto sin cavar estaba ya definitivamente olvidado. Los otros chicos de la edad de Dingo hacía tiempo que ayudaban a sus padres en las faenas del campo.

El carro estaba ya entrando. En el pescante, vieron a un hombre con grandes bigotes negros, de cara malhumorada, y un muchacho. Los niños corrieron hacia él, dando gritos, y entonces el hombre, con una voz de trueno, dijo:

la función (de teatro)   theatrical performance, show, function

—¡Fuera! ¡Fuera!

Pedía paso, porque no tenía intención de quedarse en la Baja Artámila. Iban a atravesar la aldea, a dejarla atrás con sus niños huidizos e impacientes. Pero los niños no entendían, y se quedaban quietos, en grupo, entorpeciendo su marcha. Entonces, el hombre lanzó el látigo sobre sus cabezas y los dispersó.

Con voz plañidera y desilusionada, aún le gritaba alguno: "¡Quédese! ¡Quédese!"

—Se van. . . —dijo Dingo.

Sus hombros tenían ahora un contorno vencido, de pueril desesperanza. Era como si los titiriteros se le llevaran la mitad de su vida. También los otros niños aparecían abatidos, con una amargura precoz y un tanto cansada. Pero ninguno miraba marchar el carro con los ojos de Dingo, aquellos ojos separados y suplicantes. El carro atravesó el corazón de la aldea, y continuó su camino hacia otra tierra más rica. Sólo Pablo Zácaro le contemplaba con la misma expresión de espectador desapasionado y reflexivo. Como todos callaban, podían oírse claramente los chirridos de las ruedas, alejándose.

—Se van —repetía Dingo—. Y Juan Niño sonrió con melancolía. Él lo sabía muy bien: era como todo, como siempre. Se iban.

Los niños volvieron a desaparecer tras las esquinas, calladamente. Únicamente Juan Niño y Dingo seguían aún el carro, como si no se resignaran a verles marchar. Iban tras la nube amarillenta que levantaban las ruedas en el polvo.

Fuera ya de la aldea se detuvieron. Dingo se sentó al pie de un chopo solitario que había al borde del sendero. Era el último árbol de la Baja Artámila. Un viento frío les hacía encogerse dentro de las chaquetas. El carro, lejos ya, se confundía en la oscuridad de la tarde. Dingo dijo sombríamente:

—Me voy a marchar. . . Me voy a escapar de aquí y nunca volveré.

Dijo que se iría con un carro como aquél, por los pueblos, por todos los pueblos del mundo. Oyéndole, Juan Medinao sonrió de nuevo, con tristeza. También sabía aquello. Sabía que, forzosamente, Dingo se iría un día u otro de su lado. De pronto, Dingo le señaló con el dedo:

—¡Y tú también, Juan Medinao! —dijo—. Nos iremos los dos juntos, ¿sabes? ¡Que se queden aquí ellos, pegando al viento con el cinturón!

Se levantó, y despacio volvieron a la aldea. Dingo le pasaba el brazo por los hombros, e iba haciendo proyectos, sin dejar de hablar un solo momento. A veces, se detenía para dar confidencia al tono de su voz.

–¿Ves esto? –dijo sacando el duro de plata de su bolsillo–. Pues será el principio de todo lo que ahorremos tú y yo.

Tenían que reunir mucho dinero, entre los dos.

Monedas de plata. Juan Padre siempre llevaba monedas de plata en los bolsillos. Se despidieron con un fuerte *apretón de manos°*. Aquella noche, a Juan Niño le pareció que había crecido.

Con toda solemnidad enterraron el primer duro al pie del chopo del sendero, en espera de reunir la cantidad suficiente. Dingo dijo que tenían que comprar un carro, provisiones y pintura. Perico también parecía estar en el secreto. A veces, cuando les veía reunidos y hablando misteriosamente, arqueaba el lomo y rugía como un tigre. También era él de la partida, y, en su nombre, enterraron un montón de calderilla, fruto de sus últimas exhibiciones.

Todas las tardes, Juan Padre iba a echar la siesta. Entonces, era el momento de ir a revisar la chaqueta, que dejaba en el perchero. Era fácil oírle llegar, porque andaba con la muleta, y se oía su golpe en los mosaicos del suelo. Se reunían luego, al anochecer, y procuraban que nadie les viera tomar el camino grande, hacia el chopo.

Pasó cerca de un mes. Un día, Juan Padre le sorprendió. Acababa de abandonar la muleta, y no le oyó llegar.

Primero no se enfadó demasiado. Le llamó ladrón y cobarde. Pero más enfadado le veía cuando erraba la puntería en el patio. Sin embargo, al preguntarle en qué gastaba aquel dinero, Juan Niño no respondió. El Padre se enfureció como nunca. Le pegó fuerte, en la cara, y al fin, lo arrastró de un brazo hasta el establo.

En el patio, Dingo esperaba apretado contra una columna. Al pasar, tuvo la visión de sus ojos suplicantes: "No, no hablaré", pensó Juan Niño. Y no lo dijo.

Le pegó más de diez azotes, con una correa; Juan Niño apretaba los dientes. Sabía que allí fuera estaba Dingo, oyéndolo todo. Un orgullo doloroso, rebelde, le reconfortaba como vino, cuando los golpes cesaron y el padre lo dejó tendido sobre la paja. Desahogada su furia, Juan Padre le contempló y tuvo lástima: "No es fuerte", se dijo. "Cualquier cosa podría deshacerlo." La espalda del niño, flaca y amarillenta, se estremecía como un pájaro moribundo. Las marcas de la correa empezaban a inflamarse. "¡Ah, ya sé", pensó Juan Padre, con súbita claridad. No podía soportar los enigmas, acababa de descifrar la extraña conducta de su hijo. "Es un maldito avaro, como su abuelo. Seguramente va robándome porque no se atreve a pedir dinero, y lo guarda y amontona en una viga hueca. . . ¡Lo mismo que hacía su abuelo, el condenado!" Salió de allí con una

apretón de manos   hand shake

rara mezcla de piedad y desprecio hacia la criatura, y con el sordo rencor que le invadía cada vez que se acordaba de su padre.

Apenas lo vió marchar, Dingo saltó por la ventana del establo, y se arrodilló junto a Juan Niño. Traía ya su pañuelo mojado y lo extendió sobre la espalda de su amigo.

—No te apures. Cuando nos vayamos, esto se acabó. No nos pondrá nadie la mano encima. Veremos el mar, y Madrid, y compraremos cinco perros que aprenderán a bailar. . .

Era en estas ocasiones cuando Juan Niño cerraba los ojos y le escuchaba hablar de huídas. Secretamente, siempre lo creyó un imposible. Pero era tan hermoso oír a Dingo, el mentiroso, hablar de aquel continuo huir, huir, huir. . . Dingo no fijaba jamás su residencia, en medio de sus fantásticos proyectos.

Desde aquel día, Juan Padre le asignó una pequeña cantidad semanal, que íntegramente pasaba a engrosar los ahorros debajo del chopo. Le entró entonces una fiebre extraña por reunir monedas de plata. A veces, por la noche, estuvo tentado de salir al sendero, y allí levantar la piedra que cubría su tesoro y poderlo tocar, contemplar a la luz de la luna. En realidad, la huída no le interesaba a él del mismo modo que a Dingo. Lo que deseaba era su amistad, los proyectos de su fantasía absurda, la confianza de sus secretos. Tenerlo allí o fuera de allí, le era indiferente. Había de sentir próximas sus caretas, sus mentiras, que le subían a la cabeza como vino y le adormecían para todo lo demás.

Había pasado un año. Hasta que una noche llegaron unos comediantes, en un carro espléndido.

Era el mes de agosto, cuando las faenas del campo son más duras. Una luna redonda iluminaba la plaza. Los campesinos regresaban rendidos, y todos creyeron que el carro pasaría de largo. Era quizás el carro más hermoso que había llegado a las Artámilas.

Dingo y Juan Niño estaban apoyados contra la pared de una barraca, con las manos en los bolsillos. Sus sombras se alargaban hacia la tierra encendida de la plaza, que aparecía desierta. Veían acercarse el carro, con sus ventanitas amarillas por una temblorosa luz.

Se detuvo en medio de la plaza. Dingo, al ver que no pasaba de largo, extendió una mano, que se le quedó inmóvil y abierta como un abanico. Casi se hubieran podido contar en la atmósfera los latidos de su corazón. El carro tenía tres caballos y era grande como una casa. Su puerta pintarrajeada se abrió, y unas manos tendieron al suelo una escalera. Había luz dentro del carro, luz de velas, como en un palacio de juguete o de cuento. Un hombre salió entonces. Era gordo y grande, con una casaca verde y una trompeta en la mano.

Inmediatamente, empezaron a saltar del carro niños y perros. Lo menos ocho niños, que daban volteretas en el suelo y saludaban con los brazos abiertos. Tal vez vestían harapos: pero eran unos harapos de colores, unos jirones de tela que sabían flotar al compás de sus movimientos, como música de trompetas.

Los ojos de Dingo huían, huían como el agua de las fuentes. Avanzó hacia ellos, y quedó en medio de sus piruetas y su música mirando al hombre con la boca abierta. En su hombro, Perico parecía tan emocionado como él.

La *troupe* había organizado rápidamente su zarabanda. Empezaron a pegar carteles sobre los árboles y las barracas. Unos carteles que no podían leer ellos, por culpa de su impaciencia. Que nunca sabrían lo que anunciaban ni lo que querían decir.

Entonces Dingo se revolvió en la tierra, como un toro herido. Sus pies callosos y descalzos levantaban nubecillas rojas del suelo de la plaza. Tenía también los brazos abiertos, y Perico le descendía espalda abajo, como en un número de circo. Juan Niño no lo olvidaría nunca: la luz que surgía del carro abierto le partía en dos colores, como un extraño arlequín, un arlequín hecho de barro y sangre.

–¡Se quedan, Juan Medinao, se quedan! –le decía.

Era un milagro. Era como uno de aquellos milagros de Dingo, una de aquellas mentiras de Dingo. Los niños pasaban en hilera por entre las barracas, anunciando la función. El último era uno pequeño y deforme, que tocaba monótonamente el tambor. Sus voces, que cantaban una marcha rítmica, se perdieron en las esquinas con un eco difuso, fantasmal. Juan Medinao experimentó un miedo inexplicable y echó a correr hacia su casa. ¿Por qué no se alegraba? ¿Por qué le entraba por los poros un temor impreciso, como un sudor frío? Dingo, con los ojos en las sienes y partido por la luz, se le antojaba un muñeco diabólico. Y de pronto recordó que había robado, que había estado robando a su padre, justamente en vísperas de ir a la Artámila Central para recibir su primera comunión y oír las campanas. Juan Padre ya no estaba en la casa. En cuanto se halló completamente restablecido del accidente, volvía a abandonarla largas temporadas.

Juan Medinao se asomó a la ventana. También la luna doraba el campo del Noroeste, y le llegaba el clamor de los titiriteros y los ladridos de los perros. Él estaba como los muertos, taladrado y sordo a la alegría, dejando que la luna le resbalara insensiblemente, con una angustia de niebla. Pero Dingo ya había ido a buscarle, y estaba silbando en el patio, como todas las tardes, como un niño cualquiera.

La función era en la plaza misma. Sólo acudieron los jóvenes, que podían resistir el cansancio y el sueño. Y niños de los que aún robaban nidos de golondrinas y fruta verde. Se sentaron en el suelo, formando un ancho corro en torno a los titiriteros.

El hombre de la casaca había clavado cuatro grandes antorchas, que iluminaban sus actuaciones. La función la componían los ocho niños, que se vestían en el carro y saltaban a la tierra roja para formar torres humanas, cantar coros con rumor de lluvia y dar *vueltas de campana*°. El pequeño, de gesto idiota, acompañaba los números con un redoble de tambor, lejano como un eco, monótono y obsesionante. Debía ser sordomudo, pues paraba de tocar cuando el hombre le hacía señas. Los perros llevaban sombreros y golilla y el hombre grande un látigo amarillo, tan pequeño, que hacía sonreír. Pero aquel hombre de la casaca verde, con su peluca y su ancha risa, le pareció siniestro a Juan Niño. Le aterraron sus dientes, que le recordaban los desconchados que había en la pared del cementerio. Su carne era blanca, como enyesada. Él no se contorsionaba sobre el suelo; sólo daba gritos secos a través de su sonrisa fija, y breves latigazos en el aire. Había algo en toda la función que olía a muerte, a flores podridas. Bajo las zapatillas de los pequeños equilibristas, el polvo rojo de la Artámila subía, como un humo furioso, hasta la luna. Una tristeza húmeda, pegajosa, le iba calando lentamente. Le pareció que los ojos del hombre gordo estaban vacíos, como dos cavernas. Y su voz también era de cueva. Tenía unos gestos de cortesía exagerada, tan exquisita para el público de la Artámila que levantaba groseras carcajadas de burla. Entonces, se doblaba en un saludo y aceptaba las mofas como un aplauso. De pronto, Juan Niño le vió las manos: grandes, duras como rocas, brutales. Hacía daño verlas, e instintivamente volvió los ojos hacia los cuerpecillos de los niños, hacia sus brazos y sus piernas flacas, donde los músculos aparecían monstruosamente maduros, resecos. El cuerpo de los niños recordaba esas ramitas de agosto que el sol ha quemado demasiado pronto y se quiebran bajo los pies. Todos iban empolvados y tenían la cara sellada con una sonrisa rígida, mientras les caían gotas de sudor por las mejillas. ¡Qué miserable se había vuelto todo de pronto! ¡Qué falsa la luz de sus adornos! Sus jirones de colores eran andrajos, y su delgadez, hambre. El carro era de madera vieja, y a su lado los muñequitos de nuez pintados de zarzamora hubieran resplandecido como flores. No era ningún carro espléndido: era un gran ataúd lleno de carcoma y gusanillos empolvados. Juan Niño se estremeció. Estaba detrás de Dingo, y la nuca de su amigo se le ofrecía negra, con una inmovilidad de alucinado, de ensueño. Fue la última vez que le vió niño, abrasado de ilusión.

Juan Niño fue retrocediendo, retirándose furtivamente de la

vueltas de campana   somersault

plaza. La cabeza de Dingo estaba aureolada de fuego.

Juan Niño huyó de allí. Trepó hacia la casa, y de cuando en cuando se volvía a mirar cómo la plaza se iba haciendo más pequeña, hasta parecer un juguete. El tambor resonaba, en cambio, cada vez más dentro de sus oídos, aunque las voces se perdían.

De pronto, se encontró parado frente a la barraca de los Zácaros. Y, como aquella madrugada, fue Rosa la que salió y le vió.

—Anda, largo de aquí, chiquito —le dijo—. Nuestro niño está con sarampión y no sea que te contagies en vísperas de comulgar. . . ¡Vete, chico!

Todo el día siguiente, Juan Niño lo pasó en su casa. Rezaba y pedía perdón a Dios por haber robado a su padre. A la tarde esperó en vano el silbido de Dingo, y durmió aquella noche con un sueño inquieto, taladrado por el redoble imaginario de un tambor.

Fue a la mañana del segundo día cuando un presentimiento hondo le condujo hasta la tierra removida, junto al chopo. Como no había viento, ni una mota de polvo alteraba la dureza del sendero, que llevaba lejos, desierto y sin fin. Dingo y Perico se habían ido, como todas las cosas.

VII

Yo tuve un hermano. Hablo aquí de él porque condicionó mi vida y mis pecados. No quiero culparle, pero desde que le conocí la envidia y la ira hicieron su infierno dentro de mí. Y también el amor. Su amor ha sido mi culpa más grave. Su amor aún es mi peso, y vaya donde vaya lo llevaré conmigo.

Pablo Zácaro se hizo un hombre. Un día, un año, apareció como tras un largo sueño.

Estaba Juan Medinao en el patio contemplando el regreso de los jornaleros, y de pronto lo vió. Llegaba sobre un carro de paja, con todo el incendio del sol. Juan Medinao, que controlaba la llegada de su gente, sintió como si de pronto giraran dentro de sus ojos los últimos años, en una rueda fantástica. Ayer, aún le apartaba Rosa para que no le contagiara el sarampión. Ayer, aún le estaba dando Juan Padre un duro, a cambio de un cachorro de mastín.

Aquel mastín estaba ya viejo, a su lado. Y Juan Padre, que había criado aquel perro con un celo e interés exagerado, para que no muriese, estaba ya muerto él mismo. Como tantos y tantos inviernos, como tantas y tantas palabras.

—¿Cuántos años tiene Pablo Zácaro, el de Salomé?. . . —inquirió aquella noche a su capataz.

El hombre calculó, rascándose la nuca, y aventuró:

–Unos dieciocho. . .

Todo el campo estaba dormido. Juan Medinao, con la blusa abierta sobre el pecho y los pies descalzos, como cuando era niño, salió afuera, bajo la luna. Su paseo tenía un algo fantasmal, por entre el trigo segado. Las gavillas se amontonaban en el suelo, en espera de ser llevadas a la era, y Juan contemplaba la tierra con una sed extraña. Llegó al bosque. La cabaña del guarda estaba a oscuras; Dingo y Perico pertenecían ya a lo huído, a lo no vivo, como sus veintitrés años. ¿Qué había hecho desde la muerte de su padre? Se detuvo a meditarlo. Las cosechas habían sido redobladas y había ahorrado, ahorrado más que dinero. Evitó fiestas y borrachos a la Artámila. Ya no se celebraba, en el patio, la parva, y él mismo vestía como un campesino más. No existían las reinas del trigo, ni los vestidos verde y rosa. Había aparecido a los ojos de su gente como sin cuerpo. No fue en busca de ninguna de sus mujeres, ni se emborrachó. Hacía ocho kilómetros cada domingo hasta la Parroquia, para oír misa. No podía soportar que los jornaleros le descubrieran hombre, cercano, te-rreno. Y se mantenía distante, solo. Vivía como novicio de una reli-gión que iba hacia sí mismo. Aquella noche, como un árbol más en el bosque, con veintitrés años menos de vida, intentaba explicarse el tiempo. Juan Padre murió una noche semejante, de apoplejía. Le veló tal como le correspondía, con respeto, sin amor. Y le acompañó al Noroeste, donde escondieron su cuerpo amoratado, bien hondo en la tierra, para que nadie oliera la sangre que se volvía negra. Cual-quier día, cualquier noche, le enterrarían también a él, entre huesos y raíces. Pasaría al tiempo, al enigma del tiempo huído. Con su voz, con sus recuerdos, con su hambre de Dios y su temor.

Un vendaval caliente se desencadenó sobre la aldea. Juan Medinao seguía vagando entre los troncos, con la tormenta sin agua golpeándole la piel. Pablo Zácaro tenía ya dieciocho años. Dieciocho años. La sangre de un perro le salpicó una vez la cara, y sin embargo, qué limpio, qué heladamente había aparecido entre las llamas de la paja, aquella mañana. Pablo Zácaro llevaba una camisa blanca. Las mangas le quedaban cortas, y, por los puños desabrochados, surgían sus brazos, como frotados con jugo de nueces.

Su sed le conducía, como un presentimiento. Había atravesado el bosque y al llegar al límite, allí donde se detenían los árboles, junto a la escarpada loma de la montaña, se quedó quieto como una estatua de sal. Pablo Zácaro, a la luz de la luna, trabajaba allí, en aquel lugar. Estaba cerca el manantial, y en el silencio de la noche resonaban los golpes de la pala y el rumor del agua. Vió entonces que estaba levantando unas paredes de tierra y piedra, como las de las chozas de pastor.

—¿Qué estás haciendo aquí? —dijo en voz alta.

Pablo se volvió. Con el brazo se secó el sudor de la frente.

—Una casa.

Por primera vez se miraron, hombres.

—¿Quién te ha dado permiso? Estás en mi tierra.

—Ésta ya no es tu tierra. Aquí está el lindero del bosque y este suelo no es tuyo.

Arrojó la pala a un lado y acercándose al manantial se inclinó para beber. De modo que iba allí por la noche a hacerse una choza, porque durante el día tenía que trabajar en el campo, para él.

—¿Y para qué quieres esa casa, ignorante? ¿Acaso no tienes una en la aldea? ¿Acaso te cobro alquiler por la casa donde vives? Es una de las mejores de Artámila.

—Quiero una casa mía, hecha con mis manos. . . Desde que era niño, he pensado en esto. Yo creo que todos los hombres deben hacerse su casa.

Entonces, una ira violenta, absurda, se apoderó de Juan Medinao. Era una furia excesiva, injustificada y extraña. La presencia, la voz del hermano, le rasgaban algo debajo de la piel. Algo desconocido estallaba dentro de su pecho, como un ídolo trizado. Deseó echarle su tierra encima, toda su tierra. Hacerle callar, sepultado por su tierra, tapándole la boca con su tierra. Lo deseó muerto, con la carne podrida en el polvo. Dentro de su bosque, entre las raíces de sus robles, alimentando las ramas con la savia de su cuerpo.

Se alejó rápidamente. Un presagio negro le hacía temblar en el calor de la noche.

Los días siguientes, cuando Pablo Zácaro trabajaba en el campo, él acudió más de una vez a contemplar los progresos de la choza. Era una construcción tosca, irregular, pero tenía algo vivo, como salida directamente de las manos del hombre. No se atrevió a tocarla.

Dos meses más tarde, en una mañana de domingo, cuando acababa de llegar de la Artámila Central, una criada llegó para decirle:

—Los jornaleros quieren hablarle, Juan Medinao.

De pronto comprendió que desde hacía trece años, desde el día en que Pablo le tiró la piedra, había vivido esperando aquel momento.

Efectivamente, el hermano presidía la comisión. No había podido ir apenas a la escuela, con toda seguridad. Era un patán. Pero sus palabras tenían aquella justeza y brevedad, aquella potencia tan envidiada por Juan Medinao. Aún no le había oído y ya sabía lo que le iba a decir. ¿De dónde aquella fuerza serena, aquella tranquila seguridad? Su poder estaba en que caminaba recto. Pablo Zácaro sabía lo que quería, e iba sin vacilar hacia su objetivo. Ya de niño, le había hecho pensar en las espigas y las flechas, en un camino duro y sin recodos. Si estaba equivocado, llevaría su equivocación hasta el fin. ¿Es que no sabía el maldito que avanzaba hacia la muerte, que si iba hacia la muerte toda su fuerza se quedaba hueca? La ira le resbalaba alma adentro, como lava. Pablo Zácaro se había hecho hombre, simple, rotundo. No necesitaba escuela, ni religión, ni amor, ni comprensión, para avanzar. Ahora se le venía directo, se le venía a Juan Medinao hacia el corazón, hacia la frente, como una bala ineludible.

Pablo Zácaro se adelantó sobre las losas doradas del patio. Tras él, los tres capataces se hacían niebla parda y cobarde.

—Juan Medinao, queremos que nos aumentes el jornal.

Juan Medinao miró al suelo. Los pies del hermano estaban desnudos, y su tono cobrizo resaltaba en el polvo de oro.

—¿Quién dirige esto? —preguntó Juan Medinao.

Todos —repuso Pablo.

Los tres capataces se hicieron sensiblemente más difusos. La voz de Juan surgió trémula y bronca:

—Idos vosotros. Tú, Zácaro, quédate.

—No.

Seguían allí, quietos como árboles.

—Está bien —dijo Juan, dominando su violencia—. ¿Y por qué? ¿Por qué ese aumento? No os falta nada. Siempre cuido de que no os falte nada.

—Somos los jornaleros peor pagados de la región.

—¡Estúpidos! ¡Necio ignorante!, quisiera que me digas qué es lo que te hace falta. ¿Para qué quieres dinero? Cualquier obrero de la ciudad entraría en tu pellejo, y te atreves a protestar de tu suerte. ¿Has pasado hambre alguna vez?

—No. Nunca he pasado hambre.

—¿Qué quieres más?

Pablo sonrió. Era la primera vez que veía su sonrisa de hombre. Seguía teniendo dientes de lobo, de cal, brillando como cuchillos.

—Tierra mía. Y si me muero de hambre, que sea mía la culpa.

Juan Medinao apretó las manos una contra otra; tenía las palmas húmedas. Ahora su voz fue honda, suave y escondida:

—En la Baja Artámila la tierra es mía. El que no quiera trabajarla que se marche.

—Nadie trabajará tu tierra, Juan Medinao —dijo Pablo—. Nadie, hasta que cambies de opinión.

Se alejaron despacio. Los tres capataces no levantaban la cabeza, y tropezaron con la valla al salir del patio. Sólo Pablo se alejaba tranquilo, pisando suave y firme con sus pies desnudos de salvaje.

"Ya le doblará el tiempo –se dijo Juan apretando los puños–. Cree que es el primero en decir eso. . . Y va directo, con todos sus errores, al fondo de una fosa. Como tantos y tantos antes que él y después que él. Pero en mi vida habrá paz. Paz y silencio, en mi espera. Tengo bastante para vivir sin ellos. Mi trigo se pudrirá en silencio, en silencio, en silencio. . ."

De esta forma, sin haber oído hablar nunca de huelgas, Pablo Zácaro le organizó la primera a su hermano.

El sol ardió sobre la hierba y el trigo. Al principio, los hombres se mantuvieron firmes, y el hambre cundió por la Baja Artámila.

Juan Medinao calculó sus bienes. Podía vivir el resto de sus días allí, en la casa; entre sus paredes desnudas, sobre sus campos muertos. Pasearía su espera entre los robles. Los frutos se perderían, caerían al suelo, y luego volverían a brotar desoladamente. Acababa el verano.

A veces, Juan Medinao veía mujeres y niños afanándose sobre unas huertecillas míseras, fuera de su jurisdicción. Los hombres subían a las otras Artámilas en busca de trabajo. La Casa de los Juanes estaba ahora llena de eco, eco de su soledad y su silencio. En las junturas de las losas del patio no brillaba ninguna paja, como si estuvieran en invierno. Tan sólo las mujeres que le servían en las faenas domésticas cruzaban alguna vez frente a su ventana, o el patio desierto, con sus ropas negras. Al atardecer, la fachada granate de la casa tenía un hálito sombrío. Juan Medinao notaba lentamente cómo su paz se hacía trizas en el alma; que su paz era una mentira agusanada, muerta. No había silencio más que en su casa y en su tierra, porque tenía el alma llena de gritos. Pablo Zácaro, en cambio, existía con auténtica serenidad, sin arrebatos.

Se acercaba el tiempo de la siembra. Juan Medinao tropezaba con su sombra en todas las paredes, y huía al bosque. Su traje estaba más sucio y descuidado que nunca, y el cabello le caía en mechones por detrás de las orejas. Devoraba su comida, sin sal, y notaba que su ruta hacia la muerte estaba sorprendida, acechada, amenazada por la fuerza de aquél que daba un concreto valor a la existencia. Un deseo extraño, indómito, le empujaba hacia él.

Hacía muchos años, cuando él era aún niño, Juan Padre había plantado una viña en lo hondo de un barranco, detrás del bosque. Bajó a ella una tarde huyendo de sus sentimientos. Quería la fuerza del hermano, su fuerza equivocada e indesviable, y ver cómo iba avanzando sin inclinarse, él, que iba siempre amparándose en las esquinas y los troncos. Con un odio primitivo, se hubiera apoderado de su fe, de su ingenuidad, de su libertad. Le quería sorber toda su seguridad y hasta aquella ignorancia, que le hacía avanzar tan firme.

En el barranco, la viña era un puro cementerio de sarmientos. Había unas hojas encarnadas y húmedas, gelatinosas, que le hacían resbalar. El frío mataba el fruto de aquella viña que nunca había madurado.

Entonces vió un hombre y una mujer cogiendo sarmientos para leña. Eran Agustin Zácaro y Salomé. Al verle, se quedaron como perros apaleados.

Juan Medinao se acercó. El viento levantaba su cabello.

—Salomé —dijo—. Tu hijo es un malvado.

La mujer bajó la cabeza.

—Todos vivíais en paz conmigo. Él está perjudicando a toda la aldea.

Entonces se dió cuenta de que el corazón le golpeaba fuerte, porque Salomé se parecía a su hijo. Tenía su nariz corta, sus labios morenos. Un mechón de pelo le caía también sobre la ceja, negro y retorcido. Apartó la vista, con manos temblorosas.

—Amo, yo no puedo hacer nada. . . —dijo Salomé—. Él no se parece a nosotros, ni a nadie. ¡Antes se lo llevaría el diablo que volverse atrás!

—¡Pues que se lo lleve, que le haga ceniza de una vez! —aulló Juan Medinao. Su cara tomó un tinte terroso.

"No se parece a nadie. No se parece a nadie. Es como un ángel", le decían voces al oído.

—Agustín —dijo al fin—. Advierte a la gente que les esperaré hasta el primero de octubre. Si entonces no se han presentado, toda mi tierra se secará al sol. Advierte esto, Zácaro: yo no os necesito a vosotros. Sois vosotros los que me necesitáis a mí.

Dió media vuelta y se alejó.

Pero los hombres volvieron, y Juan Medinao salió al patio a decirles que no les guardaba rencor, y cuánto se alegraba de que volvieran a sus tierras. En seguida, vió a Salomé, entre Agustín y Rosa. Pero todos estaban callados y su silencio pesaba como plomo. Se fueron con los arados y los yugos hacia los campos abandonados.

A Pablo, lo buscó inútilmente entre los labradores. Fue como un perro hambriento buscándole en los surcos. Él mismo cogió el arado y se puso a hendir la tierra. Allí enfrente, una bandada de pájaros negros se hundía hacia el bosque. Salomé estaba a su lado. El arado pesaba mucho y a Juan Medinao le salieron llagas en las manos.

Su corazón caía, como la simiente. Anocheció. El rojo de la tierra, abriéndose, era como una réplica violenta al acero del cielo. Los árboles brotaban negros, duros, hiriéndole con su evocación del hermano.

Al fin, no pudo contenerse. Después de pasar el día entre los campesinos, se acercó a Salomé. La mujer levantó hacia él los ojos. ¿Cómo pudo pensar alguna vez que se parecía a Pablo? No había en aquellas pupilas la transparencia roja de las uvas negras. Era una mirada de vaca, húmeda y simplona.

–¿Dónde está?

–¿Quién?

Era su madre y lo preguntaba. La hubiera abofeteado.

–¿Dónde está tu hijo?

–¡Ay, no nos va a perdonar nunca que hayamos vuelto! –dijo. Aparecía cansada, rendida. Se había sentado en una piedra, con las manos sucias de tierra en la cintura y la cabeza ladeada. Había en su garganta una ternura contenida, y suspiró, sin voz, hondamente.

–¿Pero dónde. . ., dónde está?

Había tal violencia en su pregunta, que la mujer le miró quieta.

–Es un chiquito aún, amo. No se enfade con él.

"Qué sabes tú, bestia simple", pensó él. Le dió la espalda, y como un alucinado entró en el bosque. La tarde se acababa y había una niebla sutil y azulosa. Las hojas caídas parecían lumbre esparcida. Preguntó al guarda si le había visto pasar.

–Sí; ha ido a la choza esa que ha armado en el barranco.

Lo suponía. Llegó a ella sudoroso, con la respiración agitada.

–¡Zácaro! –llamó.

Estaba a la puerta de la choza. Había prendido fuego y miraba las llamas. Se volvió a mirarlo.

–Vuelve allá, muchacho –dijo Juan Medinao. Te perdono de todo corazón.

–¿Qué es lo que me perdonas? –dijo Pablo.

–Digo que puedes volver a mi campo, en el mismo puesto que antes. Ya sé que todo lo armaste tú, todo fue culpa tuya. Pero no te guardo rencor, y quiero verte de nuevo en mis campos, igual que antes.

Pablo rió, del mismo modo que lo había hecho aquella vez en la era, hacía ya trece años, cuando le tiró la piedra.

–Dios mío –dijo Juan Medinao con voz apasionada–. Si eres una criatura. . . Vuelve. Vuelve con todos los demás.

Pablo, en lugar de responder, se puso a mirar otra vez el fuego, dándole la espalda. Los ojos de Juan envolvieron con sed su cabeza y sus hombros, nimbados de rojo.

–Vamos, no seas niño –dijo–. Tu madre, Agustín, todos, han vuelto. . .

Entonces Pablo se puso de pie y le miró de frente. Juan Medinao tuvo deseos de retroceder. El hermano le dominaba con su estatura, con la fuerza de su cuerpo joven. El fuego de la hoguera acentuaba el vino de los ojos de Pablo. Juan Medinao notó la boca seca. Deseó salvajemente saltarle y morderle el cuello, clavarle despacio los dientes con pulgadas de agonía, sorber aquella voz que brotaba tan clara:

–No pienso volver a tu tierra, Juan Medinao. No puedo ir a mezclarme con los que vuelven a trabajar para ti.

–¿Por qué les odias? Tú aún no sabes qué hermoso es perdonar.

–Si yo no les odio. Es que no puedo vivir entre ellos, ya, como no podría vivir, por ejemplo, en el fondo del río. No me queda nada que hacer en esta aldea, y me iré cuanto antes pueda. No te preocupes más de mí, Juan Medinao. Tampoco te odio a ti. Ni a ti ni a nadie. Yo no puedo odiar ni querer del mismo modo vuestro. Todo es mucho más sencillo y más fácil en mí.

Juan apretó los dientes. El paisaje se volvía rojo para él. Le pareció que los ojos de Pablo giraban ahora dentro de los suyos, emborrachándose con su fuerza. Le hubiera matado allí mismo, le hubiera derribado a hachazos como a un árbol, le hubiera pisoteado hasta caer rendido de cansancio.

–¡Hijoputa! –chilló roncamente. Pero tampoco aquel insulto significaba nada para Pablo. Tranquilo, se puso a echar más leña al fuego. La palabra madre, era como todas las demás palabras para él.

–¿Adónde crees que vas a ir tú, estúpido campesino? ¿Qué es lo que crees que vas a hacer? Has nacido para *destripar terrones*° cara al suelo. ¿Sabes, acaso, lo que eres o lo que quieres?

–Sí, lo sé –repuso sosegadamente el chico–. Y también sé lo que eres tú.

Juan Medinao dejó escapar una risa sorda:

–Dímelo, entonces.

Pablo, ahora, cortaba ramitas pequeñas y las echaba al fuego.

–Soy un hombre: nada más y nada menos –dijo–. Quiero tener tiempo para vivir, y que lo tengan también los demás hombres. No he nacido para destripar terrones: a mí, lo que me hubiera gustado es hacer casas. Desde pequeño, pienso en eso, y como no he podido estudiar seré albañil. Sí: eso me gusta mucho. También quiero ver

destripar terrones   to work on the land

todo lo que existe en la tierra, lo que hacen y lo que piensan los otros hombres. No sé lo que queréis decir cuando nombráis el padre, el hermano: a todos los hombres los respeto y los quiero del mismo modo. Quiero andar por todos lados, comer cuando tenga hambre y dormir cuanto tenga sueño. Quiero poder levantar mi casa donde me guste y tener la mujer que quiera. Y, cuando esté seguro de que mi hijo podrá tener todo esto, querré un hijo también.

– ¡Pero si te vas a morir, desgraciado! ¡Si te vas a morir!¿No te das cuenta? Todo se lo traga el tiempo y sólo somos novicios de la muerte. Al fin, te desharás en la tierra. Entonces, ¿adónde irán a parar tus casas y tus hijos, para qué tus casas y tus hijos. . .?

– No hay muerte para mí. Mientras yo viva, no existe la muerte.

– ¡Tú no sabes nada! Eres un pobre niño estúpido. Piensa sólo adónde has llegado, piensa adónde vas a ir; no conoces lo que es vivir en un continuo incendio, con Dios dentro de ti. Piensa en Dios.

– Yo no sé qué es Dios. No existe nada antes de mí ni después de mí. No hay muerte. Estoy en la tierra, me gusta vivir en la tierra. Sólo quisiera que todos los hombres tuvieran mi felicidad.

– ¡Tú qué sabes lo que es felicidad! Yo sí, sé lo que es arder en vida, como ahora está ardiendo este bosque. . . Yo sí sé lo que es temor, amor, sufrimiento. ¡Yo sí sé, yo sí sé. . .!

Pablo le miró largamente. Luego, exclamó:

– Te dije que sabía lo que tú eras, y voy a decírtelo. Te he visto crecer por encima de mí, he visto cómo andabas entre todos nosotros. Cuando tenías quince años y deseabas una mujer, en lugar de ganarte su amor, huías lejos y te masturbabas. Cuando te pegaban y te insultaban, en lugar de defenderte, rezabas, llorabas y huías. Cuando odias, como no puedes matar, perdonas. Tienes dinero y lo guardas. Yo no puedo odiarte del mismo modo que tú odias: sólo sé que mi cuerpo te rechaza, porque estás podrido. No haces nada. No tienes ningún cometido en la vida, ni siquiera levantar paredes de casas. Esa otra vida de que hablas, suponiendo que fuera cierta,¿crees que iban a regalártela sólo por haberla esperado, sólo por haber ido arrastrando tu espera en la tierra? No, no, Juan Medinao. Tú no eres nadie. Tú no eres nada.

Juan Medinao retrocedió hacia los árboles. Maldito. Maldito. Despanzurraba lo más escondido del corazón, definía cosas que se creían sin nombre. Y se quedaba quieto, amable, ingenuo. Con una envidiable fe, limpia de más allá, tan distinta a su oscura fe abrasada.

– Soy tu hermano, Pablo.

Su voz sonó como un río antiguo y escondido, arrastrando su corriente hacia lo hondo.

– No más que todos los hombres – repuso Pablo. Y luego se metió en la choza.

Entonces, Juan tuvo conciencia plena de su amor. Su amor como cáncer, que Pablo no sentiría ni comprendería nunca. El amor más allá de todo y todos, como azote de Dios. Huyó de allí, porque sabía que si se quedaba iba a arrastrarse hasta la choza y suplicarle como un perro que no se fuera, que le tuviera a su lado. Que iba a pedirle que no se separara nunca de él, y no se fuera como todas las cosas. Ah, si hubiera podido reducirle, fundirle a él.

Volvió a su casa. Ahora comprendía que Pablo era parte de sí mismo. Él era como el molde hueco de su hermano, y lo necesitaba, deseaba su contenido más allá de toda razón.

En el patio de la casa estaba el mastín que Juan Padre comprara a Pablo hacía trece años. Juan Medinao fue al establo y buscó una soga. La ató al cuello del perro y, desde el otro extremo de la cuerda tensa, con los pies hundidos en el polvo, fue viendo como el animal, estúpidamente indefenso, con su nudo corredizo al cuello, se estrangulaba a sí mismo. Una baba espesa manchó el suelo. No le fue posible ni aullar, y un solo ladrido de espuma roja le caía por las fauces y la lengua. Luego, cuando estuvo muerto, le quitó la cuerda del cuello y mandó que lo enterraran lejos.

Al día siguiente, Pablo Zácaro ya se había ido a la Artámila Central. Juan supo que trabajaba allí de peón, hasta conseguir el dinero suficiente para ir a la ciudad.

Juan Medinao bajó a la barraca de los Zácaros.

—Quiero que todo el mundo sepa que es mi hermano. Quiero tenerle a mi lado, en mi casa, y partir mi herencia con él. Salomé, dime cómo puedo hacer volver a tu hijo. Eres su madre, sabes más de él que yo, y conoces lo que puede acercarle a mí y hacerle aceptar esto que quiero darle.

Estaba sentado en la misma cocina donde, años antes, Rosa le había lavado la sangre de las rodillas. Salomé le miraba con ojos de can agradecido. El estupor la dejó como muda. De pronto empezaron a caerle lágrimas:

—Eres bueno, amo —le dijo—. Más bueno que tu padre. Más bueno que mi hijo.

—Es mi hermano —repitió él obsesivamente. Aquello que tanto llevaba en silencio, estallaba ahora entre sus labios como una flor encendida—. Es mi hermano.

Sus preguntas estrechaban a Salomé, la agobiaban. Juan Medinao sabía que Pablo no iba jamás contra sí mismo, y se ahorraba hacerle su ofrecimiento directamente. Algo había de atraerle escondidamente, o, si no, no vendría nunca.

Cada noche, bajaba a la barraca de los Zácaros, con su

esperanza indomable. Ellos le cedían el mejor lugar junto al fuego, deslumbrados por aquel interés súbito e incomprensible. Agustín le miraba en silencio, con rencor. Rosa tenía para él la misma expresión de indiferencia que cuando le lavó las rodillas y le mandó alejarse de la barraca. Ahora, estaba toda llena de surcos, negra. Les oía hablar, y no decía nada. Una noche, en pocas palabras, resumió mucho más que todo el parloteo agradecido y confuso de Salomé.

–Pablo anda enamorado desde niño de una de los Corvos. Yo le conozco bien, y sé que no se irá a la ciudad sin llevarla con él, porque la chica le quiere. Y Pablo nunca va contra esas cosas. A veces la veo a ella cómo coge el sendero de la Artámila Central, y podría jurar que él hace lo mismo para encontrarla por el camino.

Los Corvos eran hijos de aquel viejo pastor que no debía nada a los Juanes. Ninguno de ellos trabajaba para Juan Medinao, y eran de las escasas familias independientes de la Baja Artámila. Juan Medinao se levantó precipitadamente y salió de la barraca.

Desde que su madre y sus compañeros volvieron a trabajar para Juan Medinao, Pablo no había hablado con ningún jornalero y se marchó de la aldea sin ver a Salomé. Juan buscaba inútilmente una fuerza capaz de atraerle a sí. Ahora que le había encontrado, se le iba de las manos, sin remedio. ¡Pero le obligaría a volver! Tenía que obligarle a volver y enterrarle a su lado, dentro de la casa granate, para beberle toda su fría pureza. Cercarle la vida con sus paredes y su sed de hombre que sólo encuentra agua envenenada. El hermano y él debían formar uno sólo. Eran realmente un solo hombre y la separación se hacía dolorosa, tan cruel como cuando el alma abandona el cuerpo. Tenía que ganarle, tenía que apresarle y no dejarle marchar. No podía quedarse así, incompleto, partido.

Por aquellas fechas, los de la Artámila Central celebraban su fiesta. Aquella tarde, Juan Medinao vió a una muchacha de la Baja Artámila que avanzaba por el sendero grande. Era rubia y delgada, con un vestido verde. No dudó de que era la nieta del Corvo, que subía a la fiesta para encontrarse con Pablo Zácaro.

Se acercó a mirarla, ocultándose tras los árboles del camino. Ella tenía a Pablo. Ella conocía la presión de su cuerpo, la sal de sus dientes y su vello empapado. Tal vez llevaría todavía en la piel el olor de Pablo Zácaro. Tendrían recuerdos en común y ambos amarían la vida por igual. Él le habría contagiado su apego a la tierra, su felicidad de objetos concretos y palpables. Para ella tampoco existirían la muerte ni Dios. Vivían, pues, al ciego entender de Juan, sin vértigo, limpios y jóvenes.

Apretó los dientes y tuvo que dominar su lengua para no llamarla y preguntarle por él. Por el contrario, encaminó sus pasos al

Noroeste, hacia el cementerio. Allí, en el campo, la hierba se conservaba más verde. Miró a través de la verja, y vió un perro husmeando entre las cruces caídas. Le tiró una piedra y el animal huyó, con algo entre los dientes. Juan buscó la tumba de sus padres. "Mientras yo viva, no existe la muerte", había dicho Pablo. "Mientras yo viva." ¡Oh, cómo podía ignorar la ceniza de los cuerpos, cómo no percibía las ausencias! Tantas ausencias, rondando en la oscuridad, flotando a nuestro alrededor como luces apagadas.

Sin apenas darse cuenta, se le acabó allí la tarde. Un viento cruel le llevó a la nariz el aroma a moho, a humedad de zanjas. Dió media vuelta y bajó deprisa hacia la casa. Fue al establo y contempló el caballo. Estaba ya cercano el día en que bajarían los potros de la sierra. Veinte potros negros, rojos, blancos, que bajarían vertiente abajo en manada salvaje, levantando nubes de tierra furiosa. Se estremeció. Llamó al mozo para que le ensillara el caballo.

Cuando galopaba ya hacia la Artámila Central, había oscurecido. Al divisarla, el cielo estaba negro. En el silencio del sendero, los cascos resonaban como aquel tambor de los titiriteros. Los cascos eran azules en la oscuridad. Iba a rienda suelta, con el viento partiéndosele en la cara.

En un recodo, entre el abrazo de las montañas, estaba la Artámila Central. Un extraño resplandor surgía ahora en la noche. Estaban celebrando la fiesta y habría luces en la plaza grande. Inesperadamente empezaron a tocar las campanas. Las campanas. Un temblor cálido recorrió su sangre. Las campanas hondas, lentas, graves, formaban un extraño dúo con el redoble de los cascos del caballo. Hacía frío y, sin embargo, empezaba ya a sudar. Campanas de iglesia que llamaban a Vísperas. Campanas de altura, no de fiesta. Casi le hacían daño.

La Artámila se apretujaba casa con casa en la oscuridad. Era una noche sin estrellas ni luna. Las calles de la Artámila Grande, eran estrechas y empinadas, y las herraduras resbalaban en las piedras del suelo, con chispazos verdes. Descendió del caballo y lo ató a un poste. Enfiló por una callejuela que descendía negramente hasta la plaza. Antes de llegar a la esquina se paró. Los muros de la calle eran tan estrechos, que en su confín sólo podían abarcar un pequeño tenderete de caramelos y gorros de papel, bañado por la luz de la plaza. De tal modo soplaba el viento, que se llevaba lejos los ruidos y no le llegaba a él ningún rumor. Por momentos, creyó estar contemplando una pantomima silenciosa. Muchos trozos de papel brillante, bamboleados por el viento, pendían del borde del toldillo. Un niño estaba de espaldas, tendiendo una moneda al hombre del puesto. Un gorro de papel encarnado se arrastraba por el suelo. Sintió entonces como si el viento le entrara por los ojos y bamboleara en su interior serpentinas y papeles de colores. Como si agitara dentro de su pecho todo el marchito carnaval de su nacimiento. Avanzó hasta el final de la calle, y al desembocar en la plaza quedó parado. De repente, le había golpeado toda la música. Parecía que no fuese él quien había doblado la esquina, sino que toda la plaza, como un enorme escenario giratorio, daba la vuelta hacia él. La plaza quedaba honda, era cuadrada y unas tres veces mayor que la de la Baja Artámila. Debería descender unas escaleras de piedra para llegar hasta ella. Allí estaban todos abrazados debajo de la música, con gorros y viseras de colores abigarradamente apretujados. El viento seguía agitando infinidad de banderitas de papel, verdes, moradas. Un polvo amarillo se elevaba de entre todos ellos, y había allí un algo brutal y sórdido, casi siniestro. Los músicos vestían chaquetas a cuadros y estaban ya medio borrachos. Únicamente, en un extremo, el puestecito de caramelos aparecía apartado y frágil, con un vago hálito de niño muerto.

La puerta de la taberna era en arco. Parecía la boca de un horno. Juan Medinao se dirigió a ella. Dentro, todo era de color rojo. Las caras de los hombres, rudamente encendidas, se apiñaban y cantaban sobre el vino. Vió los brazos y los dientes de la mujer que servía los jarros. El líquido violento le resbalaba por entre los dedos. Juan Medinao entró y se le pegó a la piel todo el calor. Podría cortarse en el aire el humo de los cigarros y la respiración. Tragó vino y le quemó. Se limpió con el antebrazo y creyó que sus labios iban a dejarle una marca de fuego en la piel. Todo hubiera ardido allí dentro, hasta la madera verde.

En un extremo les vió. Se pegó entonces a la pared, junto a una cortina de madroños desteñidos. Estaban sentados junto a un barril que les servía de mesa, y bebían de un mismo jarro. El cabello de Pablo Zácaro se curvaba en anchas anillas negras, caídas sobre los ojos. Ella llevaba ahora un collar de cuentas verdes, de vidrio verde, donde tiritaba la luz. Estaban enlazados por la cintura, lejos de todos. Juan Medinao pagó, y se fue de allí.

Espió; les vió salir al poco rato. No participaban en la fiesta de los otros, iban hacia el campo. Hacia el campo que se tendía como un gran perro verde y rojo tras las casas de los hombres. El campo que les acogería con su nostalgia de primavera y madreselva. Estaban en octubre, con tierra húmeda y ceniza de hojas, pero ellos llevaban el sol allí donde fueran. No necesitaban los papeles de colores ni la música grosera de la plaza. Allí donde fueran, llevaban la fiesta de sus breves años duros, sin rondas de recuerdos o presagios, devorando minutos como estrellas. Juan Medinao les vió marchar hacia la hierba y el agua, hacia los robles y el azafrán silvestre. Y él quedó pegado contra una pared, sintiéndose más zambo y más feo que nunca.

Saltó al caballo como un lobo que ataca. Al galope, con la misma sed que le había traído, marchó de nuevo a su aldea.

Al día siguiente, fue más allá de las chozas de los jornaleros, hasta el río. Entre los mimbres encontró a la chica de Pablo Zácaro. Estaba lavando, con las manos tiritando en el agua. Tenía los ojos un poco juntos, de color azul muy fuerte. Su cabello brillaba pálidamente bajo el sol alto de la mañana. Le pareció demasiado flaca, aunque tuviera los hombros redondos y en la garganta como encerrada una paloma. Se notaba que no iba a quemarse al campo de Juan Medinao, como otras muchachas, y que sólo se ocupaba en faenas domésticas. La noche anterior estuvo ella con él, con Pablo Zácaro, tragándose su respiración, su olor a trigo.

–Ven aquí –le dijo. La chica le miró sorprendida. Después, se asustó de los ojos de Juan Medinao, que avanzaba con sus piernas torcidas y la cabeza gacha hacia ella. Echó a correr, como una espantada corza joven, torpe y tierna. Sus brazos mojados iban esparciendo un reguero de gotas brillantes que se fundían oscuramente en la tierra. Juan Medinao la siguió, devorado por una idea fija. La chica entró en la casa y cerró la puerta. Juan Medinao llegó, y empezó a golpear la madera, brutalmente. Un gran silencio se extendía entre las casas, porque la gente estaba en el campo. Nadie repuso a sus golpes. Juan Medinao llamó a la chica varias veces. Luego, oyó cómo sobre su cabeza la ventana se cerraba también precipitadamente.

Juan Medinao dejó caer los brazos. Regresó lentamente.

Pero ahora ya sabía qué iba a hacer. Cualquier cosa le parecía sensata, con tal de acabar con quella ausencia. Cualquier cosa antes que renunciar al hermano, porque la separación le volvía loco. Se sentía encendido, completamente fuera de los hombres. Padeciendo su dolor de hombre rasgado en dos mitades, sabiéndose como los robles viejos y huecos. Sólo era una corteza con caminos de hormigas y de arañas, con viento y musgo sobre su herida.

Dos días más tarde, por la noche, cuando supuso que estarían los Corvos en su casa, fue hacia la aldea. Antes, había traído regalos de la Artámila Grande. Llamó a la puerta y le abrieron. Al verle, la madre y los hermanos se quedaron quietos, mirándole. El padre estaba comiendo, de espaldas. De pronto, sin sentarse siquiera, dijo que ya tenía veintitrés años y había decidido casarse. Había visto a la pequeña Corvo y se había enamorado de ella. La misma Biblia decía: "No es bueno que el hombre esté solo". Se pasó la mano por los cabellos, y calló, esperando.

Los Corvos estaban agazapados, en silencio. El padre se volvió a mirarle. Sus grandes mandíbulas cuadradas habían dejado de masticar. La pequeña Corvo tenía dieciséis años. Estaba detrás de la puerta, con los ojos simples y sin saber qué hacer de las manos, Juan Medinao le preguntó, como en los cuentos:

–¿Quieres casarte conmigo?

Ella sacudió la cabeza negativamente y huyó escalera arriba. Juan Medinao, en el silencio de los Corvos, abrió los paquetes. Dejó sobre la mesa unos pañuelos de colores, un collar de cobre, un rosario de nácar. Fue hacia la puerta y entonces la madre corrió precipitadamente a abrirla:

–Vivirá en la Casa Grande y tendrá todo lo que necesite. No trabajará ni en la casa ni en el campo. Que lo piense esta noche, y mañana, a esta hora, volveré.

A la noche siguiente, cuando entró, los Corvos le ofrecieron una silla. Llamaron a la chica, que tenía por nombre Delia. Entonces, la madre Corvo habló y dijo que todos ellos estaban conformes. Tan sólo si hubiera vivido el abuelo Corvo hubiera protestado. Pero estaba ya entre la tierra del Noroeste. Los ojos de Delia estaban rojos. La miró en silencio, y le pareció estúpida, tierna y deslavazada como la fruta de primavera. Volvía a tomar el gesto huidizo de las corzas y quiso escapar por la puerta hacia el campo. Pero la madre la cogió por la muñeca. La chica empezó a forcejear y la madre le dió una bofetada. Delia empezó a llorar. En su mejilla aparecieron cinco manchas rojas.

–Quédate y habla con él –dijo la madre. Los Corvos salieron de la habitación, en silencio. Y se quedaron solos.

La chica lloraba como un niño. Juan la atrajo sin ternura. Sintió cerca su cara mojada. En las pestañas rubias centelleaban las lágrimas. "Él la quiere y vendrá en su busca. La llevaré a mi casa, y así, de este modo, él vendrá a mi casa también." Se inclinó para besarla, y entonces se le llenó la boca con toda la sal, con todo el aroma del hermano. La boca de Pablo había besado también aquellos labios y estaban todavía mojados con la noche de él. Un ola de sangre le cegó, y mordió furiosamente hasta oírla gemir. Luego la apartó lejos y salió de la casa. Dejó la puerta abierta, golpeando contra el muro, y entró en la habitación un remolino de hojas y polvo. Un perro cruzaba la plaza, con la lengua colgando.

Montó al caballo y a galope fue en busca del párroco, a la Artámila Central. Los días giraron rápidos, y una mañana que parecía el día siguiente se casaron en la Artámila Grande, y oyeron las campanas.

No vió al hermano en ningún lado. Pero ya había mandado a Salomé en su busca, con la noticia.

Cuando el cortejo de la boda regresó de nuevo a la Baja Artámila, los jornaleros en el patio les ofrecieron sus presentes de nueces pintadas y fruta invernal. Un fuerte olor a manzanas invadía el patio. Juan Medinao prohibió la música y repartió monedas de cobre entre los niños. La novia entró en la Casa de los Juanes mirando a un lado y otro como si la persiguieran. En el cuarto desnudo de Juan Medinao no había una sola modificación. La cruz negra de sobre la cama pareció caer sobre el pecho de la chica, hecha de sombra. Delia estaba quieta en el centro de la habitación, con su vestido negro y su mantilla negra. Por la ventana pasó un pájaro, flechado.

Bruscamente, Juan Medinao dio medio vuelta y bajó las escaleras. En el patio, ya desierto, estaba esperándole Salomé. Al verla, sintió el corazón azotado, y le pareció que acababa de entrar en una zona de sombras y de vientos. La cabeza de Salomé estaba vencida, y llevaba los zapatos manchados por el barro del camino.

–¿Le has visto?

Ella asintió. Entonces, Juan Medinao la cogió por las muñecas y la llevó a las columnas del patio.

–Dime, mujer –dijo sin tener en cuenta que apretaba las muñecas de Salomé como con tenazas de hierro.

Entonces, ella lo explicó. Había ido a buscarle. Le había dicho lo de la boda. Él, entonces, se había quedado quieto y pensando, y a ella se le partió el corazón como cuando era pequeño y le veía clavarse un cristal en el pie descalzo. Había tenido ganas de besarle. Estaba segura de que el corazón de Pablo tuvo frío. ¡Hacía tanto tiempo que quería a Delia Corvo!... Pero Pablo había dicho solamente: "Es dueña de hacer lo que desee." "¿Pero tú no la querías?", había insistido ella, con dolor. "¿Vas a dejarla así, en brazos de otro hombre?... Juan Medinao quiere tenerte como hermano, en su casa. Vé con él, y de este modo la tendrás también a ella." Todo era muy sencillo, pero Pablo se negó con una sonrisa lejana. "No –exclamó con su firmeza suave–. Si ella se ha casado con él, yo no debo mezclarme en su vida. Ella lo ha hecho, luego es su conveniencia. Si hubiera ocurrido al revés, si fuese yo el primero en haberla dejado, no querría verla persiguiéndome como un perro. Todo está bien así. Ahora no necesito tardar más en marcharme a la ciudad, porque, para irme yo solo, puedo hacerlo con las manos en los bolsillos." Esto exactamente era lo que habían hablado. Y Salomé se fue, dejándole solo.

Juan Medinao se estuvo quieto durante un rato. Era como si una infinidad de risas menudas le rodeasen, igual que almitas flotando en torno a su cuerpo inmóvil. Se acordó de la figurita delgada y negra que, en el centro de su habitación, se había quedado sola, con su sombra alargada hacia la puerta. Un grito seco taladró sus dientes, y bruscamente avanzó hacia la empalizada. Atravesó la valla y salió al campo. Corría, alucinado, lleno de fiebre, más allá de las barracas y del bosque. Un viento amargo abrazaba su cuerpo, que sudaba. El otoño estaba quedándose desnudo.

Llegó hasta el fondo del barranco. Su viña aparecía en silencio, muerta. El sol iba hundiéndose tras el bosque, con un rojo de sangre. Estaba cargado de dolor, sentía el dolor físico del hombre mutilado, con lenguas de sal sobre su herida. Pablo no estaba. Pablo había huído: pero ya no importaba, porque aunque lo hubiera tenido a su lado, en su casa, enterrado en su vida, comprendía que estaría siempre fuera de él, que siempre estaría fuera de su alma y de su cuerpo, más allá de su sangre y de su espíritu. Él era un hombre condenado al vacío, a la ausencia.

Entonces fue cuando vió a Salomé. Estaba entre los sarmientos y las hojas caídas, llorando. Había sobre sus cabezas un rumor que se acercaba y crecía. Era un redoble repetido, lleno de ecos. Juan Medinao se estremeció. Vertiente abajo, con las crines al viento, en una furiosa nube de polvo color cobre, bajaban los potros de la sierra. El potrero lanzaba un grito largo, muy largo, que se moría por sobre los árboles desnudos. Una lluvia de piedras rodaba por la pendiente, dando saltos hacia el río. Los relinchos herían la tarde, y el tambor de sus cascos, lleno de resonancias, era el eco de su sangre. Una desesperación honda le sumergía, le aplastaba tierra adentro como a un muerto. Se le metió por la nariz y los ojos, por los oídos, por los labios, todo el polvo candente que arrastraba la manada. Juan Medinao miró a Salomé, a través de la nube ardorosa. Así, con las pestañas velándole los ojos, se parecía a Pablo. También las aletas de su nariz temblaban en una vibración sutil. Los labios duros, la piel como frotada con jugo de nueces. Los dientes de cuchillo. ¡Si no levantase los párpados, si pudiera uno creerlos llenos de su vino, de su imposible vino rojinegro! ¡Estaba tan cerca, con los mechones de pelo brillante y retorcido cosquilleándole las mejillas! Mordió su cuello, su barbilla redonda, aferrándose desesperadamente a razones vacías. Un aroma a manzanas y trigo huía, huía, taladrado de ausencia, de imposible. La tumbó en las hojas amarillas, cubiertas de viscosidad, respirando como un león. Los cascos de los potros estaban ya como en sus venas, dentro de sus ojos. Cruzaban el río resbalando en el musgo y las piedras. Una lluvia de barro cayó sobre ellos, con el grito agónico del potrero. Los cascos se perdieron a lo lejos. Perdiéndose como todo, como todos.

—Y hoy por hoy, Padre, como voy para viejo, mis pecados dominantes son la gula y la pereza.

Juan Medinao había acabado su confesión. El curita le dió la absolución con su mano de cera. Al día siguiente podría ir a comulgar y oír campanas.

VIII

El entierro estaba preparado. La madre, en la puerta de la barraca, suplicaba al viejo doctor que no estropease al niño. El viejo la apartó de un empellón. El cuerpo empezaba a descomponerse, porque estaba reventado, y el hedor invadía la estancia y empañaba el vidrio de la ventana. Pedro Cruz, con la cara terrosa, tenía la boina entre las manos.

El viejo doctor encendió un puro retorcido, y empezó a jurar ante las cintas y las flores de papel que cubrían el cadáver. A tirones, iba arrancándolas y cortándolas con su navaja. La desnuda herida del muerto apareció entonces, acartonada. En las manos de color limón resaltaban las uñas negras y azules, como de máscara. Pero a la madre le dolía ver la cabeza, tan negra y ensortijada, que se golpeaba contra el suelo cuando el médico manipulaba en él.

—Pero mujer, si ya no siente. . . —le decía Pedro Cruz, ante sus gritos, desesperadamente.

—¿Qué sabes tú? —le dijo ella, mordiendo su pañuelo.

El curita, con los ojos cerrados, comenzó a rezar los responsos de ritual. Desde la sombra Juan Medinao le miraba fijamente.

Afuera, los niños de la aldea esperaban impacientes y agrupados, como a las puertas de un bautizo. Pateaban de frío, y dos de ellos rodaban por el barro, abrazados, peleándose y riéndose. Cuando sacaron al muerto, las vecinas ya le habían metido de nuevo flores de trapo en la boca. Los niños formaron en hilera. Alguno llevaba todavía en la mano o en la cintura despojos del carro de Dingo, como trofeos de guerra. Juan Medinao presidía el cortejo, junto a Pedro Cruz. Dingo ya no se acordaba de aquellos tiempos niños. Dingo ya se había olvidado. ¿Cómo, cómo pueden olvidar los hombres? Él, ahora, tras el niño de Pedro Cruz, volvía a vivir el entierro de la madre. Eran las mismas voces, las mismas pisadas, la misma fiesta al Noroeste.

En el campo, un grupo de niños se había subido a la tapia, con las caretas que encontraron en el baúl del titiritero. Pedro Cruz, con un grito salvaje de pastor, les hacía huir a pedradas: —"¡Os, os, os. . .!" —aullaba. Y una lágrima se le caía, porque él no tenía más niños en casa. A tres gatos que había sobre el muro, el sol les ponía aureola y parecían santitos. El libro negro temblaba en las manos del curita. El médico sacó un bocadillo del bolsillo y empezó a darle mordiscos con su dentadura postiza, que le venía grande ya y se le escapaba tras cada bocado. Metieron al niño en una caja de madera y le clavaron la tapa. No le podían cruzar los brazos y tuvieron que golpear fuerte y sudar. El médico se limpió la boca con el pañuelo, y con el dedo meñique empezó a hurgarse entre los dientes y la encía, que había empezado a sangrar. "Gloria. . .", rezaba ahora el curita, porque el niño de Pedro Cruz aún no había cumplido siete años.

Era costumbre echar tierra a la caja, una vez dentro de la fosa. Pero el cura nuevo aún no estaba acostumbrado, y no pudo evitar un paso atrás ante la avalancha de los niños, que con un goce violento empezaron a arrancar terrones del suelo y arrojarlos. Caían también piedras, y al chocar con la madera producían un ruido sordo. Tampoco Pedro Cruz estaba acostumbrado, porque pasaba su vida en la montaña, y volvió a gritar: "¡Os, os!. . .". Luego, con la cabeza baja, dio una brusca media vuelta y echando a correr abandonó el entierro de su hijo. Atravesó la verja del campo, y como un loco, corría, corría. . . Las mujeres se volvían a mirarle. "Gloria. . .", repetían los responsos, como un soplo. Aún no habían acabado y ya montaña arriba trepaban el rebaño y Pedro Cruz, entre una nube amarillenta que era como un grito hacia las cumbres.

Los niños de la aldea empezaron a enderezar las cruces caídas, suponiendo que el curita les daría unas monedas. El viejo doctor sacó un bloc y empezó a escribir el protocolo de la autopsia.

FIESTA AL NOROESTE

Capítulo I

1. Describa el día en que Dingo llega a Artámila.
2. ¿Quién y qué había dentro del carro?
3. ¿Cómo describe la autora la comarca de Artámila?
4. ¿Qué relación une a Dingo con Artámila?
5. ¿Qué rasgo físico de Dingo destaca la autora? ¿Es significativo? ¿Por qué?
6. Al empezar el descenso hacia Artámila, ¿cuál es la intención de Dingo?
7. ¿Cómo ocurrió el accidente?
8. ¿Qué última tentación siente Dingo después del accidente?
9. ¿Qué le impide seguir huyendo?
10. ¿Qué hizo con el cadáver del niño?
11. ¿Qué hicieron los niños de la aldea al ver al carro?
12. Cuando era pequeño, ¿qué se fabricó Dingo?
13. ¿Qué era lo único que podía hacer Dingo?

Comentario del texto

I. En este primer capítulo, de una manera muy concentrada, están expuestos muchos de los temas preferidos por la autora. Escriban un ensayo sobre uno (o varios; o todos) de los que sugerimos:

    a) La huída   c) La repetición (El tiempo)
    b) La muerte   d) La infancia

II. Escriba sobre:
    a) La función del paisaje y la manera en que está presentado.
    b) El narrador.

III. En este capítulo, aparecen en varias ocasiones presagios de la tragedia que va a ocurrir. Localícelos y explíquelos.

Capítulo II

Lectura comprensiva

1. ¿Quién es Juan Medinao?
2. ¿Qué estaba haciendo aquel Domingo de Carnaval?
3. ¿Cómo reaccionó Juan Medinao cuando interrumpieron sus rezos?
4. ¿Quién llamaba a la puerta?
5. ¿Qué quería?

6. ¿Cómo vestía Juan Medinao?
7. ¿Quién era Dingo?
8. Cuando eran niños,¿qué tenían planeado hacer Dingo y Juan?
9. ¿Cómo era la cabeza de Juan Medinao?
10. ¿Qué quería ahora Dingo de Juan Medinao?
11. ¿Cómo reaccionó Juan Medinao?
12. ¿Qué ordenó a su criado?
13. ¿Qué pensó Juan Medinao que debía hacer entonces?
14. ¿Qué estaban haciendo los niños en la plaza?
15. ¿Qué preguntó Juan Medinao a la niña de cabeza de estopa?
16. ¿Qué ordenó a todas las personas que estaban velando al niño?

Comentario del texto

I. Estudie el uso que la autora hace en este capítulo de la luz y los colores.
II. Empiece a anotar los rasgos de la personalidad de Juan Medinao que van apareciendo. Siga haciendo lo mismo en los capítulos siguientes, hasta completar el retrato sicológico del personaje.
III. Sabemos que Dingo es un personaje que se oculta tras diez caretas. Hable de algunos de los distintos Dingo de los que hasta ahora tenemos noticia.

Capítulo III

1. ¿Qué era, en realidad, la oración de Juan Medinao?
2. ¿Cuándo nació Juan Medinao?
3. ¿Cómo describe la madre de Juan el nacimiento de éste?
4. ¿Qué decían en la aldea de la madre de Juan?
5. ¿Qué recuerda Juan de su padre?
6. ¿Cómo califica el narrador los cuatro años de Juan Niño? ¿Por qué?
7. ¿Qué favor especial debía pedir Juan Niño a Dios?
8. ¿Cómo era Juan Abuelo?
9. ¿Qué estaba pasando en el patio la noche que Juan Niño no podía dormir?
10. ¿Qué decía la madre de Juan de Salomé?
11. ¿Por qué no la despedía?
12. ¿Por qué amaba Juan a Dios?
13. Cuando envió a Juan a la escuela,¿qué recomendó su madre al maestro?
14. ¿Qué cosa transcendental en la vida de Juan ocurrió en agosto?
15. Mientras esperaba que Pablo naciera, ¿qué violento deseo empezó a roer a Juan?

16. ¿Quién lavó la sangre de la rodilla de Juan?
17. ¿Cómo es Rosa?
18. Cuando piensa que su hermano "acaso sea hermoso y fuerte", ¿por qué le invade una ola de sangre?
19. ¿Qué despertó a Juan?
20. ¿Qué hizo después?
21. ¿Con quién habla?
22. ¿Qué hizo la madre de Juan?
23. ¿Qué despertó al niño?
24. ¿Cómo reaccionó el padre ante la muerte de su esposa?
25. ¿Qué arma usaría Juan Niño de ahora en adelante contra el prójimo?

Comentario del texto

  I. ¿Con qué imágenes nos muestra la autora la vitalidad del padre de Juan? Localícelas y explíquelas.
 II. En este capítulo aparece continuamente el tema de la soledad. Escriba sobre él.
III. Escriba sobre los sentimientos de Juan hacia Pablo que ya empiezan a manifestarse.

Capítulos IV y V

Lectura comprensiva

1. ¿Qué iban a hacer con Dingo?
2. Según Dingo, ¿qué clase de comedia es la que arma Juan?
3. ¿En qué piensa Dingo mientras habla Juan?
4. ¿Qué dice Juan que hará por Dingo?
5. ¿Cómo era el nuevo cura? ¿Cómo era el médico?
6. ¿En qué se esforzaba el cura?
7. ¿Cuál es el primer pecado del que se confiesa Juan?
8. ¿Adónde envió Juan Padre al niño?
9. ¿Por qué el arrepentimiento no podía torturar al padre durante mucho tiempo?
10. ¿Cuánto tiempo estuvo Juan Medinao en el colegio?
11. ¿Qué quería ser Juan Niño cuando fuera mayor?
12. ¿Por qué estaba imposibilitado Juan Padre?
13. ¿Qué idea se le hacía insoportable a Juan Niño?
14. ¿Cómo reaccionaron los niños de la era ante la presencia de Juan Niño?
15. ¿Qué hizo Pablo?

Comentario del texto

  I. Explicar en qué consiste y en qué formas se presenta la soberbia de que se acusa Juan Medinao.

 II. En el capítulo V, la acción está narrada desde el punto de vista de Juan. Vuélvase a contar a partir del párrafo quinto, con un narrador todavía en tercera persona, pero ahora desde el punto de vista de Juan Padre.

Capítulo VI

Lectura comprensiva

1. ¿Cuál es el segundo pecado de que se acusa Juan Medinao?
2. ¿Qué mandó hacer un día Juan Padre?
3. ¿En qué sentido sería la vida distinta, cuando Juan Niño mandara en Artámila?
4. ¿De qué se dio cuenta Juan Niño cuando oyó hablar a Pablo?
5. ¿A quién se parecía Pablo?
6. ¿Qué llevaba al río Pablo el día que lo vieron pasar?
7. ¿Qué hizo Juan Padre?
8. ¿Por qué dijo Juan que Pablo era un ladrón?
9. ¿Qué hizo Pablo con el otro cachorro?
10. ¿De quién eran, en realidad, los cachorros?
11. ¿Cuándo cambió la actitud amenazante de Dingo?
12. Cuando volvió a casa, ¿qué pidió Juan a Dios?
13. ¿Qué pena quería ahorrarse el nieto del usurero?
14. ¿Qué le dio una gran alegría a Juan Niño?
15. ¿Quién era Perico?
16. ¿Con qué hacía Dingo sus muñequitos?
17. ¿Qué hizo el guardabosque?
18. ¿En qué se parecen Dingo y su gato?
19. ¿Qué hicieron Dingo y Juan cuando vieron el carro de los gitanos?
20. ¿Para qué robaba Juan a su padre?
21. ¿Qué hacía con el dinero robado?
22. ¿Por qué no habló Juan cuando su padre lo azotó?
23. ¿Creía Juan que algún día huiría de Artámila con Dingo?
24. ¿Qué impresión produjo en Juan la función de los comediantes?
25. ¿Qué terminó haciendo Dingo?

Comentario del texto

  I. En este capítulo se celebran dos fiestas: la organizada por Juan Padre y la función de los comediantes. Escriba un ensayo señalando cómo son las dos en realidad y cómo las percibe Juan Niño.

II. Escriba una composición sobre la avaricia de Juan en sus diversos aspectos.

Capítulos VII y VIII

1. En el primer párrafo del Capítulo VII, ¿de qué pecados capitales se acusa Juan Medinao?
2. Desde que murió Juan Padre, ¿en qué había cambiado la vida de la aldea?
3. ¿En qué trabaja Pablo por las noches?
4. ¿Qué querían Pablo y los demás jornaleros?
5. ¿Qué les contesta Juan?
6. Cuando Juan está hablando con Salomé, ¿por qué le golpea el corazón más fuertemente?
7. ¿Hasta cuándo esperaría Juan que los jornaleros terminaran la huelga?
8. Cuando volvieron los jornaleros, ¿qué se llevaron con ellos para trabajar en los campos abandonados?
9. Después de hablar con Pablo, ¿de qué tuvo conciencia plena Juan?
10. ¿Por qué huyó entonces de la viña?
11. ¿Qué hizo cuando volvió a casa?
12. ¿Qué ofrece Juan a Pablo por mediación de Salomé?
13. ¿Adónde fue Juan Medinao con su caballo?
14. ¿Qué ocurría en la plaza de la Artámila Central?
15. ¿Qué pensó Juan de los músicos?
16. ¿Adónde fue y que hizo allí?
17. ¿A quién vio en un extremo?
18. ¿Cómo se sintió Juan cuando vio a Pablo y Delia ir hacia el campo?
19. ¿Por qué fue Juan a casa de los Corvo?
20. ¿Cuánto tiempo dio a la chica para que lo pensara?
21. ¿Por qué quería casarse con Delia?
22. ¿Qué sintió Juan Medinao cuando besó a Delia?
23. ¿Cómo reaccionó Pablo cuando supo de la boda?
24. ¿Por qué violó Juan a Salomé?
25. ¿De qué pecados se acusa Juan al final del Capítulo VII?
26. ¿Qué cortaba el médico con su navaja?
27. Antes de sacar al muerto, ¿qué habían vuelto a hacer las vecinas?
28. ¿Qué llevaban puestos los niños que estaban en la tapia?
29. ¿A qué no estaba acostumbrado el nuevo cura?
30. ¿Quién abandonó el entierro?

Comentario del texto

  I. La relación entre Juan y Pablo es una actualización del mito cainita. En esta versión. Caín no mata a Abel. Explique porqué no y si la autora ofrece otra alternativa.

 II. Comente estas expresiones, todas ellas usadas cuando Juan Medinao se aproxima a Artámila Central en fiestas: "Al divisarla, el cielo estaba negro. En el silencio del sendero, los cascos resonaban como aquel tambor de los titiriteros. Los cascos eran azules en la oscuridad." "Inesperadamente empezaron a tocar las campanas. Las campanas. Un temblor cálido recorrió su sangre. Las campanas hondas, lentas, graves, formaban un extraño duo con el redoble de los cascos del caballo.(. . .) Campanas de altura, no de fiesta. Casi le hacían daño.

La Artámila se apretujaba casa con casa en la oscuridad"
"De repente, le había golpeado toda la música".

III. En el último capítulo, si exceptuamos el párrafo en que Juan Medinao recuerda el entierro de su madre, el narrador ha abandonado el punto de vista del personaje.¿Por qué?¿Qué tipo de narrador tenemos ahora? ¿Es realista?

VOCABULARIO

A

abandonar	to forsake, leave, give up
abandonarse	to give oneself up
abarcar	to clasp, embrace, contain
abeja	bee
abiertamente	openly
abigarradamente	in a variegated manner
abnegación	abnegation, self-denial
abofetear	to slap; to insult
aborrecer	to hate, abhor
abrasado	red-hot, burning
abrasador	burning, exceedingly hot
abrasar	to burn; to set on fire; _____se, to glow
abrazar	to embrace, hug, clasp
abrazo	embrace, hug
abrigar	to cover; to protect with clothes; _____se, to protect oneself with clothes
abrigo	overcoat; shelter; al _____, under protection
abrir	to open
abrochar	to button on, clasp, fasten
absolución	absolution, pardon, acquittal
abuelo	grandfather
abultado	big, bulky, massive
aburrido	bored
aburrir	to bore, annoy
acabar	to finish, end; _____de (+inf.) to have just

	(+past part.); _____se, to end, be finished
acariciar	to caress, fondle; to touch lightly
acartonado	pasteboard-like
acaso	maybe, perhaps
acceso	access
acechar	to spy, watch; to lie in ambush
acentuar	to accentuate
acequia	canal, trench
acera	sidewalk
acercarse	to approach
acero	steel
aclarar	to make clear; to explain; to clear up
acompañar (en música)	to accompany; to join; (mus.) to accompany
acontecimiento	event
acordarse (de)	to remember
acostumbrarse	to get used to
acrecentar	to increase
acuchillado	stabbed, slashed, cut
acudir	to go; to assist
acumulación	accumulation, gathering
acumulado	accumulated, hoarded up
acurrucarse	to huddle, muffle, oneself up (from cold, fear, etc.)
achatado	flat; nariz achatada, flat nose
achicar	to reduce, diminish, lessen; _____se to humble oneself, feel small

171

achinado	like a Chinaman	**agarrotar**	to compress, bind tightly; to garrotte
adelante	ahead; forward		
adelgazar	to make thin, slender; to become slender or thin	**agazapado**	crouched
		agitarse	to become agitated
		agobiar	to oppress, overwhelm
adherido	glued to		
adiós	good-bye	**agonía**	agony
adivinar	to predict; to guess	**agónico**	agonizing, in agony
adueñarse	to take possession of, seize	**agorero**	augural; superstitious
adusto	adust; gloomy	**agostado**	parched
advertir	to advise; to take notice of, observe	**agotado**	exhausted
(ver)		**agotarse**	to become exhausted
afanar	to urge, press, hurry	**agradecer**	to thank; to acknowledge (a favour)
afanoso	anxious; laborious		
afectar	to affect, influence; to make a show of something	**agradecido**	thankful, grateful
		agrandarse	to grow larger
		agravio	offence, insult
afecto	affection, love	**agrio**	sour, acrid
afectuosamente	fondly, affectionately	**agua**	water
		aguantar	to suffer, bear, endure, put up with
afectuosidad	fondness; affection		
afianzarse	to prop, support oneself	**aguardar**	to wait for, await, expect
aficionado	fond		
aficionarse	to fancy, grow fond of	**agudamente**	sharply
		agudo	sharp
afilado	sharp, keen; slender	**agüero**	augury, omen
		aguja	needle
afilar	to render keen, sharpen	**agujereado**	full of holes
		agujero	hole
aflojar	to loosen, relax; to debilitate	**ahogar**	to choke; to drown
		ahogo	oppression; anguish; suffocation
afrenta	insult, outrage		
afrentado	to insult, affront		
afuera	outside	**ahora**	now
agacharse	to bend, lower	**ahorcado**	hanged man
agalla(s)	gall-nut; _____s courage	**ahorcarse**	to hang oneself
		ahorrar	to save
agarrar	to grasp	**ahorrativa**	saving

ahorro	saving
aire	air
ajeno	another's; strange; remote
ala	wing
alabada	praised
alabar	to praise
alambre	wire
álamo	poplar
alba	dawn of day
albañil	mason, bricklayer
albergar	to lodge, shelter
alborotar	to disturb, agitate
alcalde	mayor
alcance	pursuit; scope; reach
alcanzar	to reach
alcoba	bedroom
aldea	small village
alegrar	to make merry, gladden
alegrarse	to be glad, rejoice
alegría	joy, gaiety
alejada	separated
alejarse	to move away; to separate oneself
alféizar	splay of a door or window
alfiler	pin, brooch
alfombra	carpet, rug
algarabía	confused noise, din, clamour
algodonoso	cottony
alguacil	peace-officer
aliento	breath; courage
alinear	to aline, align
aliviado	relieved
alivio	relief; comfort
alma	soul
almacenista	warehouse owner; salesman
almohada	pillow
alón	plucked wing of any bird

alpargata	hempen sandal
alquilado	rented
alquiler	wages, hire, fee; house-rent
alrededor	around
alterar	to alter
altillo	hillock
alto	high, tall
altura	height
alucinar	to deceive, delude, fascinate
alzar	to raise; to lift up
amadísimo	beloved, sweetheart
amaestrar	to tame
amanecer	to dawn
amapola	poppy
amar	to love, like, fancy
amargar	to make bitter; to cause bitterness
amargo	bitter
amargura	bitterness
amarillento	yellowish
amarillo	yellow
ambición	ambition
ambos	both
ambulante	ambulatory
amedrentado	frightened
amenaza	threat
amenazar	to threaten
ametrallar	to machine-gun; to fire shrapnel
amistanzarse	to become friends; to live together
amistoso	friendly
amo	master
amontonado	in heaps, piles
amor	love
amoratado	livid
ampararse	to enjoy favour or protection; to defend oneself
ampliar	to amplify, enlarge
ancho	broad, wide

andar	to walk; to go	apenas	scarcely, hardly
andrajo	rag or worn clothes	apero	set of implements; outfit of tools
andrajoso	ragged		
angarilla	wicker basket	apiñarse	to clog, crowd
angosto	narrow	apisonar	to ram
ángulo	angle	aplastar	to cake, flatten, crush, smash
anguloso	angular, sharp-cornered	aplomo	serenity
anhelar	to desire anxiously	apoderarse	to possess oneself of, take possession of
anilla	ring		
anís	anise; anisette		
anochecer	to grow dark (at the approach of nightfall)	apolillado	moth-eaten
		apoplejía	apoplexy
		apoyar	to rest on; to protect, favour
anochecido	nightfall		
antebrazo	fore-arm	apoyo	prop, stay, support; help
antepecho	balcony, sill		
antesala	anteroom, antechamber	apresar	to seize; to capture
		apretar	to tighten, press down
antiguo	antique, ancient, old		
		apretujado	squeezed
antorcha	torch	apretujarse	to squeeze
anudar	to knot	apuntar	to aim; to point out; to note
añadir	to add, join		
añejo	old	apurarse	to worry
apaciguar	to appease, pacify	aquí	here; (he _____) behold
apagar	to extinguish; to turn off (light, fire, etc.)		
		arado	plough
		araña	spider
apalear	to cane, whip, beat	arañar	to scratch
aparador	sideboard, cupboard, dresser	arar	to plough; to labour
		árbol	tree
aparcero	partner in a farm; associate	arcilloso	clayey
		arco	arc; arch
aparecer	to appear, show up	arder	to burn
aparente	apparent but not real; false	ardoroso	fiery; ardent
		arena	sand
aparición	vision	arlequín	harlequin
apartado	separated; distant	arma	weapon
apartar	to separate, part	armado	armed, weaponed
apatía	apathy	armar	to arm; to put together
apedrear	to stone; to lapidate		
		aro	ring

arquear	to arch	asqueroso	nauseous, disgusting
arrancar	to root out, pull out; to start off	astilla	chip, splinter
arranque (el)	starter	astro	heavenly body
arrastrar	to drag along	asustar	to frighten, scare
arrear	to urge horses, mules, etc.	atar	to tie; _____ la lengua, to prevent from speaking
arrebato	surprise; fury		
arremangarse	to tuck up the sleeves	atardecer	to draw towards evening
arremolinado	whirled, eddied		
arrepentido	repentant	ataúd	coffin
arrepentirse	to repent, regret	atemorizar	to scare, frighten, terrify
arrimo	support; stick		
arrobado	ecstatic, rapturous	atentar	to attempt to commit a crime
arrodillarse	to kneel down		
arrojar	to launch; to throw	aterradoramente	frightfully
arrollar	to roll up; to roll or sweep away	atosigar	to harass, oppress
		atraer	to attract
arruga	wrinkle	atrás	behind
arrugar	to wrinkle	atravesar	to cross, pass over
asaltar	to assault	atreverse	to dare to
asco	nausea	atronar	to make a great noise; to thunder
ascua	red-hot coal		
asear	to clean; to adorn	atropellado	hasty; knocked down
asegurarse	to feel secure; to make sure		
		atropellar	to knock down; to push through
asentir	to agree		
asesino	assassin	atroz	atrocious
así	so, thus, in this way, like this	audaz	bold, audacious
		aullar	to howl, yell, cry
asignar	to assign	aumentar	to augment, increase
asma	asthma		
asomarse	to peep; to look out of (the window, door, etc.)	aún	yet, still, even
		aunque	though
		aureolar	to adorn as with an aureole
asombro	amazement, astonishment		
		aurora	dawn
asomo	mark, sign; ni por _____, by no means	ausencia	absence
		avanzar	to advance
		avaro	avaricious, miserly
áspero	sour, acid	avasallador	enslaving
asquear	to feel nausea	ave	bird

aventar	to fan, winnow	**bambolear**	to reel, stagger, totter, sway
avergonzado	ashamed		
aviador	pilot; aviator; provider	**bañar**	to bathe, wash
		banco	bench; bank
ávido	eager, greedy	**bandada**	flock
ayer	yesterday	**bandera**	banner, flag
ayuda	help	**barba**	beard
ayudar	to help	**barbilla**	chin
ayuno	fasting	**barbo**	barbel, river fish
ayuntamiento	municipal government; town-hall	**barboteo**	muttering, mumbling
		barco	boat
azada	hoe, spade	**barraca**	barrack, cabin, hut
azafrán	saffron	**barranco**	precipice
azotado	whipped	**barrera**	barricade, barrier, fence
azotar	to whip		
azote	whip	**barriga**	potbelly
azotea	flat roof of a house; platform	**barril**	barrel, jug
		barro	clay
azul	blue; _____ marino, navy blue	**bastante**	enough, quite, a good deal of
		bastón	cane
	B	**batido, -a**	beaten
baba	drivel, spittle	**batientes**	beating; jamb; leaf of door
baboso	driveller, salaverer		
bailar	to dance	**batir**	to beat
bailarín	dancer	**baúl**	trunk
baile	dance	**bautizado**	baptized
bajar	to go (come) down, get off; lower, take (bring) down, put off	**bazofia**	offal, waste meat, refuse
		beber	to drink
		belfo	blubber-lipped
bajo	low; prep. under, beneath	**benevolencia**	benevolence, goodwill
balance	oscillation, swinging; balance, balancing	**besar**	to kiss
		bestia	beast
		biblioteca	library
		bicho	any small insect
balancear	to roll, rock, sway; wag	**bidón**	funnel
		bien	good; el _____, well being
balcón	balcony, open gallery	**bienvenida**	safe arrival; welcome
balde	bucket		

bigote	moustache; wiskers
blando	soft
blasfemar	to blaspheme; to curse
blasfemia	blasphemy
bloc	pad of paper
boca	mouth
bocado	mouthfull; bite
boda	wedding
boina	beret
bola	ball; marble
bolsillo	pocket
bombilla	bulb
boquiabierto	open-mouthed
borde	border, edge
bordear	to walk on the edge or boarder
borracho	drunk
borrado	erased
borrar	to erase; _____se, to disappear
bosque	wood, forest
bostezo	yawn
bota	boot
bota	small leather wine bag
bote	can; row boat
botella	bottle
botón	button
brasa	live coal, red-hot coal or wood
brazo	arm
brillar	to shine
brillo	brilliancy
brizna	filament, string
brochazo	stroke of the brush as made in painting
bronco	rough, coarse
brotar	to bud; to come out
bruces (de)	face downwards
bruja	witch
bruñido	burnished

bruscamente	abruptly
brusco	rough
bufanda	scarf
bulto	bulk, massiness
burdo	coarse, ordinary
burla	scoff, jest
burlarse	to ridicule, mock
burlesco	burlesque, funny
burlón	jester, mocker
buscar	to seek; to look for

C

caballería	cavalry
caballo	horse
cabaña	shepherd's hut, cottage
cabecilla	small head, leader of rebels; ringleader
cabellera	long hair
cabello	hair
caber	to be able or capable of being contained; no _____ duda, no room for doubt
cabestrillo	sling
cabeza	head
cabezón	big headed; obstinate
cabezota	large headed; big headed
cabo	end; cape; al _____ de, after
cabrón	a male goat; cuckold
cacería	hunting party; dead game
cachorro	puppy
cada	each, every
cadáver	corpse
cadena	chain; en _____, to be in prison

cadencia	cadence, measure	**campaña**	campaign
cadera	hip	**campesino**	peasant
caducar	to dote; to be worn out by service	**campo**	open country, field; _____ visual, scope
caer (de)	to fall, drop in; set		
caído	fallen, dropped	**canción**	song
caja	box	**cadencioso**	rhythmic
cajón	drawer	**cansar**	to weary, tire
cal	lime	**cantar**	to sing
calabozo	dungeon, jail	**cantinela**	a kind of ballad
calar	to penetrate	**canto**	edge
calderilla	holy-water basin; copper coin	**caoba**	mahogany tree
		caparazón	shell
calentar	to heat, warm	**capataz**	overseer
cálida	warm	**capote**	cloak
caliente	warm, hot	**capucha**	hood of a woman's cloak
calificarse	to qualify		
callado	silent, noiseless	**cara**	face
callar	to be quiet, shut up; _____se, to stop talking	**carcajada**	burst of laughter
		carcoma	to gnaw, carrode
		carcomido	worm eaten
calle	street	**carecer**	to want, be wanting
callejuela	alley, lane	**careta**	mask
calloso	callous	**caricia**	caress
calor	heat	**carmín**	carmine (colour), crimson red
calva	baldness		
calvero	bare spot in a grove	**carne**	meat
calvo	bald	**carretera**	main road
calzada	causeway, main road	**carretero**	drive, driver
		carro	cart, car
calzarse	to put on shoes	**cartel**	poster
cama	bed	**cartón**	pasteboard, cardboard
cambiante	bartering, exchanging		
		casaca	coat, dress-coat
cambiar	to change	**casado**	married
cambio	change, exchange; en _____, in exchange, on the other hand	**casarse**	to get married
		cascada	cascade, waterfall
		casco	helmet
		casco (toro)	hoof
camino	road	**cascote**	rubbish, rubble
camioneta	light motor van	**casi**	almost
camisa	shirt	**castañetear**	clatter the teeth
camisón	night shirt	**castaño**	chestnut; reddish brown

castigar	to punish
castigo	punishment
castillo	castle
casulla	chasuble
catre	cot
causa	origin; cause
cavar	to dig, excavate
caverna	cave
cayado (bastón)	shepherd's crook
caza	chase, hunting
cazurro	sulky
cegador	that which causes blindness or dazzle
ceguera	blindness
cejas	eyebrows
celo	devotion; ardour; _____, jealousy
ceniciento	ashen
ceniza	ash
centelleante	sparkling, flashing
centellear	to sparkle, flash
centelleo	sparkle
céntimo	hundredth, coin
central	central
centro	centre
cerca	near; _____ de, close by
cerdo	hog
cerebro	brain
cerilla	match (wax)
cerrado	close; _____ con llave, locked
cerradura	closure; lock
cerrar	to close, lock
cerro	hill
cerrojo	bolt, latch
cesar	to cease, give over
cesta	basket
cestito	little basket
cetrino	citrine; lemon-coloured
chal	shawl

chaleco	vest
chapotear	splash, to wet
chaqueta	jacket
chaquetilla	short jacket
chaquetón	long jacket
charco	pond, small lake
charloteo	gossip
chasquido	crack (of whip, wood)
chato	flat-nosed
chaval	lad, boy
chiflado	cracked, crazy
chillar	to scream
chinchón	anise liquor
chiquillería	crowd of children
chiquillo	a small child
chirrar	to hiss, chirp
chispazo	spark from a fire
chispear	to sparkle, emit sparks
chivo	kid
chocar	to strike, knock
chopo	poplar-tree
chorro	spout of water, spurt
chota	suckling kid, calf; crazy
chupada	sucked, absorbed
cicatriz	scar
ciego	blind person
cielo	sky
ciencia	science
cierta	certain, sure
ciertos	truths
cifra	code; cipher; number
cinta	ribbon
cintura	waist
cinturón	belt
ciruelo	plum-tree
cisterna	reservoir, water-tank
clamar	to call; to whine

clamor clamour, outcry

claro clear; poner en ———, to explain; bien ———, very clear; pues ———, of course

clavado nailed; exact

clavar to nail

clavo nail

clima climate

coagular to coagulate

cobrar to collect money; ———se to get even

cobre copper

cobrizo coppery

cochino dirty

cocina kitchen

codo elbow

cojear limp

cojo lame

cola tail; queue

colcha coverlet, quilt

colchón mattress

coletazo blow with tail

colgante hanging

colgar to hang

colibrí humming-bird

colina hill

colocar to place, arrange, put

colonia colony

colonizar to colonize

colorado red

columna column

comarca territory, region

combustible combustible, fuel

comedia comedy, play

comediante player, actor

comerciante merchant

comercio business, shop trust; duty

cometido

comida meal

comisión commission, charge; group

cómodo convenient

compañía (aérea) airline

compartir share

compás compass; al ———, in right (musical) time

complacerse to please

cómplice accomplice

comprender comprehend, understand

comprensivo comprehensive

comulgar to receive the sacrament

con with; ——— todo ello, with everything

coñac cognac

conciencia conscience

concienzudamente conscientiously

conciso concise

condenado condemned

condicionar to condition, agree

condiscípulo fellow-student

conducir drive

conductores drivers

confidencia confidence, secret

confín limit, confine

confundido confused

conmovido moved

conocer know; meet

conocido known

conque so there, now then, and so

conquistar to conquer

consciente conscious

consecuencia consequence; sin ———, without consequence

consejo advise

constar to be clear, evident, certain

constipado	cold (suffering from a cold)
consumición	consumption of provisions, drinks
contagiar	to infect
contar	to tell, narrate
contemplar	to contemplate
contenerse	to keep one's temper
contenido	contents
contento	happy, pleased
continua	continuous
contorno	vicinity, contour
contorsionarse	to twist oneself
contra (en)	against
contraposición	contraposition, contrast
contrario (los)	contrary; los _____, opponents
contrito	contrite
conveniencia	advantage, convenience, comfort
convenir	to agree; be to the purpose
convertido	converted
convertirse	to convert
convivir	to live together
copa	goblet; _____ de un árbol, tree top
corazón	heart
corbata	neck tie
cordel	cord, thin rope
cordialidad	cordiality
cordón	rope, cord
corrección	correction
correcto	correct, exact
corredizo	easily untied
corregir	to correct
correr	to run; _____ el rumor, to spread the rumor
corresponder	to return, fit, belong to
cortacircuitos	short circuits
cortejo	courtship, accompaniment
cortesía	courtesy
corteza	bark, skin, crust
cortina	curtain
corto	short
corza	deer (fallow)
cosa	thing
coser	to sew
cosquillear	to tickle
cosquilleo	tickling
costado	side
costillar	the ribs; timber or frame of a ship
costumbre	custom habit; como de _____, as usual; más que de _____, more than usual
costura	seam
cotidiano	daily, every day
cráneo	skull
crecer	to grow
crecido (río)	full river
creer	to believe
crepitar	to crackle
crespo (pelo)	curl
cría	young child
criada	maid
criado	brought up
criatura	child, baby
criaturita	young child, baby
cribar	to sief; to riddle
crin	mane, horse-hair
crines	hair of a horse, mane
cromo	chrome
crudeza	crudeness
crujiente	crackling
crujir	to crackle
cruzar	to cross

cruzarse	to cross each other	culpar	to blame, accuse
cuaderno	notebook	cumbre	top, crest
cuadra	stable	cumpleaños	birthday
cuadrado	square	cumplir (años)	to reach one's
cuadro	picture, painting		birthday
cualquier	any, anyone	cundir	to spread
cuan	how, as	cuneta	gutter, small trench
cuando	when	cura	parish priest; cure
cuánto	how much		
cuartel	barracks; (sin		
	cuartel) without		**D**
	mercy	dañino	hurtful, harmful
cuarto	fourth, room	daño	damage, hurt
cuarto (creciente)	the first quarter of	danzar	to dance, whirl
	the moon		around
cuatrero	horse stealer	dar	to give; _____ las
cubo	bucket		gracias, to thank;
cuchara	spoon		_____ lo mismo,
cuchillo	knife		it makes no
cucurucho	cone		difference;
cuello	neck		_____ guerra, to
cuenca (ojo)	socket of the eye		annoy; _____ se
cuenta	calculation; darse		cuenta, to
	_____ de, to		realize; _____
	realize; _____		se por vencido,
	de cristal, glass		to give up
	bead	debajo de	underneath
cuento	story, tale	deber	ought to
cuerda	string, rope	débil	weak
cuerno	horn	decir	to say; _____ que
cuero	rawhide; leather		sí con la cabeza,
cuerpo	body		to affirm
cuervo	crow	dedo	finger, toe
cueva	cave	defraudar	to defraud, trick
cuidado	care; al _____ de,	degollar	to behead
	responsible for;	dejar	to leave, let, let go;
	tenerle sin		_____ a alguien,
	_____, not to		to lend
	give a damn	dejar (permitir)	to let; _____ se, to
cuitada	miserable,		abandon oneself;
	unfortunate		_____ caer, to
culebra	snake		drop or fall
culpa	fault		down, to hint

delantal	apron
delectación	delight, pleasure
deleite	delight, gratification
deletrear	to spell
delgadez	thinness
delgado	thin
demasiado	too much, too many
denso	thick, dense
dentadura	teeth; ——— postiza, false teeth
dentro	inside
depósito	deposit; store, warehouse
de prisa	in a hurry
derretida	melted, dissolved
derretir	to melt
derribar	to demolish, knock down
derroche	dissipation, waste
derrumbar	to throw down headlong
desabrocharse	to unbutton, unfasten
desacompasada- mente	out of tune
desafío	challenge; contest, struggle
desaforadamente	immoderately
desagradecida	ungrateful
desagravio	vindication; compensation
desahogar	to vent one's feelings, to free oneself from debt
desahogo	ease, alleviation
desapacible	sharp, rough; unpleasant
desaparecer	to remove out of sight, make disappear
desarticulada	lost, disconnected, disarticulated
desasosegado	disquieted, disturbed
desasosiego	restlessness
desayunarse	to have breakfast
desazón	disquiet, malaise, uneasiness
desazonado	unfirt for some purpose
desbordado	run over
desbordarse	to overflow, run over
descalzo	barefooted
descaradamente	impudently
descaro	impudence
descerrajar un tiro	to discharge fire-arms
descomponerse	to discompose
descomunal	uncommon; enormous
desconchado	porcelain without its finish
desconfiado	diffident, distrustful
desconfianza	distrust
desconocido	unknown
desconsiderada- mente	inconsiderately
descorrer	to move backward
descoyuntado	dislocated
descubrir	to discover, disclose
desde	since, after, from
desdén	disdain, contempt
desdichado	unfortunate
desembocar	to disemboque; to end (at)
desencadenarse	to break loose
desencoladura	ungluing
desencuader- namiento	unbinding
desengañado	undeceived

desengañar	to undeceive, disillusion	**despintar**	to blot; to disfigure, to fade
deseo	desire, wish	**despiojarse**	to clean oneself of lice
desesperación	despair, desperation	**desplazado**	displaced
desesperar	to despair, lose hope	**despojado**	stripped, despoiled of property
desflecar	to remove flakes from fabric	**despojo**	spoliation; spoils, plunder
desgarrado	dissolute; shameless	**desportillado**	chipped of corners or edges
desgraciado	unhappy, luckless		
deshacer	to undo	**desprecio**	disregard, scorn
deshacerse	to be wasted, destroyed	**desprenderse**	to give away; come out of
deshielo	thaw	**desprendido**	disinterested
deshilachado	raveled	**despreocupación**	prejudice
deshojarse	to strip off leaves	**desproporcionado**	disproportionate; unsymmetrical
desinterés	disinterestedness, indifference	**destacamento**	detachment, station; military post
deslavazar	to take away the colour, force, vigour from	**destello**	sparkle, flash
deslizarse	to slide, evade	**destemplado (voz)**	out of tune
deslumbrante	dazzling	**desteñido**	washed out, dye removed
deslumbrar	to dazzle		
desmayar	to dismay	**destinar**	to destine, appoint
desmelenar	to disarrange the hair	**destornillador**	unscrewer; screwdriver
desmoronarse	to crumble, fall, decay	**destrozado**	destroyed, shattered
desnudo	naked	**desvaído**	gaunt; dull (of colours)
desollar	to skin		
despacio	slowly	**desvariar**	to rave, rant
despacioso	slow, sluggish	**desvelar**	to keep aware
despanzurrar	to burst the belly	**desvencijado**	disunited, weakened, broken
despavorido	terrified		
despejar	to remove; to clear		
despeñarse	to throw oneself headlong	**detener**	to stop, detain
		deudor	indebted; debtor
despertar	to wake; el _____, awakening	**devolver**	to return, pay back
		devorado	devoured, consumed
despilfarro	slovenliness, uncleanliness waste	**devorador**	devourer, consumer

devorar	to devour	dorado	gilt
devoto	devout, religious	dormida	period of unbroken sleep
diadema	diadem, crown; halo	dormir	to sleep
diáfano	transparent	dormitar	to doze, nap
dibujado	drawn	dormitorio	bedroom
diente	tooth; hablar entre _____s, to speak ill of	dotado	endowed
		dueño	owner
		duermevela	dozing, light sleep
dilatado	large, great, vast	dulce	sweet
diminuto	small	duradera	lasting
dinero	money, coin	duro	hard, tough, five pesetas
Dios	God; ¡Vaya por _____!, God's will be done!		

E

discutidor	arguer	echar	to throw; _____a (+inf.) to begin, start; _____ de menos, to miss; _____ en cara, to blame; _____ persiana, to draw the window-blind; _____ mano, grab; _____ en falta, to blame; _____ encima, to throw upon someone; _____ la siesta, to lie down; _____ una mirada, to glance at; _____se, to lie down
disfraz	costume, mask		
disgusto	dissatisfaction; displeasure		
disparar	to shoot		
disparo	shot		
dispersa	dispersed; scattered		
dispuesto	ready		
distinto	different, distinct		
distraer	to distract		
divisar	to glimpse		
doblar	to fold; double; _____ la esquina, turn the corner		
doblarse	to bend, bow; to submit		
dócil	docile, gentle		
dócilmente	mildly, meekly		
doliente	aching, suffering; _____s, mourners, pall-bearers	efecto (en...)	in truth, indeed
		eficacia	efficacy; efficiency
		egoísmo	selfishness, egoism
dolor	pain, ache	eje	axis
dolorido	doleful, afflicted; sore, tender	ejercer	to practise, exercise
		elegido	elect, chosen
doloroso	painful	eludir	to elude

emanar to emanate, proceed from

embarrancada stuck in mud, bogged

embeberse to drink in, absorb

embellecer to adorn

embestir to assail, attack

emborronado scribbled

embozo part of the cloak covering the face; fold back in top part of sheet

emocionante touching, thrilling

empalizada palisade, stockade

empañar to swaddle; to darken

empapar to soak

empellón push, heavy blow

empinado steep, high

emplazado summoned

emplazar to summon

empolvado covered with powder, dust

emprender to undertake; to begin

empujar to push

empujón push, shove

en in, into, at, _____ seguida, right away; _____ torno, round about

enamorado in love

enamorar to inspire love, to court

enano dwarf

encajar to encase, fit in

encallarse to run aground, harden

encañonar to put into tubes or pipes; to hold someone under aim with a fire arm

encantamiento enchantment

encararse to confront; _____ con, to face

encarnado incarnate, flesh-coloured

encendedor lighter

encender to light; to set fire to

encerrar to lock up, shut up; _____se, to be locked up

encía gum (of the mouth)

encima above, over; por _____ de, over, in spite of

encogerse to be low spirited, to humble oneself; _____ de hombros, to shrug one's shoulders

encogido timid, fearful, bashful

encontrar to meet; to find by chance; _____se, to meet, encounter

endemoniado devilish; demoniac

enderezar to straighten, unbend; to erect; set right

endrina blackthorn, sloe

enfadarse to become angry

enfermo sick, diseased

enfilar to place in a row or line

enfrascado put in a bottle, involved

enfrentar to confront

enfriar to cool; _____se, to cool down

enfundado cased (as a pillow), stuffed

engaño fraud, deceit

engordar	to grow fat; to fatten
engranaje	gearing, gear
enjambre	swarm of bees; crowd
enloquecido	mad, insane
enmarcar	to frame
enmohecerse	to become mouldy; to rust
enmudecer	to impose silence, hush
enorme	huge
enredada	entangled, envolved
enredar	confound, puzzle; to entangle
enrojecer	to redden; to make red hot
ensamble	joinery; act of joining; joint
enseñar	to teach; to train
enser	fixtures; household goods
ensillar	to saddle
ensoñación	illusion, fantasy
ensortijado	curled, form of rings
ensueño	illusion, dream
entablillado	splinted
entender	to understand; to believe
enterar	to inform; _____se de, to find out
enterrar	to bury
entierro	burial, funeral
entonar	to sing in tune; to intone
entonces	then
entraña	entrail
entrante	entering; coming
entrar	to go in or into, enter
entre	among, between
entregar	to give up, hand over
entremezclado	intermingled
envejecer	to make old; to get old
envenenar	to poison
enviar	to send
envidia	envy
envidiable	enviable
envolver	to make up in a packet; to enwrap
envolverse	to be implicated in an affair
enyesada	plaster-work
enzarzarse	to be entangled among brambles; envolved in difficulties
epíteto	epithet
equilibrio	equilibrium
equivocado	mistaken; equivocarse, to make a mistake
era	epoch; threshing-floor
errabundo	wandering
errar	to miss; to fail in one's duty to; to offend
escabullirse	to escape; to slip away
escalar	to climb with ladders; to scale
escalera	staircase; stair
escalerillas	small ladders
escalofrío	shiver, chill
escalón	step of a stair
escapar	escape
escaparate	shop-window
escarabajo	black-beetle; scarab

escarbar	to dig	**espectro**	spectre, ghost; spectrum
escarcha	white frost		
escarpado	steep; sloped, ruggled	**espejo**	mirror
		esperanza	hope
escaso	limited; scarce	**esperar**	to wait for; expectancy
escenario	stage; script		
escénico	scenic	**espeso**	thick, dense
esclavo	slave	**espina**	thorn; backbone
escocer	to smart, sting	**espliego**	lavender
esconder	to hide	**esponjoso**	spongy
escondido	hidden; a escondidas, on the sly	**esposado**	spoused, married, with handcuffs
		esposas	handcuffs
escondite	hiding-place	**espumadera**	skimmer, colander
escopeta	gun, shot-gun	**espumeante**	foamy
escote	low neck	**esquina**	corner; edge, angle
escuchar	to listen, hear	**estaca**	picket, stake
escudo	coat of arms	**estallar**	to explode, burst
escupir	to spit	**estancia**	stay; dwelling
escurridizo	slippery	**estatura**	height
esférico	spherical, globular	**esterilla**	small mat
esforzarse	to exert oneself, try hard	**estímulo**	incitement; stimulus
esfuerzo	effort; strong endeavour	**estirado**	stretched, extended
eso	that; _____ sí, that yes	**estival**	summer
		estola	stole
espaciado	spacious, spaced, spread	**estopa**	tow; burlap
		estragos	ravage, ruin; wickedness
espada	sword		
espalda	back, shoulders; dar la _____, to turn one's back on someone	**estrangular**	to strangle
		estrechar	to tighten
		estrella	star
		estrellarse	to be shattered by; have a crash against
espantada	stampede; sudden fright, cold feet		
espantar	to frighten	**estremecer**	to shake; to make tremble; to terrify
espantoso	fearful, frightful; wonderful		
esparcido	scattered; festive	**estribación**	spur of a mountain range
esparcimiento	scattering, recreation		
		estropear	to ruin
esparcir	to spread abroad; to diseminate, scatter	**estrujar**	to squeeze, press, crush
		estupor	stupor; amazement

eterno eternal, endless
evitar to avoid
exaltado hot-headed
exento exempt; _____ de, free from
eximir to exempt, clear from, free from
éxito success
exótico alien; odd, bizarre
experimentar to experience; to test
expiación atonement; purification
exponer to expose, exhibit, lay open; jeopardize
expuesta exposed; liable; displayed; in danger
externo external; day pupil
extraño queer, strange, odd
extremo last, extreme; of the highest degree; greatest

F

fabricar to build; to fabricate
fachada façade, front
faena work, task
fajo bundle; _____ de luz, beam of light
falda skirt
fallar to ruff; to fail, miss
falso untrue, false, erroneous, incorrect
faltar to be wanting
fanfarrón swaggering, boasting
fantasma vision, ghost
fantasmal ghostly
farsante hypocritical, deceiver

fascinar to fascinate, enchant, bewitch
fatigar to tire, weary, fatigue
fauces fauces, gullet
fe faith, belief
febril febrile, feverish
felicidad felicity, happiness; success
feo ugly, homely
fianza surety, bond, bail
figura shape, form, figure
fija fixed; ideas _____s, fixed ideas
fijamente assuredly, firmly; fixedly
fijar to fix, fasten; to make fasten; _____se en, to fix or settle in a place; to rivet one's attention on something
fijeza firmness, stability; steadfastness
fijo fixed, firm, secure
fila line, row; en _____, in a line
filo cutting edge
filtrarse to filter through
fingido dissembled, false
fingir to feign, dissemble, pretend
fino slender, thin; perfect, fine
firmar to sign, subscribe
flaco lank, lean, thin
flecha dart, arrow
flechado killed with an arrow; shot with an arrow or dart
fleco fringe, flounce; bangs (hair)

floreado flowered
flotar to float
folleto pamphlet, booklet
fondo depth, bottom
forcejear to struggle, strive, labour
forjar to hammer or stamp metal into shape; to forge
forma shape, form, figure; _____ de ser, one's character
forzosamente forcibly, necessarily; forcedly, violently
fosa grave, burial; pit hole, grave
fósforo phosphorus; friction match
fracaso destruction, downfall, ruin
fragmento fragment, piece, bit
fragor clamour, noise, crash
fraile friar, monk
frasco flask, bottle, vial
fregar to rub, mop, scrub, scour, swab
frenar to apply the brake to, to brake
frente forehead; _____ a, in front of
fresco fresh, cool
frescor cool, refreshing air
friega friction
fruición satisfaction, enjoyment, fruition
fruto fruit; profit, advantage
fuego fire
¡fuera! away, get off, put him out!

fuerza strength, force, might; a _____ de, by force of
fulgor fulgency, brilliancy
fulminar to fulminate; to cause to explode
fumar to smoke
funcionario functionary, civil servant
fundición fusion, fuse
fundir to fuse, melt metals; to smelt
fundirse to blend, combine, unite
funesto doleful, lamentable; sad, mournful
furtivo furtive, clandestine
fusil rifle, gun
fustigado whipped, lashed
fustigar to whip, lash, fustigate

G

gacha bent downward
gafas spectacles, glasses
galleta ship-biscuit, hard tack; blow on the face with the palm of the hand
galopar to gallop
galope gallop; haste, speed
gana appetite, hunger; dar _____ s de, to make one want to; dar la _____, to feel like; tener _____ s de, to have a desire to
ganado livestock, cattle, flock, drove, herd

ganar	to gain, win	**gorro**	cap
gandul	idler, lounger, loafer	**gota**	drop
		gotear	to drop, drip
gangoso	snuffling, speaking with a twang	**goterón**	large raindrop
		grabado	engraving, print, cut, picture, illustration
garganta	throat		
garrotillo	croup		
gato	cat	**gracia**	grace, gracefulness; sin _____, graceless
gavilla	sheaf of grain; bundle of vineshoots; gang of suspicious persons		
		grajo	raven
		granada	pomegranate; hand-grenade
gelatinoso	gelatinous	**granate**	garnet, precious stone
gemir	to groan, grieve; to grunt; to howl		
		grande	large, big
genio	genius, temper, disposition; _____ maléfico, evil spirit	**grandullón**	overgrown
		granero	granary, barn
		grano (cereal)	grain, cereal
		grano (de uva)	a grape
gesticular	to gesticulate, make grimaces	**grasiento**	greasy, oily
		grato	graceful, pleasing; acceptable; grateful
gesto	face; aspect; gesture		
gigante	gigantic, huge; giant	**gravemente**	gravely, seriously
		graznar	to caw
gimiente	groaning, moaning	**greña**	entangled or matted hair
girar	to revolve, rotate; turn round, spin		
		grieta	crack
giratorio	revolving, rotary	**gripe**	influenza
gitano	gipsy	**gris**	grey
globo	globe, sphere	**gritar**	to shout
goce	enjoyment; possession	**grito**	shout
		grosero	gross
golilla	ruff; collar worn by some magistrates in Spain	**guadaña**	scythe
		guapo	handsome
		guarda	guard
golondrina	swallow	**guardabosques**	keeper of a forest
golpe	blow, stroke; de _____, all at once	**guardapolvo**	dust-guard, dust wrapper, cover
		guardar	to keep, guard, protect; _____ se, to guard against, avoid
golpear	to beat, strike, hit, knock, hammer		

guardarropa cloak-room, coat-room

guardia guard, member of the Guardia Civil

guardia civil body of rural police in Spain

guarnicionero harness-maker

guerra war

guerrear to war, wage war

guerrera n. coat (uniform); a. war-like, troublesome

guerrero warrior, soldier

guijarro small boulder, cobble-stone

guiñar to wink

guiso cooked dish

gula gluttony

gustar to taste; to try; to like

gusto taste and sense; flavour, savour

H

habitación room

hablador talker

hacer to create, make; _____ caso, to pay attention; _____ uso, to use; _____se, to grow, become, develop

hacha axe or hatchet

hacia toward

hálito breath; vapour

hallar to find, come across, hit upon; _____se, to happen to be; to reside; to be pleased or contented

harapo tatter, rag

harto enough; estar_____, satiated, sufficient, full, to be fed up

hasta till, until

hastío loathing, disgust

hazmerreir ridiculous person, laughing-stock

hedor stench, stink

helado ice-cream, water-ice

hender to crack, break; to go through; to move swiftly on the water

heno hay

heredar to inherit

herencia inheritance

herida wound; injury

herir to wound, stab; to harm, hurt; _____se, to hurt oneself

hermano brother

hermoso beautiful, handsome

herradura horse-shoe

herramienta tool, implement

hervir to boil

hez scum, bottom, sediment

hielo ice

hierba grass, weed, herb

hierro iron

hijoputa sonofabitch

hilera row, line

hilo thread

hinchada, -o swollen

hinchar to inflate

hipo hiccup

historia sagrada the Old and New Testaments

hocico	snout, muzzle	**huida**	flight, escape
hogar	house, home; _____ del fuego, hearth	**huidizo**	fugitive, fleeing
		huir	to flee, escape
		humanizarse	to humanize, soften
hoguera	bonfire	**humedad**	humidity, moisture
hoja	leaf, sheet	**húmedo**	humid, wet, moist
holgazán	idle, lazy, slothful	**humillación**	humiliation
hollar	to tread upon; to humble, pull down	**humo**	smoke
		hundido	submerged, sunken
		hundir	to submerge, immerse, sink
hombro	shoulder; en _____ to support, protect	**hundirse**	to sink, fall down, collapse
hondo	deep, profound	**huranía**	shyness
honor	honour; en _____ a la verdad, to tell the truth	**hurgarse**	to poke (oneself); stir up, excite
		hurtarse	to withdraw, hide, move away, abscond
horadada	perforated		
horca	gallows, pitch-fork		
hormiga	ant	**husmear**	to scent, smell, get wind of; to pry, peep, nose about
horno	oven		
horrorizar	to cause horror, terrify	**iglesia**	church
hosco	dark-coloured; gloomy; boastful, arrogant	**igual**	equal; de _____ a _____, equally
		iluminado	lighted
		impasibilidad	impassiveness, indifference
hoyo	hole, pit		
hoz	sickle	**impávido**	daunted
hueca	hollow, empty; vain; inflated soft, spongy	**impedir**	to prevent
		imperdible	safety pin
		impermeable	raincoat, impermeable, waterproof
hueco	gap, hollow, hole, break		
huelga	strike	**imperturbable**	imperturbable, calm
huerta	large vegetable garden	**impío**	godless, wicked
huertecillo	small vegetable garden	**importar**	to care
		imposibilitado	disable, helpless
huerto	orchard, fruit and vegetable garden	**impregnar**	to impregnate
		impresa	printed
hueso	bone	**impropio**	inappropriate, unsuited
huesudo	bony, having large bones		

improviso unexpected; de
_____,
unexpectedly
inalcanzable without reach
inaudito unheard of
incauto unwary, heedless
incendio fire
incitar to incite, stimulate
inclinarse to bend
incluso even, inclusive
incorporarse to raise, to set up,
to incorporate
incrédulo incredulous,
unbeliever
indagar to inquire
indeciso undecided
indefenso defenceless
indesviable impossible to
disuade, to divert
indignar to irritate, to anger
indómito untamed, wild
ineludible inevitable
inesperado unexpected
infancia childhood, infancy
infantil childlike, infantile
infatigablemente indefatigably
infierno hell
infinidad infinity
infinito immense
inflamarse to inflame
inflexión inflexion, bending
ingenuo naive, candid, open
hearted
injusticia injustice, iniquity
inmiscuirse to interfere in
inmóvil motionless
inmutarse to alter oneself
innumerable countless
inquietante disturbing
inquietud restlessness
inservible useless
insistente persisting in,
insisting on

insólito unusual
instalar to install, to set up,
to place
instrumental instrumental, test
case
integrante integral, whole
intempestivo inopportune
intentando attempting
intento attempt
interés interest, gain,
profit
interponer interpose, place
between
interrumpir interrupt, cut short
interruptor switch, interrupter
intransferible not transferable
intuir to be intuitive
inundado flooded
inundar to inundate,
overflow
inútil useless, needless,
unnecessary
inutilidad inutility,
uselessness
invierno winter
ira anger, wrath
ironía irony
irreparable irreparable,
irretrievable
irreprimible without control
izquierda the left hand, the
left

J

jabonoso soapy
jadear to pant, palpitate
jaleo uproar, scuffle,
Andalusian
dance
jamás never, at no time
jamón ham, leg of ham
jardín flower-garden
jarra earthen jar

jergón	straw bed
jirón	piece torn from clothing
jornal	salary, day-wages
jornalero	day-laborer
jorobarse	to endure, to bear, to put up with
júbilo	joy, rejoicing
juego	set; _____ de copas, set of glasses
juez	judge
jugo	juice
juguete	toy
juguetear	to play, frolic, play tricks
juicio	judgment, act of judging
junco	rush
juntar	to join, attach, connect, unite
juntera	joining, juncture, joint
junto	united, joined, together, annexed
juntos	together
juntura	juncture, joining, joint
junturas	knuckles, joints
jurar	to swear, make oath, promise upon oath
jurisdicción	jurisdiction, power, authority, boundary, territory
justeza	justice, fairness
juzgar	to judge; a _____ por, judging by

L

labio	lip
labrador	farmer, rustic, ploughman
labranza	farmland
lacio	placid, languid, straight (as hair)
ladeado	turned to one side, crooked, tilted
ladera	hillside, slope
lado	side
ladrar	to bark
ladrido	barking, outcry
ladrillo	brick
ladrón	thief, robber
lagartija	small lizard
lágrima	tear
lamentable	deplorable
lamentarse	to complain, moan, lament
lamento	lamentation, moan, wail
lamer	to lick, touch slightly
lánguidamente	languidly, languishingly
languidez	languishment
lanzar	to throw; _____ una blasfemia; to blaspheme, to swear
lanzarse	to throw oneself upon
largar	to let go; _____ un sermón; to reprimand
largo	long; a lo _____ de, along the, _____ de aquí, go away
larvado	larvate
lástima	pity, sympathy, pitiful
lastimeramente	sadly, sorrowfully
lastre	(fig.) weight, motive

lata	tin can, tin plate	**lobo**	wolf
látigo	whip	**lobuno**	wolfish
latir	to palpitate, beat	**loco**	madman, fool, insane; _____ viento, crazy wind
lava	lava, washing of metals		
lavandera	washerwoman, laundress	**locuaz**	loquatious, talkative, garrulous
lebrel	greyhound		
lecho	bed, _____ del río, bed of the river	**lodo**	mud
lejanía	distance, remoteness	**loma**	small hill, slope
		lomo	loin, back
lejano	far, far away, far off	**losa**	flagstone, gravestone
lena	spirit, vigor		
lengua	tongue, language, speech	**lucha**	struggle, strife, fight
lentamente	slowly, lazily	**luchar**	to wrestle, fight, struggle
lentes	glasses, lenses		
lento	slow, tardy	**lucidez**	lucidity
letra	letter, penmanship	**lucir**	to emit, light, shine, to dress to advantage
levadura	yeast, leaven		
levantar	to raise, lift up, pick up, set up-right	**luego**	immediately, soon, presently
levantarse	to get up		
lienzo	linen; canvas; face or front of a building	**lugar**	place, spot, space, village
		lujo	luxury, extravagance, profuseness, excess
ligero	light, thin, active, airy		
limitarse	to limit oneself, set bounds	**lumbre**	fire, something burning
limo	slime, mud	**luna**	moon, glass plate for mirrors
limpiar	to clean, scour, cleanse, purify; _____se, to clean oneself		
		luz	light, clearness
		llaga	wound, sore, ulcer
liquen	lichen	**llagado**	covered with sores
líquido	liquid, fluid, net profit	**llama**	flame, blaze, (zool.) llama
liso	smooth, plain, even, flat	**llamar**	to call, call upon, summon
lívidamente	with a livid face	**llamarada**	blaze of fire
lobezno	young wolf, wolf cub	**llamear**	to burn

llanto	flood of tears, weeping
llave	key, wrench, faucet, spigot, spout, tap
llegar	to arrive, come, reach
llenar	to fill, stuff, satisfy; _____ de alegría, to fill with joy
lleno	fill, plenty
llevar	to carry, convey, transport, take, take away; _____ traje, to wear a suit
llorar	to cry, weep, mourn
llorón	weeper, crying with small cause
llover	to rain, shower, pour
lloviznar	to drizzle
lluvia	rain, storm
lluvioso	rainy, wet, showery

M

macabro	macabre, ugly, hideous, gruesome
machacón	one who harps on a subject
madera	wood, timber, lumber
madero	beam, large, piece of timber
madreselva	honeysuckle
madrina	godmother, bridesmaid
madroño	madrono tree, silk tassel
madrugada	dawn, early morning; a la _____, at dawn

madurar	to mature, ripen, mellow
maduro	ripen, mature, mellow, full grown
maestro	teacher, master
magnánimo	magnanimous, generous
majadería	absurdity, foolishness, nonsense
maldad	wickedness, criminality
maldición	curse, damnation
maldito	damned, accursed
maléfico	mischievous, malicious
malencarado	evil-faced
malestar	malaise, uneasiness
maleta	bag, valise, suitcase
maletín	hand-bag
maleza	overgrowth of weeds, covered with brambles
malgastador	squanderer
malhumor	ill-humor, bad mood
malhumorado	to be in ill humor
maligna	malignant, perverse, malicious
maloliente	having a foul odor, stench
malva	mallow
malvado	vicious, wicked, nefarious
manantial	spring, source
mandíbula	jaw-bone, jaw
manga	sleeve, hose
manifestar	to manifest, declare, expose
maniobra	stratagem; maneuver, handling

manipular to work, manipulate

mano hand, direction; a _____, by hand, handy

manotazo slap, blow with the hand

mansedumbre meekness, gentleness

manso tame, meek, mild

mansurrón meek in a big way

manta blanket

mantenerse to maintain oneself, support, lift up; persevere

manto robe, silken veil, mantle

manzana apple, block of houses between two streets

mañana tomorrow, forenoon, the near future, la _____, the morning

mancha spot, stain, stigma

manchar to stain, spot, soil, corrupt

mancharse to stain oneself

mar sea

maravillarse to wonder, to regard with wonder

maravilloso marvellous, wonderful

marca mark, brand

marcado stamped, branded

marcar to mark, mark out

marco door-case, window-case; picture frame

marchar to go, march; to work

marcharse to go away, go off

marchito faded, withered

mareado sea-sick, unwell, dizzy

marido husband

marioneta puppet

mariposa butterfly

marrullero crafty, cunning, deceiving

martillo hammer

martirio martyrdom, torture

martirizar to martyr; inflict great suffering

más more; _____ allá de, further from

masticar to chew, to masticate

mastín bull-dog, large dog

mate dull, lustreless; negro _____, black colour lustreless

materia subject-matter

maternidad maternity

matiz shade of color

maullar to miaou

maullido miaou

máximo very great; _____ premio, first prize

mayor greater; larger; older

mechón lock of hair

medalla medal

mediado half; half-content; _____ el mes, on the middle of the month

médico physician, doctor in medicine

medida measure, a _____ que, according as

medio middle, centre, means, method

mediodía	noon	**mezquino**	avaricious, covetous, mean; miserable, petty
meditación	meditation, contemplation, deep thought	**miedo**	fear, dread
mejilla	cheek	**miedo**	fear; tener _____, to be afraid
mejorar	to improve; to recover, get better	**miel**	honey
		mientras	in the meantime
memoria	memory, recollection; de _____, by heart	**miércoles**	Wednesday, _____ de ceniza, Ash Wednesday
mendigar	to beg, ask charity	**migas**	crumbs; fried crumbs
mendigo	beggar	**milagrosamente**	miraculously
menear	to stir, shake; to move from place to place	**mimbre**	willow – twig
		mirada	glance, gaze, look
meñique	little finger of the hand; very small	**mirar**	to look, glance, gaze, look at, watch
menos	less; por lo _____, at least	**misa**	mass
mentiroso	liar	**miseria**	misery, penury, poverty
menudear	to repeat, detail minutely	**mísero**	miserable, wretched
menudo	small, slender, intestines; small change	**misiva**	note, short letter
		mismo	same, similar; en sí _____, on himself
mercancía	merchandise, goods	**mitad**	half
merecer	to deserve, merit	**moco**	mucous
meter	to place, put in	**mocoso**	mucky; ignorant or inexperienced young person
meterse	to meddle, interfere; to choose (a profession)	**modales**	manners
mezcla	mixture	**modo**	manner, fort, sort, method; a su _____, in his own way; de todos _____s, anyway
mezclado	mixed, mingled		
mezclar	to mix, mingle; to blend		
mezclarse	to take part; to meddle in anything, _____ en su vida, to meddle in his life	**mofa**	mockery, sneer, ridicule
		moho	moss, mould

mojar	to wet, damp, moisten	**muerte**	death; murder
molde	mould, matrix, model	**muerto**	dead body, dead man, corpse
moler	to grind, mill	**muestra**	shop sign, sample, sign, dar _____ de, to show signs of
molestia	trouble; tomarse la _____, to take the trouble		
monaguillo	altar boy, acolyte	**mugido**	bellow of a bull or ox
moneda	money, coinage, change	**mugir**	to bellow, roar
montar	to mount, go on horseback	**mugriento**	filthy, dirty
		muleta	crutch
monte	hill, mountain	**mundo**	world, earth
montura	frame	**muñeca**	doll
mora	mulberry	**muñeco**	boy doll, puppet
morder	to bite	**murciélago**	bat
mordisco	bite	**murmurar**	to murmur; worship, whisper
mordisquear	to nibble	**muro**	wall, rampart
moreno	brown, dark brown	**musgo**	moss
moribundo	dying, near death	**muslo**	thigh
morir	to die; _____se de sed, to die of thirst	**mustio**	sad; withered
		mutilado	mutilated; crippled
mortal	mortal, fatal, deadly		
		N	
mosaico	mosaic, tile		
mosca	fly	**nácar**	mother of pearl
mostrar	to show, exhibit, point out	**nacer**	to be born
		nacido	born; recién _____, newly born
motita	speck, small particle		
movedizo	movable, shaky, unsteady	**nadie**	no one, nobody
		nariz	nose
		naturalidad	naturalness, candor, ingenuity
mover	to move		
mozo	young man, lad		
muchacho	boy, lad, young man	**naufragar**	to be stranded, shipwrecked
mudo	mute, dumb	**nauseabundo**	nauseous, loathsome
mueble	piece of furniture		
mueca	grimace	**navaja**	razor, folding knife, clasp knife
muela	molar tooth, grindstone	**navajita**	small clasp knife

neblina	mist, drizzle	ocurrido	occurred, happened
necesitar	to need, want, lack	ocurrir	to occur, happen
negocio	business, occupation	odiar	to hate, despise, detest
negroazulado	blueblack		
negrura	blackness	odio	hatred
negruzco	blackish	odioso	hateful, detestable
nido	nest	ofender	to offend, insult
niebla	fog, mist, haze	ofensa	offense, sin, injury
nieto	grandson	oír	to hear, listen
nimbado	with a halo	ojeada	glance, look, glimpse; echar
nocturno	nocturnal		una _____, to
noroeste	north-west		take a look
nota	grade		
notar	to notice; observe	ojeras	rings under the eyes
notarse	to notice oneself		
novicio	novice	ojillos	small eyes, mischievious
nube	cloud		eyes
nuca	nape of the neck, nucha	ojo	eye
nudo	knot	oler	to smell, sniff
nuevo	new; de _____, again	olor	odours, scent, stink, stench
nuez	walnut; Adam's apple	olvidadizo	forgetful, oblivious
		olvidado	forgotten, forlorn, forsaken
nunca	never, at no time		
		olvidar	to forget, omit, neglect

O

		olvidarse	to forget oneself
objeto	object, aim	opaco	opaque, dark, gloomy
obligado	obliged, compelled		
obligar	to oblige, compel, bind	opíparamente	splendidly
		oración	prayer; sentence
obsceno	obscene, lewd, lustful	orden	order, system; religious
obscuridad	obscurity, darkness		fraternity
obsesivo	obsessive	oreja	ear
ocasión	occasion; en	orgía	orgy, mad revel
	_____es, on occasions	orgulloso	proud, haughty, lofty
ocio	idleness, leisure	oro	gold; money
ocioso	idle, lazy	oscuridad	darkness
ocultar	to bribe, conceal, disguise	oscuro	dark, obscure
		otoño	fall, autumn

ovillado — contracted into a ball

P

pábilo — wick, snuff of a candle

pacía — was pasturing, was grazing

pacífico — pacific, peaceful, gentle

padecer — to suffer

padre — father

pagar — to pay

pago — lot of land; llevarla a los _____s, to take her to the vineyards

país — country, region

paisaje — landscape, countryside

paja — straw, beard of grain

pajar — barn, straw-loft

pájaro — bird; sly fellow

paje — page

pala — wooden shovel

paladar — palate, taste

palidecer — to grow pale

palidez — paleness

pálido — pale

palillo — small stick; _____ de dientes, toothpick

paliza — beating, corning

palmada — slap, clap

palo — stick

palpable — ser _____, to be self-evident; to be positive

palparse — to touch oneself; to grope; to feel oneself

pan — bread, loaf; _____ tierno, fresh bread

pantalones — slacks, pair of trousers

pañuelo — handkerchief; shawl; scarf

papel — paper, sheet of paper; _____secante, clothing-paper

paquete — parcel

parabienes — congratulations

paraguas — umbrella

parar — to stop; halt

parche — sticking plaster, patch

pardo — brown

parecer — to appear, seem; al _____, as it seems

parecerse — to look alike, resemble

pared — wall

pareja — pair, couple, team

parihuelas — stretcher

parloteo — prattle, chatter

parpadear — to blink; to wink

párpado — eyelid

parrilla — grill, grid-iron

párroco — rector or vicar of a parish

parroquia — parish church

parte — part, portion, share

partícula — particle, small part

particularmente — particularly, especially, privately

partido — game, country

partir — to part, share, divide, depart

partirse — to split

parto — child birth

parva	unthreshed wheat or corn in heaps	pelado	bared, plumed, hairless; ser un_____, to be a nobody
pasar	to pass; to happen, to go by; no _____ de, not to go beyond	peldano	single step of a flight of stairs
pasear	to walk, to take a walk	pelea	fight, quarrel
		pelearse	to fight, quarrel
paso	step, gaite; pedir _____, to ask, to be allowed to pass by	peligrosamente	dangerously
		peluca	wig
		pellejo	skin, hide
		pender	to hang, dangle
pastilla	tablet, lozenge	pendiente	hanging, slope
pastor	shepherd, pastor	pensamiento	thought
pastos	pasture grounds, grazing lands	pensar	to think, consider
		pensativo	pensive, thoughtful
pata	leg	peón	day-laborer, top
patada	kick	peor	worse
patear	to kick, stamp	pequeño	small, little; de _____, when one was young or little
pato	duck		
patrona	patroness, landlady, patron saint		
		peral	pear tree
pavor	fear, terror	percal	percale, calico
payasada	clownish joke or action	perchero	coat hanger
		perder	to loose, squander
payaso	clown	perderse	to get lost
paz	peace	pérdida	lost
pecado	sin	perdiz	partridge
pecador	sinner	perdonar	to forgive
pecho	breast, chest, bosom, thorax	perecer	to perish, die, be destroyed
pedazo	piece, bit; es un _____ de pan, is a saint	perenne	perennial, perpetual
		pereza	laziness
pedigüeño	craving, importuning	periódico	newspaper
		perjudicar	to damage, hurt, impair
pedir	to ask, ask for, beg		
pegado	tuck	perla	pearl; anything precious or bright
pegajoso	sticky		
pegarse	to stick to the wall		
peinado	combed	permanecer	to remain, stay; to endure
peine	comb		

perra	bitch; _____ gorda, ten cents; coin	**piedra**	stone; hail
		piel	skin, hide, pelt; leather
perrerías	vexations, bad words	**pierna**	leg, limb
perrina	coin, penny	**piltrafa**	skinny piece of flesh
perro	dog; _____ faldero, lap dog	**pinares**	pine-forest, pine-groves
perseguir	to pursue; to persecute	**pingajo**	rag, tatter
		pintar	to paint, colour; to describe; to do
personaje	character, important person	**pintarrajeado**	daub, badly painted
pertenecer	to belong, appertain, concern	**pintura**	painting, picture; paint
		pirueta	pirouette, gyration
pesadilla	nightmare	**pisar**	to tread on, trample; to step on
pesado	peevish; fretful; cumbersome, heavy, dull	**pizca**	mite, jot, whit
pesar	to weight; sorrow, grief; a _____ de, in spite of	**placa**	dry plate, plaque, insignia
		placer	pleasure, content, rejoicing, amusement
pesca	fishing, fish caught		
pescante	driving seat; coach box	**planta**	plant; _____ del pie, sole of the foot
peso	weight, scale; Spanish Am. monetary unit, burden	**plantar**	to plant
		plata	silver; silver coin, money
pestaña	eyelash		
piadoso	pious, clement, merciful	**plateado**	silvered, silver-plated
picardía	knavery, roguery, deceit, malice	**platillo**	cymbal; saucer disk, plate
		plato	
pícaro	rogue, rascal, knave	**plaza**	square, place, market-place
pico	beak, mouth; small balance of an account	**plegaria**	public player, supplication
		plomizo	leaden, grayish
pie	foot; base; en _____, on foot	**plomo**	lead, _____s de la luz, fuse box
piedad	piety, mercy, charity, pity	**pluma**	feathers, quill pen, pen

poblado	town, village, settlement
pobre	poor, indigent, needy; barren
poco	little; _____ a _____, little by little
poder	power, might; to be able; no _____ más, to be exhausted
poderosamente	powerfully
podrido	rotten
polo	pole
polvo	dust, powder
pómulo	cheekbone
ponderado	heightened, well-balanced
poner	to put, place, set, lay
ponerse	to put on, become; _____ a, to start to; _____ en marcha, to start the journey; _____ el sol, the sun sets
pordiosero	beggar
poro	pore, interstice
porvenir	future, time to come
posar	to lodge; place; _____se, to perch, to put oneself
postigo	small gate; peep window
potencia	power, ability; nation
potrero	herdsman of colts, cattle farm; hempen head stall
potro	colt
poza	pond
pozo	well
prado	meadow, pasture, field
preámbulo	preamble, preface
precio	prize, cost, value
precipitado	precipitated
precipitarse	to hurry, hasten
precisar	to oblige; compel; to set forth; to fix, arrange
preciso	necessary; precise; concise; ser _____, to be necessary
precoz	precocious
premio	prize; reward, recompense
prenda	pledge, pawn, security, present
prender	to grasp, catch, seize; capture; _____ fuego, to set fire
preocupar	to preoccupy; to worry; _____ se, to worry
presagio	presage, omen
presencia	presence, coexistence; build, physique, figure
presentimiento	presentiment
presentir	to foresee; to suspect
presidir	to preside; to govern
préstamo	loan
prestar	to lend, loan; _____ ayuda, to help; _____ atención, to pay attention

primario	principal, primary
primavera	spring season
primero	first
principio	principle; beginning, start; al _____, at the beginning; en un _____, at first
prisa	hurry, haste; de _____, hurry; tener _____, to be in a hurry
privarse	to deprive oneself; to daze
probar	to taste, try, test; _____ bocado, to take a bite
proceder	to proceed; to behave
procesar	to indict, accuse, sue
prodigalidad	prodigality, profusion, lavishness
prodigar	to waste, be lavish of
proeza	prowess, bravery, valour
proferir	to pronounce, name, utter
profundo	profund, deep
prohibido	prohibited, forbidden
prohibir	to prohibit, forbid
prójimo	fellow-creature, neighbour
prolijamente	prolixly, tediously
pronto	prompt, ready, soon; de _____, suddenly, without thinking
propio	one's own, proper, private; exact; same
proporcionar	to proportion; to adapt; grant, provide
proteger	to protect, defend, favour
protegido	protected, protege
provisto	provided, furnished
proximidad	proximity, vicinity, nearness
proyectar	to project, plan, scheme, map out
proyecto	project, design, scheme, plan
prueba	proof, reason, trial, essay; evidence
púa	point, prickle; tooth of comb, plectrum
pudor	bashfulness, modesty
pudrirse	to rot, decay
pueblerino	belonging to a village, rustic
pueblo	town, village; settlement, nation; common people, populace
puente	bridge
puerco	hog, ill-bred man
puerilmente	childishly, boyishly
puerta	door, doorway, gate
puesto	place, space, spot, stall, booth; _____ que, since in as much as, although
pulgada	inch
pulgar	thumb
pulmonía	pneumonia
punta	point, tip, extremity, nib, sharp end; top, head

puntería aim
puntilla narrow lace edging; de _____s, on tiptoe
punto point in time or space; subject of consideration
puñado handful, a few
puño fist, cuff; handle, hilt of a sword; head of a cane
pupila eyeball, pupil, ward
puridad purity; en _____, clearly, openly
puro pure, clear; chaste; cigarro _____, cigar
pus pus; gleet
puta prostitute, whore, harlot

Q

quebradizo brittle, fragile
quebrarse to break, smash, crack, crash
quedamente quietly
quedar to stay; be left, remain; _____ sorprendido, to be surprised; _____ como perros apaleados, to be left as beaten dogs
quedo quiet, still; en voz queda, in a low voice
queja complaint, grumbling, resentment
quemada-do burnt, angry
quemar to burn, scald, fire

querer to want, will, wish; sin _____, unintentionally
quesero cheese-maker
quieto quiet, still, pacific, peaceable
quietud quietude, quietness, repose, rest
quincallero small wares salesman
quitar to remove, take off, take away
quizá perhaps, maybe

R

rabia hydrophobia, rabies, rage, fury
racionar to ration, issue rations
ráfaga gust of wind, flash of light; burst (of gunfire)
raído scrapped, worn out
raíz root; radiz, base, origin
rama branch, shoot, sprig
rana frog
rapaz boy; rapacious, thievish
rapidez rapidity, celerity, velocity
rápido rapid, quick, swift
raquítico rickety; rachitic
raro rare, uncommon, queer, odd
rascarse to scratch oneself
rasgar to tear, cut apart, rip
rastrero creeping; dragging; low, abject
rastrillo hackle, flax-comb; rake

rastro trail; track, print

rata rat; female rat

ratería larceny, petty dishonesty

rato short time; while, little while

ratón mouse

raya stroke, dash, stripe, line; a _____s, with stripes

rayado striped

razón reason; entrar en _____, to come to reason; tener uso de _____, to be mature

razonado rational; detailed, itemized

rebaño flock of sheep, herd of cattle

rebelde rebel; rebellious, stubborn

rebeldía rebelliousness, disobedience

reblandecido made soft, tenderized

rebuscar to search diligently

recién (used only before past participles) recently, just, lately, newly, _____ cumplidos, just had his birthday, _____ nacido, newly born

reciente recent, new, fresh, modern, just made

reclamar to claim, reclaim, demand

recluido secluded, shuttered up

recodo corner, jutting angle, turn; to adopt

recoger to pick up, gather, collect

recóndito recondit, secret, hidden, concealed

reconfortar to make one feel good

reconocer to recognize; to acknowledge; _____ al hijo, legitimize the son

recordar to remember, to remind

recreo recreation, amusement

rectitud rectitude, uprightness, straightness

recuento inventory, recount

recuerdo remembrance, memento

rechazar to repel, drive back

rechonchez chubbiness

redimir to redeem; to relieve, to set free

redoblado redoubled; double-lined; double step

redoble redoubling; roll of a drum

redondo round, circular

reducir to bring into submission; to reduce

reflejar to reflect; to think, ponder

reforzar to strengthen, reinforce

refugiarse to take refuge, take shelter

refugio	shelter, retreat, refuge	**rencor**	rancor, animosity, grudge; guardar _____, to hold a grudge
refulgir	to shine		
regalar	to give, present, treat, make a gift	**rencoroso**	rancorous, spiteful
regañar	to scold, grumble, quarrel	**rendido**	subdued, overcome, surrendered
regatear	to haggle, drive a bargain after a long discussion	**rendija**	crevice, crack
		repartir	to divide, distribute
regodeo	joy, joke, dalliance	**repentinamente**	suddenly
regreso	return	**repentino**	sudden, unexpected; unforseen, abrupt
reguero	small rivulet; mark of a liquid		
reinar	to govern, reign; predominate	**repercutir**	to rebound; reverberate
reírse	to laugh	**repetir**	to respite, reiterate, try again, do again
rejilla	iron grate		
relámpago	lightning-flash		
relato	statement, narration, account	**repique**	chime
		repleto	replete, very full
relincho	neigh, neighing	**réplica**	reply, answer, objection
rematar	to close, end, finish, terminate	**repliegue**	doubling; folding; retreat
remedar	to copy, imitate, mimic; to mock	**reponer**	to replace, reinstate; to refill; to reply; _____ fuerzas, to regain strength
remediar	to remedy; assist		
remedio	remedy, help; no tener _____, there is no remedy (for it)		
rememorado	recalled, remembered	**reponerse**	to recuperate, get better
remiendo	patch; addition	**reposadamente**	peaceably, quietly
remirar	to review revise	**reposado**	peaceful, quiet
remolino	whirl, whirlwind; whirlpool	**representar**	to perform, play on stage
remordimiento	remorse, regret	**repugnancia**	repugnance, reluctance
remoto	remote, far off		
removido	removed	**repugnante**	repugnant, reluctant, loathsome
renacuajo	frogs' spawn; (fig.) little shapeless man		

requisar	to requisition; inspect	**retazo**	piece, remnant, cutting, fragment
resaca	undertow; hangover	**retener**	to preserve; to keep, hold; to detain; to retain
resbalar	to slip, slide, glide		
resbaloso	slippery		
rescoldo	cinders, embers, hot ashes	**retenido**	retained
		retina	retina
reseco	too dry, very lean	**retorcer**	to wring, twist; to distort
reserva	reserve; reservation; tener _____, to hold back		
		retorcido	twisted
		retrasado	retarded, delayed
		retrasar	to delay, defer, put off, set back
residir	to reside, live, dwell, lodge		
		retrato	portrait, picture, likeness, photograph
resistirse	to resist, oppose, to reject		
resonar	to resound; to clatter	**retroceder**	retrocede, recede, go backward
respingo	kick, jerk; reluctance	**reventado**	bursted; blown out, cracked; very tired
respirar	to breathe, exhale, to rest	**reventar**	to burst; to blow out, to blow up, to crack
resplandecer	to gleam, glitter, shine		
resplandeciente	gleaming, glittering, shining	**reverberante**	reverberating
		revés	back part, slab, wrong side, misfortune
responder	to reply, answer; to acknowledge		
		revisar	to revise, review, examine
responso	responsory for the dead	**revuelo**	disturbance
resquicio	chink, crack	**revuelto**	turned round, stirred
resto	remainder, residue, balance, rest		
		rezar	to pray
resucitar	to resuscitate, revive	**rezo**	prayer, divine office
resultar	result; to work well (or badly)	**riente**	smiling
		rifa	raffle, lottery
resumir	to abridge, conclude, resume	**rifar**	to raffle
		rígidamente	rigidly
		rigidez	rigidity
retal	remnant, piece	**rígido**	rigid, stiff, harsh, severe
retama	genista; broom		

rincón	corner, remote place	**ropa**	clothes, wearing apparel
río	river	**roquedal**	rocky place
risa	laugh, laughter	**rosa**	rose, rose-color
risotear	to laugh loudly	**rosario**	rosary; prayers of a rosary
ritmo	rhythm		
ritual	ritual, ceremonial	**rosquilla**	sweet ring-shaped fritter
robar	to rob, steal, plunder, abduct, pillage	**rostro**	human face
		roto	broken, destroyed, shattered, torn
roble	oak-tree; (fig.) strong person or thing	**rozar**	to stub up; grup up; to have a resemblance of connexion
roca	rock, cliff, stone		
rodar	to roll, gyrate, rotate, wheel; to wander about	**rubio**	blond, red, reddish, golden
rodear	to encompass, go round, enclose	**ruborizarse**	to blush, to flush
		rudo	rough, rude, unpolished; gross
rodilla	knee; de _____s, on one's knees		
roer	to gnaw, corrode, cut away	**rueda**	wheel
		rugido	roar
rojiza	reddish, rubicund	**rugir**	to roar, bawl, bellow, howl
romance	ballad, short lyric poem, romance	**rumor**	rumor, hearsay; sound of voices
romper	to break, force apart, smash		
		rumorear	to say
romperse	to break down, break out, fracture	**ruta**	route; en _____, on the road
ronco	hoarse, husky, rough-voiced	**S**	
ronda	round, night-patrol; round of drinks	**sábana**	sheet of a bed
		saber	to know; to be able to; to have ability; to taste of; _____ como respira, to know how he breathes; vete tú a _____, who knows!
rondar	to go round to prevent disorders; to serenade; to haunt		
ronquido	snore; harsh, rough sound		

sabiduría knowledge; learning, sapience, wisdom

sabio wise, sage, learned; wise person

sacar to take out, pull out, bring forth; ———— a bailar, to ask someone for a dance

saco sack, bag

sacristía sacristy, vestry

sacudir to shake, jolt, jerk; to beat, shake off

sal salt

sala hall, drawing room, parlour

saliente jutting out, projecting; año ————, year that is ending

salir to go out, depart, leave; ———— de cuentas, to be due to give birth; ————sele del pecho, getting out of his chest

salón saloon, drawing room, large hall

salpicado splashed

salpicadura spattering, dab, splash

saltar to jump, leap, skip, hop

saltimbanqui acrobat

salto jump, leap

salud health; good condition

salvaje wild, savage

sangre blood; kindred, family

sanguinolento bloody

sano sound, healthy

santiguarse to cross oneself

santo saint; holy; sacred; consecrated; todo el ———— día, all day long

sarampión measles

sarmentoso full of wine-shoots

sarmiento vine-shoot, runner

savia sap, juice of plants; vital fluid

seca-o dry, barren; drought

secarse to dry oneself

sed thirst; anxiety

seda silk

segado reaped, harvest

seguir to follow, pursue, come after, continue

según according to, as; ———— ellos, according to them

segundo second

segundón second or younger son

sellado sealed

selva forest, woodland thicket

sembrado sown ground

sembradores sowers

semejante similar, like, resembling, alike

semental seminal; stud horse, stallion

sendero path, footpath

sensación sensation, feeling, emotion

sensato	sensible, reasonable, judicious	**serrín**	sawdust
sentar	to establish, fit, suit	**sesera**	brain
sentido	sense, reason; sin _____, senseless, foolish	**siega**	harvest, mowing, reaping time
		siembra	sowing, seed time
		siempre	always, at all times
sentimiento	sentiment, feeling, emotion; grief	**sien**	temple
		sierra	saw, mountain ridge
sentir	to feel, perceive	**siesta**	siesta, after dinner nap
señal	sign, mark; dar _____es, to show signs		
		sigilo	sea; secrete, reserve
señalar	to stamp, mark out; to indicate, point out	**significar**	to signify, mean
		significativo	significant
separado	separated, disjointed	**siguiente**	following, successive, next
sepultar	to bury, inter; to conceal	**silbar**	to whistle; to hiss, to catcall
sequedad	aridity, dryness	**silbido**	whistle; hiss
sequía	dryness, drought	**silencio**	silence, stillness
ser	to be; un _____, being; aquel _____, that person; el _____, the essence, existence	**silueta**	silhouette
		silvestre	wild, rustic, savage, uncultivated
		simiente	seed
		simplemente	simply, plainly
		simplón	great simpleton
sereno	serene, calm; el _____, night watchman; night dew	**singular**	strange
		siniestro	sinister, perverseness
		sino	conj. if not, but; n. m. fate, destiny
seriedad	seriousness, severity; earnestness	**siquiera**	though; ni _____, not even
		sobaco	armpit, arm-hole
serpentear	serpentine, meander, wriggle	**soberbia**	over proud, haughty, arrogant
serpentina	serpentine	**sobre**	on, upon; envelope; _____ todo, above all, especially
serrano	mountaineer, highlander; jamón _____, cured ham; Virginia ham		
		sobresaltado	surprised, startled

sobresaltar	to be startled, frighten	**sopa**	soup; comer la _____ boba, living at other's expenses
sobresalto	surprise, sudden fear		
socavar	to excavate, undermine	**soplar**	to blow, blow out, inflate
sofocado	suffocated, out of breath	**soplo**	blowing, puff; denunciation
sofocar	to suffocate, smother, extinguish	**soportar**	to tolerate, bear, endure
		sorbo	sip
soga	rope, cord	**sorda**	deaf; muffled
sol	sun; de _____ a _____, from sunrise to sunset	**sórdido**	sordid; nasty
		sordo	deaf
		sordomudo	deaf-mute
solamente	only, solely, merely	**sospechar**	to suspect, mistrust
solapa	lapel	**sotana**	cassock
soledad	solitude, lonesomeness, loneliness	**soterrado**	hidden, concealed
		suave	smooth, soft, mellow, delicate
soler	to accustom, to be used to, be in the habit of	**subalterno**	subordinate; junior officer
		subir	to raise; to climb
solo	alone	**súbitamente**	suddenly, of a sudden
sólo	only, solely; tan _____, just, only	**súbito**	unexpectedly
soltar	to loosen, unfasten, untie; _____ la risa, to burst out into laughter	**substancioso**	substantial; nutritious, nourishing
		suceder	to succeed, follow; to happen
soltero	single, unmarried		
sollozar	to sob	**suceso**	happening; went, incident
sombra	shadow, shade		
sombrero	hat	**suciedad**	dirtiness, filthiness
sombrío	sombre, gloomy, taciturn, shady	**sucio**	dirty
		sudar	to sweat; perspire; to labor
someterse	to submit oneself; to subject oneself		
		sudor	sweat
		suela	sole, sole leather
sonar	to sound, ring	**suelo**	floor, ground
sonreír	to smile	**suelto**	loose, free, easy
soñar	to dream	**sufriente**	enduring

sujetar	to subdue; hold down	tanto	so much, as much; en _____, in the meantime; _____ por ciento, percentage; un _____, a little
suma	sum, addition; en _____, in short		
sumergir	to submerge, immerse, sink		
súplica	petition, request		
suplicar	to beg, request	tapa	cover, cap, lid
suponer	to suppose, assume	tapar	to cover, stop up
supuesto	supposed, supposition	taparse	to cover oneself, bundle up
surco	furrow, rut	tapia	mud wall, adobe wall
surgir	to surge; come out, appear	tardar	to delay, linger, take a long time
suspirar	to sight, groan; to long for	tarde	late; la _____, afternoon, evening
susto	fright, shock, scare		
		tardío	late, tardy
T		tarea	task, day's work
taberna	tavern, wine house	tarima	stand, dais, movable platform
tabernero	tavern-keeper, bar-keeper		
tabique	thin wall, partition wall	taza	cup, cupful
		teatro	stage, theatre
tabla	board, plank	techo	ceiling; dwelling, shelter
tacón	heel, piece of a shoe		
		tejado	roof, tile roof
tacto	tact, touching, feeling	tejido	texture, weaving, tissue, fabric
tajante	cutting	tela	fabric, cloth
tajar	to cut, chop	temblar	to tremble, shiver, shake with fear
tajo	cut, notch; steep cliff, gorge		
tal	such, as, so; con _____ que, provided that	temblor	trembling; _____ de tierra, earthquake
taladrar	to perforate, drill	tembloroso	tremulous, shivering shaken
tallo	stem, stalk, shoot	temer	to fear, dread
tambalearse	to stagger, totter, waver	temor	fear, dread
		tenaza	claw; _____s, tongs, plyers
también	also, too, likewise, as well	tender	to extend, stretch out; to tend
tambor	drum		

tenderete	stand	**tintarse**	to dye oneself
tendido	stretched out	**tinte**	tint, paint, colour
tenebroso	dark, gloomy, spooky	**tintinear**	to clink, clang
tener	to have; _____ en cuenta, to take into account; _____ que, to have to; _____ que ver con, to have to do with; _____ remedio, to have a solution; _____ por loco, to believe him or her crazy	**tinto**	deep coloured; vino _____, red wine
		tiritar	to shiver, shake with cold
		tirón	haul, tug, pull
		titiritero	puppet-player; small time itinerant player
		tobillo	ankle
		tocar	to touch; to play; _____le a uno, to be one's turn
		toldo	awning
		tomar	to take; _____ cuerpo, to take shape
tenso	tense, tight, stiff		
teñir	to dye		
terneros	calfs	**tonada**	time, song
terno	curse, oath	**torcer**	to twist, twine
terraplén	terrace, mound	**torcido**	twisted
terrones	clods, lumps	**torero**	bull-fighter
terrosa	earthy, cloddy	**tormenta**	storm
terso	smooth, glossy, polished	**tormento**	torment, torture, anguish
tesoro	treasure	**torno**	wheel; en _____, round about
tez	complexion, skin		
tibieza	tepidity	**toro**	bull
tibio	tepid	**torpe**	dull, slow, heavy
tiempo	time, term, season, a un _____, at one and the same time	**torpemente**	slowly, poorly
		torpeza	heaviness, dullness
		tórrido	torrid, hot
		torta	round cake
tierna	tender, soft; delicate; affectionate; young	**torvo**	grim, fierce
		tosco	rough, coarse, unpolished
		tozudamente	stubbornly
tierra	earth; soil, land	**tozudo**	obstinate, stubborn
timbre	stamp; seal; call bell	**trabajo**	work, toil, labour; tomarse el _____, to take the trouble
timidez	timidity, cowardice		
tímido	timid, coward		
tintar	to dye, tinge	**traducir**	to translate

traer — to bring, bring over, carry

tragar — to swallow; devour

trago — drink, swallow, gulp; adversity

traidor — treacherous, false

traje — suit, garb

trampa — tramp, trap-door; fraud

tranquilizar — to calm, pacify, appease

tranquilo — tranquil, quiet

transcurrir — to pass, elapse

transformarse — to transform oneself, change to

transparencia — transparency, diaphaneity

trapo — tatter, rag

tras — after, behind, beyond

trasera — back part

trasero — buttock, rump

traslucir — to shine through

través — slant, slope; reverse; a ——— de, across

travesura — trick, prank, frolic

trazar — to trace, mark out

trazas — looks, appearance

trazo — sketch, plan, project

trémulo — tremulous

tren — train

trenza — braid; braided hair

trepar — to climb, mount, creep

tribu — tribe, clan

tricornio — three cornered hat

tridente — trident

trigo — wheat

tripudo — big-bellied

triste — sad, mournful

tristeza — sadness, grief

trizado — made into bits

trizas — mites, bits, fragments; hacerse ———, to knock into smithereens

trocarse — to be changed

trofeo — trophy

tromba — waterspout

tropel — stamping, pattering, rush

tropezar — to stumble, to slip

troupe — troupe

trozo — piece, chunk, fragment, bit

tumbar — to tumble, knock down, throw down

tumefacto — swollen

turbulento — turbid, muddy, turbulent

U

últimamente — lastly, finaly, ultimately

umbral — threshold

uncido — yoked

uncir — to yoke

unir — to unite, join

untar — to anoint, rub with ointment; to oil, grease

uña — nail; uñitas, small nails

urdir — to warp; to contrive, plot, scheme

uso — use; tener ——— de razón, to be mature

usura — interest, usury

usurero — money lender

utilizar	to make use of	**velludo**	hairy, shaggy
uva	grape	**vena**	vein, blood-vessel
		vencedor	conqueror, victor
V		**vencer**	to conquer, defeat
		vencerse	to give up
vacilar	vacillate, fluctuate, hesitate	**vencido**	conquered, subdued
vacío	empty, void	**vendabal**	violent sea-wind
vagabundo	vagabond, vagrant; tramp	**veneno**	poison, venom
		venenoso	poisonous
vagar	to rove about, loiter about	**venganza**	revenge, vengeance
vagido	cry of a new-born baby	**vengarse**	to revenge, avenge
vago	errant, vagrant, loafer; aire _____, vague air (aspect)	**venir**	to come, arrive, to draw near; _____ grande, it does not suit
vahído	vertigo, dizziness	**ventana**	window
vaho	steam, vapor	**ventanuco**	small window; peep hole
vaivén	fluctuation, sway; seesaw	**ventilar**	to ventilate, fan; to discuss
valentía	valour, courage, bravery	**ver**	to see; _____ la vida de frente, to face life
vanamente	vanity		
vapor	vapor, steam	**verano**	summer
vara	rod, twig; measure of length about 33 in.	**verdad**	truth
		verdeante	green, greenish
varilla	small rod, rib or stick of a fan or umbrella	**vergüenza**	shame, modesty, shyness
		verja	door-grating, iron railing
vaso	vase, glass		
vasta	vast, immense	**verruga**	wart
veces	times; a _____, sometimes	**verso**	verse; line of poetry
vecindad	neighbourhood, vicinity	**vertido**	spilled
		vertiente	slope, watershed
vecino	neighbour	**vértigo**	dizziness, vertigo
veintitantos	in the twenties	**vestido**	dress
vejez	old age	**vestir**	to dress
vela	watch, candle, sail	**vez**	time, tal _____, perhaps, a mi _____, in my turn
velar	to watch, keep watch, keep vigil		

viajero	traveller	**vomitar**	to vomit, throw up
víbora	viper	**voraz**	voracious, greedy
vibrante	vibrating, shaking	**voz**	voice; en _____ alta, aloud, in a loud voice; en _____ queda, low voice
vicio	vice		
vidrio	glass		
vidrioso	vitreous, brittle; irascible		
viejo	old, aged	**vuelo**	flight
viento	wind	**vuelta**	turn; dar _____, turn around; darse media _____, to turn half way; dar la _____, to give the change; dar una _____, to take a walk; _____ de campana, turn over, somersault
vientre	belly, stomach		
viga	beam		
vigilar	to watch, watch over		
vigor	vigor, strength; cobrar _____, t gain strength		
vikingo	viking		
vinazo	very strong wine		
vino	wine		
viña	vineyard		
viscosidad	viscosity	**vulgar**	vulgar, ordinary
visera	visor; eye shade		
víspera	eve, day before		**Y**
vista	view, sight	**yacer**	to lie down, lie (in the grave)
viudo	widower		
viveza	vivacity, lively	**yema**	kind; yolk of an egg; _____ de un dedo, fleshy tip of a finger
vivienda	dwelling-house; lodging		
vivo	alive, quick, smar lively		
volar	to fly	**yugo**	yoke, nuptial tie
volatizar	to volatize, vaporize	**yunque**	anvil
voltereta	light spring, light tremble		**Z**
		zafio	boorish, uncivil, rude
voluntad	will, volition, purpose	**zambo**	knock-kneed, half breed (Indian and Negro)
volver	to return; to turn _____ a uno, t drive one		
		zancada	long stride
volverse	to become, turn; change, _____ loco, to become mad	**zanja**	ditch, trench
		zapato	shoe
		zarabanda	saraband, noise, bustle

zarandear	to sift; to move to and fro
zarcillo	drop earring
zarzal	brier patch
zarzamora	blackberry bush, blackberry
zorro	male fox; sly person, cutting fellow
zumbar	to buzz; to strike a blow
zumbido	humming, buzzing
zurrar	to flog, beat, whip
zurrón	shepherd's provision-bag, game-bag